华为访谈录 2

一部华为历史故事辞典

田涛 / 编

中信出版集团 | 北京

图书在版编目（CIP）数据

华为访谈录 . 2 / 田涛编 . -- 北京：中信出版社，2022.10（2025.3重印）
ISBN 978-7-5217-4532-0

Ⅰ . ①华… Ⅱ . ①田… Ⅲ . ①通信企业－企业管理－经验－深圳 Ⅳ . ① F632.765.3

中国版本图书馆 CIP 数据核字 (2022) 第 121969 号

华为访谈录 2
编者：　　田涛
出版发行：中信出版集团股份有限公司
（北京市朝阳区东三环北路 27 号嘉铭中心　邮编　100020）
承印者：　北京通州皇家印刷厂

开本：787mm×1092mm 1/16　　印张：22　　字数：286 千字
版次：2022 年 10 月第 1 版　　印次：2025 年 3 月第12次印刷
书号：ISBN 978-7-5217-4532-0
定价：69.00 元

目录

《华为访谈录》
出版说明

《华为访谈录》是我断断续续、长达10年时间（2013—2022）对华为员工的访谈实录，访谈对象覆盖了包括常务董事在内的绝大多数公司各业务体系和后勤支撑体系的主管、专家、市场与研发部门的普通员工，他们中间既有华为创业最早期的老员工，也有“90后”、“95后”的新生代员工。高中层管理者访谈文字整理稿总字数在300万以上，普通员工的访谈文字整理稿字数在400万以上，涉及人数500人左右。这是一个完全口水话的访谈，此次出版，完全保留了口水话的风格，未做雕饰。唯其如此，才显得真实和生动。

华为访谈最初的目的主要是满足我自身的研究需求，但随着访谈愈来愈深入，我意识到，这700多万字是一座巨大的“富矿”，私藏于我显然是一种浪费，再加之我几年来身体欠佳，所以更萌生了将其陆续出版的念头。我了解，国内外有不少经济与管理学者对研究华为有浓厚兴趣，但存在各种原因，无法走近华为进行持续和系统的访问和调研，《华为访谈录》无疑可以弥补这样的缺憾。

《华为访谈录》将分册出版，每本访谈8至10位人物。通过访谈对象毫不设防、毫无保留的娓娓而谈，相信读者能够从中看到一个无比真实的华为，包括它是怎么起家的，它的第一桶金，它的独特的组织文化，它的永续折腾的变革史，它的自我批判精神，它的激进的研发战略和充满英雄气质的市场开拓、冒险与征服、血与泪及歌与酒的奋斗，它的高级干部屡经摔打的成长经历和他们的生动个性，它的“90后”、“95后”新生代员工的心路历程，尤其它是怎么一步步从一无所有、“四大皆空”（无背景、无资本、无技术、无人才）走到全球领先地位的曲折历程，它在几十年一个接一个的内外危机挑战中，如何应对危机、把握危机、化危为机的惊心动魄的历史，还有它的创始人任正非有着什么样的人格特质、领导风格、独特个性和优缺点……这些在《华为访谈录》中都有全方位、多角度的呈现，而且大多以一个个鲜活的小故事和被访谈者的无遮拦的评论呈现了出来。

我自认为，《华为访谈录》可以被称为一部华为的“历史故事辞典”，从中你应该能够找到关于华为的几乎所有疑惑的解答。不是我在解答，是华为的数百位管理者和普通员工用自己亲历的故事、观察和思考在解答。

华为没有秘密，秘密就在20万员工的奋斗传奇中，在他们的人生故事中。

《华为访谈录》第一辑出版后，读者反应强烈，有不少企业家私信于我，“从中获得了很多启示”，有管理学者评价“这是一部鲜活丰富的管理案例教材，在企业研究史上这样大规模的访谈鲜有先例”，这使我和团队颇受鼓舞，激励我们继续努力，将访谈录持续出版下去。

《华为访谈录》第二辑出版之际，特别感谢华为公司殷志峰、曹轶、申胜利、叶晓闻、龚宏斌、左飞、张俊娟、陈丹华、惠彩红等人，没有他们的支持和帮助，以我个人的微薄之力，恐怕很难完成这样一项历史性工程。

2022.7.25 修订于北京

访谈1

李杰

访谈时间｜2013年10月15日
访谈地点｜深圳
被访谈人｜李 杰
访 谈 人｜田 涛

田 涛： 李总好！感谢你抽时间来跟我聊天，咱们就漫无边际，以讲故事为主，谈观点也没问题。要不从你的经历开始讲吧。

李 杰： 我是 1992 年来公司的。我到华为就是奔波的命，不断地换岗位。

田 涛： 谁把你招进来的？

李 杰： 老板把我招进来的。我先到人力资源部，那时候还叫人事部，曾老师（原人事部主管曾信富）面试完以后，王文胜技术面试。面试完了我就准备上班，他们说你还要等一等，我们公司总裁任总还没回来，你下个礼拜再来吧。我第二个礼拜来的时候，正好华为在深圳开几家通信公司的联合合作会，我在那儿认识了其中一个公司的副总，他说你在干吗，我说我在应聘，面试完了等着这个公司的总裁任正非签字呢。他指着一个人说，

* 李杰，1992 年加入华为，现任公司监事会副主席。

那个人就是任正非，穿毛背心那个，刚走过去。我就噌噌噌地跑过去了，老板在前面走，我说："任先生！""嗯，什么事？""我是来应聘的。"我把材料递过去。他看了看，拿个大笔写了句：到西乡生产去工作。我当时一看傻眼了，人力资源部本来安排我到研发，老板写了到西乡去，他们只好把我搞到西乡去了。到西乡我一去就到了任树录那儿——单板工段。

田涛：你对任正非第一印象是什么样的？

李杰：还是挺绅士的吧，那时他穿个灰色的毛背心。

田涛：你觉得他挺绅士？很多人印象不是这样的。

李杰：我觉得至少有一点，他特别有决断能力。因为一般来说，怎么会外边随便一个人给他递个简历他就批了，一般人最多会说你去找哪个部门。他是拿来看了看，直接在上面批了。

田涛：你也没给他说前面已经面试过了？

李杰：没有，我还没来得及说话呢。我说我来应聘的，他说你的材料给我看一看，然后就批了。然后我就在西乡干了几个月。后来研发还是想要我，又把我调回去了，从生产又调到研发。你看我几次变化都是这样，从进公司时就跟任总是这个关系——我离开研发时又是任总来做我的工作，那个时候鼓励英雄儿女上战场，但其实我是很想做研发的。当时我们两个研究室，一个我的，一个夏勇的，两个研究室要合在一起，然后我和他其中一个要上市场去。老板来跟我谈，做我工作，让我去市场。我当时还想，是不是我的研发工作做得不太好啊。

那是1994年，之前我在生产也就待了两个月，在研发待了一年半，然后就去市场了，那时公司刚开始卖局用机，我主要是做推广、宣传。到了市场后，我发现这个决定其实挺好的，我还是挺适合去做跟人打交道的工作，老坐在机器后面开发其实不是我的长项。之前我想做研发，是那时候刚到深圳，希望能稳定，不希望奔波。人就是习惯，后来奔波多了，就觉得不奔波反而不是工作，奔波才是工作的正常状态，待在一个地方我就感觉好像没给公司干活儿似的。那时候公司有多少人呢？我觉得可以这么算，我工号是 210 号，但那时候人数应该比 210 多一点，因为 210 号是按照工资排序的，我那时学历高，工资总比生产线上的工人工资高一点吧。我认为饭卡号可能是真实的人数，以前公司是这样，新来一个人，就按顺序给一个吃饭的号。我的饭卡是 256 号，也就是说那个时候加上已经走的人，一共有 256 个人。

田 涛：和你同时进来的，现在还在公司的都有谁呀？

李 杰：我们同期进公司的，还在的人其实挺多的。我在西乡同宿舍里的人，除了姚福海、李今歌，另外几个人都走了。我到研发以后和王辉是一个宿舍的，王辉不知道你们认识不认识，他是一个研发高手，后来数字机的界面都是他做的。高层班子里面还有费敏，我跟费敏是一起面试的，在曾老师那儿面试，他坐在我前面，我都看见他的简历了。

田 涛：你那么好的个人条件，为什么选择华为？

李 杰：我觉得我条件不算很好，那时候穷学生有啥！

田 涛：据我们访谈的一些人说，华为那时候招人很难。

李 杰：那我估计是我在前面吃的苦更多一点。我原来联系的是深大电话有限公司，我要是去深大电话就不会来华为了，后来是因为国家统分，没去成，我到深圳就先去了深圳大学。那个条件很艰苦的，我做多媒体，工资也很低，能有台电脑就不错了。我到华为面试时都没好意思问人事部工资是多少，我是面试完下了楼，正好在楼底下自行车棚碰见陆波，我就问华为工资是多少，他说刚进来 540 元，我这才知道工资大概是多少。老板这个人，在公司穷的时候，他都把办公室环境搞得挺好的。你看咱们那个深意（深圳南山区深意工业大厦），虽然名字叫大厦，楼不咋地，但我到公司，一进五楼，哇，里面装修得很漂亮，到处都是植物。

田 涛： 孙总（孙亚芳）给我讲，华为一开始对她最大的吸引力，也是办公室装修得好，她从来没见过这样的。

李 杰： 装修得很好，很亮堂，到处都是玻璃墙，大家谁都能看见谁，后来都叫"金鱼缸"式的，大厅里还摆个乒乓球台子可以运动运动。然后是食堂，饭菜很好吃。关键是圈子小，谁都认识谁。我特别感动的一件事，是有一次我晚上赶软件，加班睡在办公室了。我们办公室后面的方便面永远都堆成山，我又爱吃方便面，早上七点多钟起来，我就拿了方便面到开水房去冲。老板很早就来了，在走廊上碰见我，说："哎，你怎么能吃方便面呢，不能吃方便面，食堂有稀饭，很好喝的，还有包子！"硬逼着我去喝稀饭吃包子，其实那时候我心里想我爱吃方便面（笑）。华为那时候食堂真的很好，随时都有吃的，晚上加班有大包子，汤也很好喝。那个时候生活很苦，但是很有意思。我们一帮"老人"总是很怀念那个时候，睡在办公室，开发完了就打乒乓球，打完乒乓球洗个澡接着干，到九点多，饿了就搞肉包子、方便面吃，感觉很幸福。

田 涛： 吃住都在办公室?

李 杰： 都在办公室。我曾经在办公室待过整整三天。那个时候南园村的宿舍，条件比办公室差远了，还不如待在办公室好。

田 涛： 做市场你去了哪里？

李 杰： 就是卖局用机嘛，到处跑。那时候老板跟我们说要跑 500 个县（县邮电局）。到县里面，一个就是宣传我们的设备，还有就是把这个局的相关资料带回来。后来完成 500 个县的时候，我们还给老板写了个报告，一厚摞县局县网（C5 局）的资料。那时老板还挺鼓励我们。

田 涛： 你们用了多长时间跑了 500 个县？

李 杰： 我们有一个队伍，用了将近两年。我自己跑的是山东、江苏、浙江，还有贵州。我们这个事情后来在业界被传为佳话，吴基传部长在邮电部的大会上给他们下面局里面的人说，你们都应该向华为学习，人家华为用一年多的时间，把我们 C5 局里面，跑了 500 个县。

田 涛： 有多少个人把这 500 个县跑了？

李 杰： 我们十几个人。

田 涛： 西藏没去吧，是不是除了西藏都跑了？

李 杰： 那边我不太清楚，其他的应该都跑了。全国应该是 2 000 多个县，而且我们当时时间很短。在一次会上老板问我，你们能跑多少个县，就一年多时间。我当时拍脑袋说大概 500 个县，老板说那就按 500 个县定目标，你们去跑。我跟王诚，我们一起牵头，那时候叫局用机专业市场部，他是总经理，我是副总经理。

田 涛： 外国公司，或者说其他公司有没有这么做过？

李 杰： 没有，中国公司都没有。我们当时跑县里面，老板给我们批了有五六部三菱吉普，然后把公司用的两台奥迪车也给了我们，相当于我们是专配的车，从公司直接开出去的。浙江所有的地市我都跑了，江苏苏北我跑完了，苏南我没跑过，山东跑了有一半，贵州跑了几个。每个地级市下面有几个县，我们差不多每个人跑四五十个县。那时候华为刚进入局用机市场，没有条件说能提前跟人家约好，都是直奔下去，沿着通信电缆，就能找到邮电局，然后在邮电局附近找个小宾馆住下来。把投影仪什么的都准备好了，第二天就开始往人家局里面去闯。闯成功了就把投影仪架起来给人家讲一讲，顺便问问用的谁的设备啊，多少线啊。一般在一个县差不多三天时间，把信息了解完，把资料送完，就往下一个县走。回去写资料，写完汇总到公司。

田 涛：那和当地的客户拓展人员是什么关系？

李 杰：以前华为没进入局用机市场，当地原来的办事处都是卖用户机的，局用机是专门一个队伍去跑的。当然到了省会城市，会跟他们一块儿做做培训，那时候办事处的主任很重视这个事情，因为如果他不懂局用机市场，将来没前途嘛。所以他们经常会跟着我们一块往下跑，去给别人讲技术，了解情况。

田 涛：是不是也包括对客户需求的了解？

李 杰：对，客户需求主要是客户建网的一些需求，技术需求都是按邮电部的标准做的，也没有特别的。我觉得挺有意思的，做胶片（PPT）的技术，“吹牛”的技术，都是那时候练出来的。

田 涛：你之前从来没有做过客户关系吧？在这个过程中有没有人教你，包括带队伍、培训这些？

李 杰：没有做过。培训呢，那时候市场部可能搞过培训。我对市场的感觉是这样的，“吹牛”的本事基本是自己摸出来的，我们相互之间练出来的。

我们一帮人闷在屋子里面，看谁讲得好，看谁能“忽悠”。原来大家不是说向老板学习吗，老板和郑宝用，他俩整天就憋在一个屋子里相互“吹”，看谁“吹”得好，他俩是我们最能“吹”的市场人员。设备做出来了，他们去“吹”，比谁吹得都好。

田 涛：我问郑宝用，你对任总第一印象是什么。他说任总太能“吹”了。然后我说:“我听说你也能吹。”他说:“我也能吹。”（笑）

李 杰：我们那时候就这样，他俩在他们屋子里“吹”，我们就在我们的屋子里“吹”，“吹牛”的本事就是那时候练出来的。那时候 04 机（巨龙公司的 HJD04 大型数字程控交换机）最牛，我们就总是跟他们练，包括写文章，批驳他们。（笑）对市场的感觉，应该说江西生对我影响还蛮大的。那时候江西生是市场部总裁，后来管华东。我是管技术，有时候他会带着我们一块儿去见客户，跟办事处一块儿分析市场。我是跟着他们一块儿开会，慢慢对市场有一些感觉的。

田 涛：你们现在跟客户打交道肯定要比过去顺多了，因为有了公司的品牌啊，等等，那时候与客户打交道是什么样一个感觉?

李 杰：那个时候我感觉主要靠打所谓的民族牌。那时候有个专家讲，一个国家如果没有自己的交换机，就等于没有自己的军队。我们等于是打这个名号去接近客户，就讲我们是个民族的通信企业，然后再逮着一些突出的卖点去吸引他，比如省电、模块拉远、防雷，一次电源、二次电源的稳定性，类似这样的东西挺多的，华为那时候在技术上还是有一点创新的。

田 涛：这些都是基于客户需求?

李 杰：也不好说是不是基于客户需求，只是你总要有一些差异化的东西去吸引别人。而且那个时候跑局用机，跑到县里面，县里觉得有人给他们来讲讲技术，是很尊重他们。尤其是我们队伍里还有个老外——马林，保加利亚人。那应该是 1995 年、1996 年的时候，安排他在县里面跑。大家听说华为公司还来个老外（他能讲中文的），更觉得挺有档次的。

田 涛： 为什么招这样一个老外呢，当时的动机是什么?

李 杰： 我还真不知道谁招来的，我觉得好像没有什么特别的动机。是不是当时公司也考虑到海外做点市场，先准备准备人才？我也不好说。那是 1995、1996 年，因为 1996 年我们就开始到海外参展了，所以可能有那个因素。

田 涛： 调研完你去哪里了?

李 杰： 1997 年我去长沙办事处做主任，做了一年，然后 1998 年就去俄罗斯了。

田 涛： 俄罗斯最早是你过去负责的吗?

李 杰： 不是。那时候李利是做总代表还是首席代表，反正是整个俄罗斯的代表，她常驻贝托华为，在俄罗斯的乌法那里。莫斯科还有一个叫梁国世的，曾经写过一本书叫《"土狼" 突围》，梁国世是销售的头儿。我去的时候名义上是顶替梁国世，但是我去的那一年李利就调回国了，公司就让我都管起来了。

田 涛： 哦，等于是李利走，你接替李利。俄罗斯的第一单合同是在李利手里突破的还是在你这儿?

李 杰： 在李利那儿突破的。那时候建了合资厂，合资厂所在的巴什基尔给了我们 4 000 门的交换机。巴什基尔是很冷的一个地方。

田 涛： 我听说当时第一单合同只有几十美元？

李 杰： 那是我的第一单合同，最小的一单，38 美元，就是卖了两个电源模块给一个研究所，他们自己做实验用的，但那不是最早的。除了香港和记的项目外，斯捷尔利塔马克 4 000 线是我们境外真正第一单合同，那个是最有意义的。我印象中是 1997 年 10 月份。后来我们搞过几次活动，包括今年在巴塞罗那，我们还请了过去支持过我们的俄罗斯客户在一起聚了一下。那时候巴什基尔自治共和国斯捷尔利塔马克电信局，是我们在境外最早的客户。

田 涛： 公司第一个海外代表处在哪里？

李 杰： 就应该是俄罗斯。

田 涛： 为什么要选择俄罗斯呢？

李 杰： 那时候有一个莫斯科电信展，公司最早参加的海外展就是莫斯科电信展，我印象中是 1996 年。那个时候好像是老板、朱建萍、朱锦康，他们几个人参加的。第一次参加就是送些材料。然后 1996 年我跟老板去中东走过两次，我印象中在 1996 年的 7 月还是 8 月份，跟老板在迪拜的时候，他就跟我说，海外一些大的国家要开始做。那个时候公司决定的是俄罗斯、巴西，巴西也是很早建海外机构的，只不过那年公司参加了莫斯科电信展，所以那边就走得比较早。到 1997 年的莫斯科电信展，浩浩荡荡去了好多人，又搞了好多资料和礼品去，那个时候我还在长沙。那个展会结束后，又是白俄罗斯项目，又是乌克兰项目，最著名的是南斯拉夫那个项目，老板和孙总都去了。公司出动了很多人，非常大的一个项目组，是那时候公司最著名的一个项目，不过最后没拿下来。我现在想，海外最开始老板选的方案就是东欧、俄罗斯这一块，所以在这块花的精力比较多。

田 涛： 这个很有意思，回头我向任总了解一下，为什么他选择的突破口是俄罗斯、东欧这样的地方。

李 杰： 搞不清楚，是不是机缘巧合？我猜他那时候走到那儿了，可能也觉得那个市场有机会吧。

田 涛： 外面媒体上讲，华为拓展海外市场也是走农村包围城市的道路，先从非洲开始的，其实还不是那么回事。

李 杰： 最早走的是阿拉伯国家，我们跟着政府代表团到阿拉伯国家跑了好几趟。最开始老板点的我，他说，李杰你将来出国就是去中东、北非这块，我一直以为我要出国就是去中东、北非这块儿，但后来没想到去了俄罗斯。

田 涛： 也就是说他还是有这个想法，想先从非洲这些地方开始。

李 杰： 反正我觉得那时候华为公司海外市场刚开始有一点漫天撒网，到时候看机会，有一点点机会主义在里面。我现在觉得选东欧这块其实是对的，第一，它的本地人才还是比较发达的，能找到一些人才。第二，就像刚才田总您说的，跟我们社会、国家背景有一点点相似的地方，包括最开始俄罗斯电信产业的架构跟我们国家以前都是一样的，什么电信总局，各个邮电局，全国就一个运营商，归属邮电部……类似这样，结构都很相似。到了那儿以后，跟国内市场也很像。

田 涛： 讲讲俄罗斯吧，想到哪儿讲哪儿。

李 杰： 坦率地说，我觉得我运气好。可能当时很多人觉得俄罗斯市场很困难、不好，其实我觉得困难反而给了我更多的时间去了解这个国家和熟悉这个市场行情。我一去俄罗斯就遇到了金融危机，那时候俄罗斯对中国的产品本身就很抵触，这样公司对我提的期望也不高，我大概有一年半的时间可以静下心来，慢慢地去看这个市场到底怎么回事。开始队伍也很小，四五个人，我压力也比较小。如果一去就大干快上，我可能还真找不着北。所以说我运气好。俄罗斯市场给我一个非常深刻的启发，就是对于这种特别重要的战略方向、战略市场，无论如何，即便是找不到方法，都应该贴上去，因为这些市场本身对你的存在就有一个时间上的考量，看你有没有耐心。另外一个，其实花费并不大。我算了一下，我是 1998 年去的，大概是在 2000 年的六七月份开始有规模性的市场突破，开始签合同了。这个时候 7 月份一个月的费用，等于 2000 年 6 月份之前我们差不多两年的费用，这相当于前两年我们基本没花钱。在这种市场上一开始是细水长流，低速运转贴上去。我就贴上去，就不花钱，就不投，投了也没多少机会，我就贴在那儿，绝对不会撤。所以我后来在很多市场上，绝对不会谈从哪个市场撤出来。因为你一旦扒进一个市场，要说再离开那个市场，这是非常大的损失。哪怕就留一个人、两个人，我也要贴在那儿，不能撤离这个市场。今天花的一分钱，顶以后花一万块钱，这个效益就是这样的，千万不能离开当地市场。相反，等市场起来了以后你再来，那就很不系统，跟着项目走，呼啦呼啦，像没头苍蝇一样，一天到晚就忙合同。我一开始的时候是精打细算，规划哪些事情最重要，哪些钱该花，还是蛮锻炼人的。

田 涛： 那两年你跟公司的高层交流多不多？

李 杰： 主要是跟老板交流，因为老板去过几次。那时候徐直军管国际市场，徐直军去过一次，交流不是很多，因为那时候公司对海外都不是很了解。

老板呢，他很多年前就去过俄罗斯，所以俄罗斯市场的发展，老板以前给我们很多指点，包括我那时候啥都不懂，在 2000 年还是 2001 年就已经完成了当地子公司的注册和运转，我都是按照比较规范的子公司运作、承载业务去做的，还有人才什么的，那时候跟老板沟通得多一些吧。

田 涛： 有没有来自总部的一些支持？完全靠你自己去摸索？

李 杰： 那个时候完全没有。2000 年以后就开始有了，有汇报了，有目标了。曾经在 1998 年底的时候，公司要求我们撤，要求我们裁人，所以那时候我在当地招的，尤其是那些公派留学生，都裁掉了，他们自己出去找工作，但是我们把联系方式什么的都留着。到 2000 年市场起来的时候，这些人第一时间又回来入职了。

田 涛： 你招的很多都是中国在那儿的留学生？

李 杰： 对，因为当时中国到俄罗斯的留学生质量非常高，都是清华这样级别的尖子生、高考状元才送到俄罗斯的，很聪明的。徐昕泉就是黑龙江省的高考状元，上的清华，清华学了一两年然后交换到俄罗斯，上的俄罗斯的莫斯科国立鲍曼技术大学，相当于俄罗斯的清华。当时就是有一批这样的学生。

田 涛： 有没有完全本地的员工？

李 杰： 有一些，1999 年招了一些。我招俄罗斯人从一开始就挺坚决的，但是摔过几跤，所以我现在风格也不太一样。现在我们俄罗斯的主要班底，都是从巴什基尔航空航天大学招的应届生成长起来的。我那时候从诺基亚、西门子、朗讯招来的直接空降的都不成功，到了后来市场地位起来了，实力有了，再招的一些人能融进来，才开始有价值。一开始那些人进来，干不了几个月就得走。

田 涛： 整个华为就是这个样子，从同行里面来的人，在公司发展都不是太稳定，或者说，成长为高级干部的，都是自己干起来的。

李 杰： 现在也好一些了吧。华为的文化确实独特一些，我们要求高一些，那些四平八稳的人来了找不到感觉。而且我们的主管管中方员工管习惯了，管这些外面空降的人本身也没经验。这是我们现在一个大的毛病，如果这个组织不够开放，人才队伍多元化程度不够的话，要持续做大其实是有障碍的。

田 涛： 早期可能也得益于这个。

李 杰： 因为这样执行力高嘛。

田 涛： 继续讲俄罗斯。

李 杰： 从哪里说起呢？我以前写过一篇文章《莫斯科不相信眼泪》，分享过当时的一些困难和我的一些体会，包括做市场拒绝机会主义、关注客户，还有队伍建设，我觉得都是对我们有帮助的。我在俄罗斯这么多年还有一个体会，那是在我离开前几年，2003、2004 年左右，我开始主动地关注销售以外的业务，包括服务业务、采购、财经、人力资源等，现在这些活我干起来的时候还能找到感觉，那个时候我都主动地一个一个地跟他们去讨论。后来我跟王克祥也交流过，就说你想将来回公司总部有好的发展、更强的适应力，其实地区部总裁的位置是最好的实践平台，你想关心什么业务都可以去抓一抓，既把业务抓起来，也把你的视野打开。很多人其实是有惰性的，喜欢在自己熟悉的领域持续地去做。我呢，坦率地说，我在自己特别熟悉的领域干时间长了，就会有换个视角的想法，老是做一类事我就会觉得很没有挑战性。

田 涛：在俄罗斯你觉得最难的是什么？

李 杰：一开始最难的肯定是找不到机会，完全没机会。整天让我们搞准入、国产厂商的地位等，都是和政府部门打交道。在俄罗斯和客户打交道不难，我挺喜欢俄罗斯人的性格的，挺豪爽的。跟他们交朋友，交了朋友后他就帮你忙，这我都很适应，觉得比在中国的市场还适应一些，这都不觉得有什么困难。后来有一段时间让我觉得困难的是内部组织管理。那个时候，俄罗斯用的都是本地干部，本地干部有他的优势，但是跟公司联系就少了。所以后来也有人老说俄罗斯跟公司联系少、封闭。因为公司派的干部少，而且公司派的干部都是有棱有角的。好多干部来之前在国内被给了很低的评价，打C、打D的，很多人本来就不太愿意来，但是他们做业绩还是做得挺好的。这些干部，第一，公司对他们认可度不高，第二，他们比较有个性，那时候我就觉得管这个队伍挺劳心的，他们有个性，有时候相互之间不服。然后，因为公司对他们关注得少，不像现在开干部大会，也有很多对干部的培养，那个时候没有这些，所以就是挺费劲的。我经常要调和大家，把大家团结在一起工作。尤其是后期，公司派的干部大部分都是做产品行销的，客户线基本上是本地干部和本地的中国人，就这样形成了我的干部队伍。然后公司给我派来了副手王克祥，王克祥属于比较温和的那种干部，这样很多矛盾都得我亲自出面去调和，所以那个时候管俄罗斯的队伍确实挺费心的。

田 涛：那你怎么管？都挺有个性，怎么来管这些很有个性，也很有能力的人？

李 杰：那时候不像现在有这么多管理风格、技巧，那时候主要是用心撮合，让大家尽可能配合。第二个就是靠我个人威信来镇住，比如说谁不好好干，我就请你走，也没有特别多的管理方法、技巧。现在看来，包括我在内，那时候都年轻，人的成熟度都不够，都是年轻气盛，相互不服，总觉得老子天下第一，都是这种感觉。

田 涛：可能就得有这个东西，因为那里基本上是市场荒原，对不对，得有点冲劲才行。

李 杰：当时我手下那些干部，都是属于个人想要成就一番事业的那种，特别想在俄罗斯发展历史上留下自己浓重的一笔。其实我后来走了以后，我都是很矛盾的，但是还是要承认别人的历史贡献。那个时候但凡他们均衡一点，都能回公司总部工作一段时间，然后再出去会更好。我总觉得缺了一点，应该找机会给这些人承担更大的责任，让他们到一个综合管理岗位上去理解这种管理的压力，可能成长得会更快一些、更好一些。那时候就只是打仗、拼合同这些东西。

田 涛：李利我也认识得很早，是 2003 年吧，她和我一起去缅甸，聊到俄罗斯，她说喝酒是很可怕的一个事。

李 杰：我不怕，我很喜欢跟俄罗斯人喝酒。人家不灌酒，喝酒就是高兴的事情，非常高兴的事情。在国内喝酒是这样的，你不跟他喝了这杯酒是你瞧不起他，但你喝了他也不一定办事。俄罗斯人从来不说这些事情，他是通过喝酒看人和人之间的距离、性格，觉得我们俩很交心，我就会帮你的。他们从来不会在酒桌上给你提要求，从来不会的，就是高兴。我走了以后，王克祥接替我，俄罗斯客户到我这儿来还投诉说，你们这个王克祥不跟我们喝酒。

田涛：俄罗斯现在每年能有多少合同？

李杰：俄罗斯一年十几亿美元吧。但它的市场空间就这么大，再增长我估计增长到二三十亿有可能（将来企业、终端起来），但再大也大不到哪儿去了。

田涛：你走的时候是多少？

李杰：我们在俄罗斯早都是公司第一名了。我走的时候也就两个多亿美元吧，2005年。两个亿的时候我们还是第一名。俄罗斯地区部当时是公司第一个过1亿的地区部，第一个过2亿的地区部，到3亿的时候我们就不行了，那个时候亚太地区部就起来了。

田涛：你讲的当时的俄罗斯包括哪些国家和地区？现在有多少人？

李杰：就是那时候的独联体，现在不存在这个概念了。现在光俄罗斯有1 000多人，中亚可能也有1 000多人，有一部分进了东欧。我估计加起来大概有3 000人了。

田涛：在那几年给你印象最深的是什么？好坏都可以讲。

李杰：好印象就比较多了。我就觉得那个时候，尤其是前几年，每年到年终冲刺的时候，我们和其他地区部比赛，最后我们赢了，每年12月的时候拿个大合同，给公司发喜报，老板祝贺我们。尤其是2003年还是2004年，我们拿到了第一名，回公司，公司第一次搞嘉奖，就在主培楼的大阶梯会议室。那时候胡总（胡厚崑）他们已经回来了，已经有一个全球销售组织。我们地区部评第一名，我们坐下来，公司给我们献花，上去拿大奖杯，晚上吃饭的时候拿大奖杯喝酒，我觉得那才是激情燃烧的岁月，真的非常的好，非常的爽。我在那里能干7年也是因为每年都觉得自己很有激情，很有成就感。从很小做到那么大的市场，还带一个队伍，很有成就感，很有面子。

田 涛：叶树是你在的时候的工程师吗？

李 杰：我在的时候，叶树是用服（用户服务）的工程师，他们挺辛苦的，这也是后来为什么我要多花一些时间去关注服务。那时我们最早突破的，客户给我们的机会，都是在俄罗斯远东和西伯利亚，绝对不会给我们欧洲地区的，连乌拉尔地区都不给我们。所以我们工程开局，都是到很冷的地方，路又远，林子里面，交通不方便，用服的工程师很艰苦。他们下去开完局，回到莫斯科，我跟他们吃饭，他们说很多人连续多少天吃方便面，有个人在机房一连待多少天，腰突然就梗住了，动不了了，挺不容易的。叶树他们当时去开局的地方在北极圈内，叫诺里尔斯克，那个地方进去要办证的，就像办边防证一样，很北的地方，他们在那儿装基站，挺不容易的。后来好像老板还去过一趟。

田 涛：任总那时候给我发短信，说蚊子很多，还戴防蚊面具什么的。

李 杰：那条线我曾经给老板说过，就是先到贝加尔湖，然后从贝加尔湖沿着叶尼塞河往北走，因为叶尼塞河是往北冰洋流的。那一路秋天的风景特别好，但林子里蚊虫一定是很多的。

田 涛：最早给的机会都是那么偏的？其他公司呢，西方公司去不去？

李 杰：都是那么偏。其他公司在西伯利亚也有，但是客户给我们的都是那些地区。

田 涛：在北极第一个打通电话的是华为的设备还是西方的设备？

李 杰：肯定是西方的设备，我们去之前人家早都通电话了。我记得有一点，当时我们的设备有一点客户非常认同，可以扛到零下 50、60 摄氏度。原来的基站是扛不到这个温度的，所以基站放在那么冷的地方，一定要搞个小机房，类似保暖的装置，不像我们的分布式基站可以直接挂在外面。

田 涛：这些地方你都去过了?

李 杰：没有，一般去不了，要办证件的。俄罗斯远东和西伯利亚我都跑过，俄罗斯所有的大区我都跑过。

田 涛：你那时在公司是大区总裁?

李 杰：对，独联体总裁。那个时候我管中亚、俄罗斯、东欧，地盘比现在大，是现在的鲁勇、万飚、孙铭三块加起来，但不包括北欧。

田 涛：过去主要是做市场，你是从俄罗斯回到机关，相当于从一线军团司令回到机关?

李 杰：服从公司安排嘛。其实那段时间公司已经任命我去欧洲了，去接邓涛，都任命了，我都到欧洲和邓涛交接工作了。后来公司突然又让徐文伟到欧洲，我到公司接徐文伟。我从俄罗斯回来接徐文伟管全球行销。

田 涛：片联（片区联席会议）的概念是怎么产生的?

李 杰：片联是最近几年的事，之前是销服（销售与服务体系）。销服是美世咨询公司的顾问帮我们做的公司治理架构的设计，一个大的销服去管销售和服务。那时胡厚崑是销服的头，我是销服下面，先是管行销，后来管服务，除了全球销售没干，销服下面的几个主要岗位我都干完了。销售岗位我先是在一线（俄罗斯）干的，后来管了行销，管了服务，管了人力资源（销服干部部），我都把主要岗位干完了，才去管的片联。

田 涛： 销服这块有什么体会？有什么值得分享的故事？

李 杰： 销服这块最难的主要是服务，行销我只管了一年，服务管了四年。服务当时也可以说是临危受命，当时公司的服务压力很大，做得不好，就把我从行销调到服务来。服务的管理我觉得自己还是受老板影响蛮多的，包括怎么样挑干部、抓流程。我是不打一丝折扣地按老板说的做，因为我不懂，没做过服务。挑干部，一个就是挑能吃苦能干的，第二个就是挑明白的干部，没有其他的标准。你愿不愿意干？你干得明白不？凡是那些溜须拍马的，靠跟领导关系好的，一律拿掉，也没什么标准，拿掉、换人。然后就是蹲点做流程，按照代表处的业务场景，比如问交付副代表，早上八点钟起床以后你干啥，然后一个个理，把服务所有的业务流程就理完了。把流程建完，把队伍建好，压力一下就小了。然后给他们灌输客户意识，原来的服务，客户意识不是很强，都是机器意识，把问题解决就行了，对跟客户的接触，思考去做一些满足客户的事情，不是很主动。服务是我在公司干的第二个时间长也很有感情的岗位，第一个是独联体。在机关其实时间最长、最有深刻认识的是 GTS（Global Technical Service，全球技术服务部），在 GTS 管了四年，也是从开始灰头土脸，到后来还好，能跟得上公司发展的步伐了。

田 涛： 为什么开始是灰头土脸呢？

李 杰： 一开始服务在公司的评价糟透了，整个服务的组织。

田 涛： 服务这块儿，像流程这些，是你自己琢磨呢，还是怎么学习的？

李 杰： 我们也请了咨询公司，也请了专家，一块儿。有段时间老板给我们

3 000万美元额外的钱，就让我们出去买经验买知识，请咨询公司，请高端的顾问。然后我们自己又搞了一些脑袋瓜子聪明、笔头好的人给这些顾问拎包干活，白天给他们干活，晚上回来写东西。我对服务印象蛮深的，还是挺有感情的。

田 涛：你觉得主要是流程本身起作用，还是观念起作用？

李 杰：首先是观念问题，因为没有正确的服务观念，你不会重视人的选拔和技能的提升，你也不会重视流程的重要性。服务的三个P（platform/process/people），我们原来只抓了一个P，就是平台（platform）。所谓的平台就是技术平台，所有的人都跟产品线靠得很紧，都是搞什么产品导入这些东西，机器坏了就把机器修好。但真正服务更关键的两个P，一个是流程（process），一个是人（people），以前都不重视，他们现在能好一点了，但是我觉得重视得还不够。服务的核心是人，其次是流程，有了人和流程，即使平台没有，分分钟我都可以建一个平台起来。

田 涛：怎么改变人的这些观念和习惯？

李 杰：一个是有些不合格的干部就要换掉，从外面引进一些新的干部加入这个组织；第二个就是不断地去影响。在服务的这几年，是我在华为公司这么多年写文章、讲话最多的几年。我不是个很喜欢写文章的人，那几年发现不行，服务的人太多，组织太大，必须要通过把你的思想、想法写出来，发给他们才能影响他们，光靠一两次讲话不行。那时候我也经常去讲，在大会上讲观点，不这样做不行。销售很简单，几个人小屋子里面一关，讲清楚出去就干活了，不会人太多。

田 涛：而且服务你更多的是管内部的事，销售还是对外的。

李 杰： 相对来说内部多一些，但服务也有很多对外的，服务很重要的一点，也是我认为它不足的，是对外的关注少，太偏内了。服务业务是个很有潜力的业务，也很锻炼人。

田 涛： 你从俄罗斯回来到机关，在机关工作的过程中你的角色转换，包括思维方式、工作方式，有些什么感受？

李 杰： 挑战很大。一开始回来，孙总和胡总专门找我谈过话，像我们这样从海外回来的，叫什么“封疆大吏”，在回到机关工作的关键要点方面给我提了一些建议，包括怎么样去协同、影响周边，怎么样有耐心地对待他人，另外就是怎么样管队伍，我还是很受用的。孙总给我讲，你在俄罗斯一拍桌子没人敢跟你瞪眼，这块地盘就是你的，谁不老老实实干活，说难听点就得滚。但在公司机关不行，即便你再高的级别，人分分钟可以到别的部门去，人家走，再不行离开公司都可以。为什么叫“封疆大吏”？地域给了你一定的安全感。这一块地盘你是老大，很多行政权力在你手上。你看我们回到机关，虽然位置很高，但其实没啥权力，很小很小。权力很小，而且大事小事你得商量着来办，不像过去你一拍就可以了，所以说工作方法完全不一样。现在老板老觉得一线的干部要多授权，机关的干部怎么怎么不作为，其实我们都知道，包括海外的干部都知道，机关的干部最难干了。你叫他们回来他们都不愿意回来，一有风吹草动，听说要回机关工作，他们可紧张了，到处做工作，不愿意回来。

田 涛： 你现在适应了吗？

李 杰： 我现在适应了。我有时候跟老板观点还不一样，我觉得机关关键岗位的要求很高，也非常重要。坦率地说，比如一线错了，第一个，是阶段性的，第二个，是局部性的。万一做个决策错了，影响范围毕竟有限。坐在机关这个岗位，你一个事情没办好，第一会影响很长时间，第二个它的影响是全球性的。其实机关的责任和担子还是蛮重的，我觉得对干部的要求还是挺高的。一个合格的机关干部，一是很难找，第二是“牺牲率”很高，一两件事情没做好就被否定掉了。很多人没到被否定的时候，觉得不太好干就申请“我要去海外”，跑掉了，机关找一个合格的干部其实蛮难的。我自己觉得我还算刚刚能合格干这个活，但比我在俄罗斯还是累很多，经常还干不成事。

田 涛：主要是心累，上下左右的协调、沟通。在一线想干的事，可能多数想法都能够实现，机关里头可能多数想法都实现不了。即便实现了，因为你要妥协，可能也要打折扣。再讲讲片联，片联这个概念是怎么产生的？

李 杰：片联就来源于美军的参谋长联席会议，老板那段时间很推崇美军的作战体系。我认为老板在片联的定位上是波动了好几次的，不是很稳定，他一会儿要片联这样走，一会儿要片联那样走，变化比较多，他的认知也在不断提高。说到片联，首先我希望自己不要站在片联这个位置上来说话，显得本位得很。其实不光是片联，销服那时候对全球销售的定位，到今天对片联和片联下面个别组织的定位，我觉得还是值得好好商榷一下的。任何一个大公司，成功的公司，销售永远是成功的关键要素之一，面对区域的管理，对客户群组织的管理，是不能荒废的，而且销售文化的建立，销售方法和运营的不断创新，是永远存在的。今天咱们的销售形式，不要说跟50年前比，就是跟20年前、10年前相比变化都很大了，它是个不断变革的过程。因为你要做人的工作，人的工作场景，人的需求，包括客户一代一代人的特点，都需要销售组织不断去完善，提升作战力。所以这个组织怎么去建，可以百花齐放，但是对它的定位不能荒废。我就很担心把销售越打越低。销售这个专业其实从下到上是有一条业务线管理的，完全说销售就是由一线管理，公司不要管，这是不现实的。销售毕竟是个专业业务，而且这个业务很灵活，还是要管理的，你不管理会出很多事。但现在讲这个是有点不太适宜。

田 涛：咱们现在换一个角度，如果你现在还是独联体地区部的总裁，你怎么看？

李 杰：我仍然会觉得这个业务线很重要。我原来管独联体地区部的时候，有过几个感触。第一，那时候费敏管行销，有段时间我觉得行销有条业务线在管理，对我的业务很有帮助，不是说我一个人坐在俄罗斯啥事都能搞定。服务我就觉得老是单独的一条线，不紧密地跟我们结合在一起，对公司有损害，后来销服一体化才把服务跟销售业务更紧地捆绑在了一起。但那时候大家先天的感觉好像是说，一线你代表着销售，你就是个销售组织，但今天我们来看，无论是销售的流程，还包括销售的方法（有一次老板自己都给我点拨销售的手段），销售也是有它的 know-how（专有技术）的。你看今天我们从流程建设，到影响客户的一些方法，也是在与时俱进不断建设的。作为一线的组织，它是在一个小的局限的范围内，视野不一定开阔，其实我们是可以把全球管理上一些好的经验、好的方法，通过一条专业线管理和分享的，我站在独联体地区部总裁的位置上也需要。你看那个时候我多苦恼啊，我明明看到销售不能再按照功能部门去做了，我一定要建立比如说对口 MTS（俄罗斯移动通信系统公司）、沃达丰这些客户的组织和方法。那个时候我们先做起来了，我跟公司联系，公司却说，我们全球都没有这么管理的，你们怎么能这么做？如果那个时候公司给我一个关于客户群组织建设、人员赋能、方法建设的东西，我肯定很受益。但那个时候我们只能是自己摸索，公司还老说我们拿俄罗斯经验到全球去推广。今天来看，对客户线的管理确实需要经验积累。业界这么多年，任何企业，都是有销售这个专业的，不可能把它放弃掉，或者不可能把它完全交给各个区域自己去建设。

田 涛：片联最早的定位是资源支持系统，教练系统，还是一个指挥系统？

李 杰：最早没有定位，第一版是销服改成片联，是个联合作战组织。美国参谋长联席会议没什么权力，它和国防部部长一块，是总统在全球战略布局上的一个参谋机构。它真正的作战，底下是有作战指挥机构的，叫司令部，比如中央司令部、太平洋司令部，它有几个司令部。指挥这些司令部的应该是国防部部长和总统吧。

田 涛：片联是不是关于战略研讨的一个相对务虚的机构，不具有指挥权？

李 杰：我感觉老板最开始是希望它有指挥功能的。那时候它刚从销服转身过来，包括当时强调的蜂群作战，老板强调的是要能在全球同时打几场大的“战役”。他对片联在全球战略指挥的要求是蛮高的。

田 涛：可能更多的是个战略部门。我印象中他当时跟我交流，他说是个有脑袋没腿的组织，不指挥一兵一卒，但是所有大的战略都出自片联。

李 杰：我感觉有这样的想法吧，这个想法开始没有完全讲明白，记得那时候徐总（徐文伟）是片联的总裁，有次 EMT（经营管理团队）会议上老板专门强调片联一定要做实，要承担责任怎么怎么的。后来，转到了我接片联。老板有次从中东还是哪儿回来，突然说片联在管一些客户群，你们怎么管那么多事情，片联是个务虚的组织。

田 涛：他从来给我讲的都是片联是个务虚的组织，说他们的级别都很高，讨论的都是大战略、全球战略，但是他们不指挥一兵一卒。我一直是这个印象。

李 杰：后来公司又开始搞 BG（业务群）这些，片联的定位就更悬在空中了。我觉得在治理上要解决几个问题，还没有静下心来好好和老板交流，一个是分权制衡，然后是解决流程效率和管理的有效性，这些都没有真正静下心坐下来想。我们现在就是既想有小公司的效率和反应速度，又想有大公司的稳定性和均衡性，这对矛盾我们一直没有处理好。一会儿要组织扁平化，一会儿要大部制，类似这样的，就是没弄好。现在片联在朝着哪个方向努力呢，就是实一层、虚一层，实一层、虚一层，就像做蛋糕一样。实那层是什么意思呢，就是真实的业务运作跑在实的那一层上，我要建队伍，等等，比如国家层面、地区部层面，业务大了毕竟还是有几层的管理的。但是我们现在在 130 多个国家和地区开展业务，你又想业务在三层（国家、地区部、公司）就闭环了，那一个地区部要管那么多的组织是管不细的，就像中国区，很多的生产管理、人员管理等是管不细致的。好像觉得应该有这么一层帮他管，但这一层你又不能加业务，一加业务组织又多了一层。所以现在就让它实一层、虚一层地在建。现在中国虚的一层建起来了，东北欧等有些地方也建起来了。我觉得，把实一层、虚一层，实一层、虚一层建好以后，到公司真做到六七百亿、七八百亿美元的时候，那个时候公司如果说可以接受四层管理，比如再加一层叫大区管理，那我就把某几层虚的合到一起变成实的，也就好一些。现在就处于这个变革过程中间，我们能做的就是在我们的范围内去尝试做一些试验，在不影响公司的业务发展和完成公司业务目标的情况下做做试验。

田 涛：现在片联从上到下管多少人？

李 杰：一二十个人吧。15 个总裁，再加上 10 个大 T（大运营商）部长。

田 涛：这个可能就比较接近于美国的参谋长联席会议这样一个架构。

李 杰：不一样，好像参联会没有各大司令部的司令吧。我们现在是军种司令不在里面，但老板的希望是军种司令在里面。所以老板老骂我说，你也不去管管BG，不去看看人家财经呀。老板希望片联里面代表军种的都在，相当于日常运作有个组织在转。我认为片联按照老板的希望做的话，它实际上行使的是一个COO（首席运营官）的职责，把日常运作转起来这样一个组织。只是说现在在公司内，我们理解老板的思想有时候理解得不是很到位，再加上我本人的影响力或者我的专业背景，现在没有明确地搞清楚，靠个人的力量有时候不太有效。现在慢慢地按照老板的说法去到周边，比如通过干部管理做一点事情。

田 涛：现在有人说片联更多的职能是管干部了？管什么层面的干部？跟人力资源的关系又是什么样的？

李 杰：现在就是干部的考察、评价、流动，就是管这些东西，大概二层以上的干部，跟人力资源委员会其实有重叠。这里面是有挣扎的，就像外面传的，坊间说公司现在有四个人力资源部：人力资源委员会、人力资源部、片联，还有个华为大学。

田 涛：我们放开交流一下，我现在就是案例梳理。你想想你们这些人，各个层面的人，每个人都讲自己的故事，那梳理出来就不得了了。而且不单单是故事，还包括评价、展望，对公司现状的一些认识，还包括批判。我在跟有些人交流过程中，他们对很多问题讲得很尖锐。

李 杰：我觉得华为早都该做这个事情了，现在好多事情很久远，记不太清楚了。如果你们这次总结能做好，其实是一系列企业发展的案例的组合，还是有很多很有体会的。华为这些年年轻干部也上来了不少，很多人对老板的管理风格还有个学习和适应的过程。我记得老板以前经常说，我说的话，一般在两三年后（实现）……老板喜欢把话说得早，有时候你理解不了就影响了现在的判断。

（结束）

访谈2

查钧

访谈时间｜2013年12月6日
访谈地点｜北京
被访谈人｜查钧
访 谈 人｜田涛

田涛：我在牵头做案例的梳理，现在已经谈了上百人。先讲讲你的经历，我看你的经历基本上都在研发。

查钧：我先简单介绍一下，我1997年入职华为北京研究所（北研所）。当时北研所招多任务嵌入式操作系统的研发人员，普通的软件人才比较多，研究实时多任务操作系统的人比较少，我在这方面有很多的研究和实际工作经验，就顺利被录用了。我参加的第一个产品是A8010接入服务器，属于拨号上网的设备。这个产品很成功，获得了全国80%的市场份额，但从技术发展趋势来看，生命周期比较短，它很快被宽带替代了，但在当时窄带拨号的产品中还是非常成功的，那是公司第一个规模商用的数据通信产品。3G（第三代移动通信技术）核心网发展的趋势是IP（网际互连协议），即3G ALL IP，因为我负责A8010的开发工作，懂IP，还有点成功经

* 查钧，1997年加入华为，现任2012实验室主任、中央研究院总裁。

历，就挑中了我，我被调到深圳，奉命组建公司级跨部门9061项目组。现在说3G是过去时，但当时3G是比较远的未来，就像现在看5G（第五代移动通信技术）一样，是一个非常有战略意义的事情，我被派去做9061项目组组长。研究了一年多，提出一个全新的3G核心网的架构，叫R4架构。规划立项两个3G核心网产品，一个是软交换SoftX3000，另一个是媒体网关UMG8900。媒体网关要全新开发，硬件软件都是全新的，产品硬件在深圳，软件在北研所，硬件是全新的平台和架构，第一个版本有三十多块单板。

在产品开发管理尤其是质量管理方面，我认为第一个产品A8010对我的触动是很大的。因为做A8010给我非常深刻的反思，那时候华为的IP软件和硬件平台都不行，就像盖一个楼，地基不好。所以当时第一个版本出来之后，问题很多，每天一上班就会收到来自网上的问题单邮件，我当时是开发负责人，也是版本经理，负责组织定位问题、解决问题，成长非常快，但没完没了的问题对我触动也非常大。大概有一年半的时间，我每天都是晚上12点左右才回去。

田涛：大概是哪一年？

查钧：大概是1999—2000年。那时候公司刚开始做数通（数据通信），A8010是我做的第一个数通产品，我感触最大的就是问题太多，基础太差。在没完没了地解决问题的过程中，我在心里就发誓，以后有机会做新产品，一定要从一开始就在平台架构和质量上打好基础。

全新架构的媒体网关产品叫UMG8900，要开发三十多块单板，软件也很复杂。从一开始我就非常注重产品架构和质量管理，当时我提出一个挑战口号“产品商用两年零事故”，来牵引开发的过程质量。一个这么复杂的产品，到网上要商用两年零事故，是非常有挑战性的，几乎所有人都认为不可能，但是我想就算最后没有实现，我们努力过，牵引提升了产品质量也是有收获的。最后我们的目标实现了，这在公司的历史上从来没有过。我感觉目标的设定、愿景的牵引对激发团队的潜能至关重要，第一年零事故（注：不是零问题，网上问题是分级的）之后，大家都觉得松了一口气，然后我就说我们要继续保持，做到两年零事故。

田涛：在当时零事故的情况下，规模有多大？

查钧：当时全国已经普遍开局，中国移动 VoIP（Voice of IP，IP 承载语音）的 T 局第一个采用软交换架构，每个省都有。我那时感觉，那已经不是一种简单的质量管理，一些质量管理的理念、方法、措施，包括预防、策划、过程管理、流程化等，该做的已经做到了极致，自己悟出来的质量管理理念与公司后来请质量管理大师给我们培训所讲的是一致的，所以感同身受，印象深刻。当时每个项目组的项目经理自觉践行质量管理，把不出事故、维护产品的声誉，当成职业生涯的最高荣誉。就是这种强烈的责任感激发了主动改进。

田涛：当时团队有多少人？

查钧：当时有三百多人。

田涛：你怎么激发这三百多人呢？

查钧：我们面临的机会巨大，我们要打造一个全球最领先、最可靠的产品，我们的追求是要做就要做到最好，在大会上给广大员工宣讲，在部门会议上也给骨干传递这种愿景，所以大家的使命感、荣誉感是非常强的。

我们的通信产品运行在国家基础设施干线上，如果运营商要把核心路由器用到网上去，功能、性能、可靠性、抗攻击能力都要充分地测试，一旦出了问题，可能整个城市就瘫了，以前发生过友商产品事故导致一个省业务瘫痪的案例。如果我们做的骨干网核心路由器不能做到万无一失，一旦出了问题，影响将非常严重，所以运营商选型时都要非常慎重地测试。我们的路由器这些年来质量有了非常大的提升，当时每年三个集采测试，中国电信、中国移动、中国联通，我们已经连续五年测试成功总共 15 次，达到了运营商极其严苛的要求，也遥遥领先友商。我要通过这样极其有挑战性的目标去激发队伍的主动当责意识，牵引各环节把工作做到极致。

田涛：你激发团队的能力是在哪里形成的，是在学校？

查钧：来自华为。我刚刚说了第一个产品基础太差，每天解决不完的网上问题，让我体会到切肤之痛，我就想以后有机会做一个产品，一定要在质量管理上下功夫，怎么样在一开始把基础打牢，把产品质量做好，把架构做好，把竞争力做强，怎么样管理好团队。UMG8900 给了我这样的机会。基础太重要了，就像人的基因似的，平台架构的能力、基础技术的能力储备、管理的体系机制，包括激发团队每个人自发当责地主动改进，这些太重要了。

田涛：如何保证产品全球范围内不出问题？

查钧：激发人的主动当责意识，从一开始加强质量管理，过程中持续改进。但是单纯强调人的责任心也是不够的，还有能力的问题，要借助于平台和工具来弥补人的缺陷。所以我一直强调，质量管理是一个系统的体系，除了管理的流程架构，工具和平台也非常关键。

跟您分享一个例子，早年我们开发了一个命令行转换工具。当时路由器配置的业务有三万个命令行，核心路由器最简单的配置也有八千个命令行，每个命令行后面还有很多参数，每个参数的意义又不一样。你想想，三万个命令行，赶上托福的词汇量了，这非常复杂。人稍有疏忽就会配置错，网上运行可能就会出现事故，影响严重。所以我们研发做一个命令行转换工具，确保配置正确，把复杂问题简单化。

田 涛：用工具自身来转换？

查 钧：对。工具机器是可靠的，我们用最有经验的研发人员来开发的工具，承载了他们多年的经验教训积累，工具开发出来，在全球范围内，对技术支持人员的要求就可以降下来，这是我们能力传递最好的、最快的手段。

田 涛：客户认不认可？

查 钧：客户以前很怀疑，说我们会出事，友商都出过事。我们说不会出事，客户说你们吹牛，你怎么证明你不出问题，我们就带了测试工具去证明，带客户参观北京大规模的路由器测试工厂。这个措施非常有效，一下子取得了信任。在经验丰富的专业人才一时没有那么多的情况下，就可以向全球拓展，否则哪敢去开局。

田 涛：这应该是革命性的。

查 钧：是革命性的，它一下子把门槛降低了。要在市场上成功，光有芯片是不行的，光有产品也是不行的，还得有人去开局、去维护。一个产品的成功是由多种要素构成的，质量要好，成本要低，性能要强，架构要领先，同时还得有人去部署维护这个产品。

在中国联通和中国电信我们做了一件事情，把路由器的维护做得非常简单。移动承载网基站点非常多，部署和后期的维护成本很高，我们总结出了非常关键的两句话，站点部署叫“上电走人”，一上电就可以走人，网管自动下发配置，另一个在中心机房配置业务要“一点即通”，这就在很大程度上降低了门槛。最开始不是这么提的，开始叫“简单、简单、再简单”，这个话太概念性了，什么叫简单？是不是100个命令行变成50个就叫简单？团队可能觉得提升了一倍，够简单了。后来我觉得不行，想法很好，但不够具体，不可衡量和验收。所以后来我提的要求是“上电走人”和“一点即通”。我说你走不了人，那就有问题，把盒子放到基站里面，上电它就要能自动完成配置，走不了人说明没有达到要求，必须回去优化。另外，在网管上配置要“一点即通”。大家朝这两个明确的目标去努力就可以了。所以目标的提法也是很有讲究的。

刚才说到，降低门槛，提升工作质量与效率。一方面是开发命令行转换工具，另一方面是实现“上电走人”“一点即通”，下面说说第三个方面，自动化工厂。我们有QCC（quality control circle，品管圈）质量改进活动，这是从西方友商引入的概念，发动广大基层员工在其负责的领域内提质量改进的小建议。在2008年我参加的一次QCC大会上，员工提出一个问题，说现在做得太辛苦了，比如泰国某运营商测试我们的东西，经常要搞到凌晨一点才能出报告。怎么样提升测试效率来减轻员工的负担呢？我们不能蛮干。那时候就萌发了这种想法，从2008年开始搞，当时产品的自动化水平只有30%左右，剩下的70%左右是手动测试的。人工测试的问题是很辛苦，首先实验室有噪声，空气也不太好，而且本来可以按时下班的，就为了等测试结果需要等到晚上十一二点。大量的时间就是等待，当然有时候出了问题也需要现场解决问题，但根据我们的统计，大部分时间就是在等待中度过。测试中人又不能离开，比如说下周一要报告，那员工就被迫周末待在实验室，守在设备旁边。这样一来，既不能跟家里人在一起，员工自身又很辛苦。后来就提出一个目标：从“（凌晨）一点下班”到“（鼠标）一点下班”，以前是加班到凌晨一点，现在是鼠标一点就可以下班。大家的理想状态是，下班时鼠标一点，各环节自动化测试，明天报告就出来了，不用像以前要等到凌晨一点。自动化测试最初的原型就是由这个想法而来，当然后来不断改进，越来越好，现在可以达到95% 的自动化测试水平，效率提高了。以前我们发布的版本测一遍要两个月，这个周期太长了，如果版本有问题，出一个版本两个月就过去了，很难敏捷迭代。现在两周就可以了，自动测试，不需要人管，因为它的测试例绝大部分都已经自动化了。后来我们在 IPD（integrated product development，集成产品开发）流程里面提出明确要求，TR5[①] 后，之前的手工测试例要自动化，否则验收不过，做了硬性要求。

自动化测试工厂的价值不仅仅是提升效率。积累的几十万测试例提升效率，这只是表面的好处。自动化几十万测试例，是多年的经验积累，这是组织的知识资产，因为这在一定程度上超越了人脑。历史上我们犯错误，有时候不是责任心不够，是能力不够。比如一个新员工来公司 5 年，他不可能知道这个产品 5 年前发生的事情，一不小心就触发了前面的一个 bug（漏洞），这不是责任心能够解决的问题，这时候批评没有用，单纯个体的改进也很困难，而是需要工具和技术手段，去解决人的局限，这是组织能力。测试例积累了产品历史上的问题，通过测试例给固化下来，这样积累下来的几十万测试例，都是我们的宝贵资产。新的版本通过这几十万测试例，就意味着这个版本规避了历史上犯的所有错误，这是最大的价值。一个组织的能力提升，光靠人脑和责任心是有限的，由工具承载知识积累才是最高效的传承。

田 涛：对，而且标准化程度也达不到。

查 钧：对，而且人是流动的，你做了 5 年调走了，来个新手，怎么办？我们要把知识资产和组织能力构建在工具和平台上。工具和平台是铁打的营

① TR5（technical review 5, 技术评审点 5），是发布给客户前对项目整体状态在设计稳定性和技术成熟度方面的评估活动。

盘，它日积月累、不断优化，今年这个版本搞完了，加5 000个测试例，明年新的版本搞完了，还在不断地积累，后来的人是站在历史的最高点在工作。这样就能不断前进，我认为最大的价值是这个。我当时提了“五个超越”：

1. 超越人脑：自动化测试工厂已经超越人脑，构建组织能力提升已经找到了正确的方法。我们的能力提升和经验积累需要有一个平台，大家一代一代地积累，能力就越来越高。

2. 超越人体：以前不休息，晚上搞到一点，铁人也不行，自动化之后人就轻松了很多，解放了人，有精力思考更多的需要人才能思考的问题，效率也提升了。

3. 超越历史：刚刚讲“超越人脑”是指应用场景的复杂度超越了人脑，“超越历史”是指新员工来了以后，历史上的东西他可以一目了然，来了3年就相当于有了13年的经验，人干得好还提拔得快。所以自动化工具的开发，不断地给我们的积累添砖加瓦，铁打的营盘是不断提升的营盘。

4. 超越自我：在网上不但要跟自己对接，还要跟思科、JUNIPER（瞻博网络）、阿朗（阿尔卡特-朗讯）对接，它们历史上在那个环境里也有各种版本和设备，也就是说你不仅要了解自己，还要识别友商设备。你到网上运行，也要跟友商互通。

5. 超越研发：根据华为的IPD开发流程，研发开发出来的东西，不是研发去交付和维护，是由全球的技术支持人员去交付。以往产品移交到交付环节，叫上市，研发写资料、送培训给交付人员。如果产品有bug，我们修改产品及资料之后再发布，这样周期就会很长。现在通过工具，通过云承载最新的东西，减少了犯错误的机会，也加快了上市的速度。

这是我上次给产品研发人员总结的“五个超越”。我觉得管理，关键是要找到牛鼻子，要巧干。很多人可能工作上很努力，加班加点也很多，但没有抓住关键的东西，走一步，退一步，其实白费了。只有不断总结，并且要抓住牛鼻子的总结，才能不断提升。

田涛：对，我理解是工具化、自动化加平台化，对吗?

查钧：是的。产业要做大，是有很多门槛的，维护很复杂，又没有那么多有经验的专业人才，产品就没法普及。太先进的技术普及不了，战斗机不是所有人都能开的。这个问题解决不了的话，整个产业是没法做大的。我们刚刚讲到自动化转换工具、“上电走人”“一点即通”，一下子就把门槛降低了，市场拓展交付也铺开了。

田涛：包括与客户进行产品宣讲，环节也减少了很多。

查钧：对。以前培训很多，效果还不好，后来有一次在上海给某个客户做培训，大家听完培训，发现原来那么深奥复杂的 IP 现在变得这么简单，自己可以维护复杂的 IP 网络，以前想都没有想过，一下子都找到自信了。

田涛：这其实就是你给他这个工具，然后把产品做简单。我看到一个资讯，某公司也在做路由器，也是做得越来越简单，200 万行代码就行了，现在咱们电信级的路由器大概是几千万行代码，你怎么看待这个问题，未来会不会带来冲击?

查钧：在某些特定的场景下是可以简化的。运营商网络从骨干、城域到接入，一直到千家万户，选路关系复杂，同时属于信息基础设施，要求性能强大、安全、可靠性高，要能够抗攻击，维护要简单，定位问题要快，大部分都不是功能代码，它的复杂度是不一样的。如果只是特定的一个场景，如数据中心的应用场景，就会相对简单。

田涛：我听公司高层讲，你思想是开放的，或者说你在技术思维上是很开放的。你觉得主要是指什么？

查 钧：我们历史上都犯过一些错误，老板说得很对的，说我们每个人都是公司花了很多培训费成长起来的，我们一方面总结自己犯的错误，另一方面在别人的错误上汲取教训。一个人不犯错误是不可能的，关键是要善于总结过去的错误，避免未来重犯。同时要思想开放，在别人的错误上前进，吸取宇宙的能量。

我举个例子，iNET。华为是做程控交换机出身的，程控交换机做了很长时间以后，在中国打下了一些市场份额。当新的技术“软交换”来临的时候，就有一些保守，想维护自身的既得利益，对新技术没有以拥抱的姿态去迎接。2001 年，新的设备选型时，中国电信把华为踢出来了，短名单都没进，后来我们花了很长时间，到 2004 年才重新入围。老板说，进攻是最好的防守。不能守着那既得的一亩三分地，技术变革的时候，新技术来临的时候，大趋势是不可阻挡的，研发要面向未来，积极拥抱挑战。

田 涛：客户需求要细分，不是那么简单的玩统计的东西。

查 钧：对。客户需求是多样的，也是变化的，我们要满足对客户和华为都有价值的需求，因此是个取舍的问题。我们希望在同等资源下满足更多的客户需求。“以不变应万变”的背后，是我们的平台架构能力、技术体系能力、开发管理能力的综合体现。

田 涛：华为似乎好几个项目都是这样的，比如 SingleRAN 基站，也是把几个制式在一个盒子里实现。

查 钧：对，那也是一个案例。现在的站点，向未来扩容、演进的能力，会为我们和客户带来巨大的价值。IP RAN（IP 化无线接入网）的思路也类似，2009 年市场技术方向面临 PTN（分组传送网）和 IP RAN 的选择，一个是 PTN，它是二层的、静态的，简单可靠，还有一个是基于路由器的方案，是动态的、三层的，未来扩展性强。近期 PTN 成熟一些，远期 IP 潜力大。有些客户选择 PTN，有些客户选择路由器方案，按以往的思路就是取舍，要么选一个，要么做两个产品。后来我们做了融合的 IP RAN 的产品，理念是这样：动静自如，二三兼容，平滑演进。

田涛：华为为什么能做到，或者说你为什么能做到？

查钧：上面的案例，客户需求就是变化的，单一的技术很难满足客户当期和未来的需求，我们公司技术的投资很深、很广，PTN 我们有，IP 我们也有，我们满足客户需求的能力就会强一些。本质上是组织能力积累的体现。

技术是为商业服务的，商业要以客户需求为导向，为客户创造价值。我们要追逐价值的转移，客户的价值转到哪儿，我们的投资就转到哪儿。战略方向上要围绕客户的价值转移，要主动为客户创造价值，我们要去抓住这些机会。业务战略对组织的要求、人才的要求、组织形式的要求等各方面，我们有 BLM 模型（business leadership model，业务领导力模型）来进行战略到执行的管理。

田涛：可不可以这么形容，客户需求是龙头，龙头摆动的话，其余的所有环节都能跟着龙头摆动。龙身很庞大，龙尾离龙头远，龙头如果是主航道的话，龙尾属于支持系统，它离客户很远，响应速度可能更慢，怎么能够快速地适应龙头的变化？

查钧：是的。除了客户需求驱动，我们还有技术创新驱动。2012 实验室的定位，就是要构建技术体系的能力，更好地满足客户需求，同时面向未来，通过技术创新驱动发展，才能超越现在，赢得未来。

田 涛： 这就跟当下的客户需求，不一样。

查 钧： 是的。

田 涛： 在你们的研发具体管理方面，我对模块化印象特别深。

查 钧： 模块化只是一个方面，我的要求是模块化和平台化。以前我有切肤之痛，为什么产品老是做不稳定，是因为我们用的是外面公司的芯片，芯片切换了，基于此之上的产品平台架构就要改，基础不稳，每次切换的工作量巨大，很难做稳定，持续积累缺乏平台的沉淀。我们现在用了自己的芯片，就有了延续性，有了这个前提条件，就可以有长期的规划，持续积累，减少了折腾。这就为我们做长期的模块化和平台化打下了技术基础，再加上有长期的系统化的组织能力构建的思路，就能一步一步地进步、提升。

田 涛： 平台化是什么样的概念？

查 钧： 你看到的是模块化，实现层面的东西，就好像建筑的一块砖，一个预制板。平台化是这样，比如路由器，有些用到干线上，容量大，性能强，协议简单一些；有的是用到城域，要求多业务承载，非常丰富的协议；有的是用在接入侧，要求体积小，成本低，接口组网灵活。业界每一个场景都是不同的产品，有的还由不同的团队开发，加起来有十几个产品。这样的开发模式，缺乏共享，效率也不高。我们觉得，这些只是尺寸不同，这是小麻雀，那是中麻雀，另外一个是大麻雀，它们只是外部框架尺寸不同，内部基本构造都是类似的。麻雀虽然大小不同，但五脏是一样的。从小麻雀到大麻雀，从软件和逻辑上看是一个产品，平台化我们已经超越了物理尺寸，从工作量最大的软件视角来看，软件可以逻辑抽象统一，整机结构大一点或小一点，这是小事情，真正工作量大的是软件，是2 000多万行代码，模块化以后可以根据不同场景的需求进行组装。从软件团队的视角，它看到的路由器是一个平台化的产品，模块化是基础，组件化是结果，这样业务最灵活，工作量也最省。所以上次老板来参观，我介绍说，虽然我们有很多个产品品牌，但在我眼里是一个产品。不一样的是结构尺寸，即外形结构不一样，但内脏是一样的，模块化的，这样软件和逻辑是统一考虑的，根据需要组装。模块化减少了重复开发，质量稳定了，效率提升了；组件化，开发进度也加快了。秦刚带的那个团队从400G到1T板子调通，只用了10天左右的时间。从责任田的角度，不同麻雀的内脏由同一个团队负责，持续积累和改进。

田 涛：所有的内脏由他来负责？

查 钧：不同麻雀的内脏由一个一个相对固定的项目组负责，从组织上进一步匹配了，秦刚是总负责，他做得很好。这就是平台化和模块化，大大提升了效率，以前多个产品多个团队，重复和浪费那是无法想象的。PTN硬件团队整合进来以后，秦刚的团队一个人没加，就把所有产品的硬件工作都承担起来了。

田 涛：这样你的质量体系至少优化了很多，而且研发的效率提升了。

查 钧：提高了很多，上次他们讲1T的板子上面的100G、400G的接口模块的验证工作。由于是模块化开发，模块本身没有什么变化，在1T板子上只需要做简单的系统集成验证，其他的以前都充分测试验证过了。只是把模块从一个板子搬到另外一个板子上，并且在网上已经得到充分严苛的验证。这样质量和效率都提升了，测试和上市的速度也加快了。以前做一个产品可能要一年半到两年，现在只需要一年都不到，一下子节省了半年到一年的时间。400G 超越对手半年，就为我们在市场上赢得了宝贵的战略机会窗，以前是我有别人也有，现在是我有别人没有，很多客户就选我们，机会窗内不可替代。这个模式不仅是效率的问题，而且把进度提前了，抓住了更多的机会，还有较好的利润，有利润就可以在技术上持续投入和提升，竞争力更强，这是最大的好处。

田涛：可不可以这样理解，平台化是基础性的东西，模块化是建立在平台化的基础之上的。

查钧：平台化是一个大的思想，模块化是实现方面的归一巧干，以大平台去延伸个性化，它大部分的工作是共享的，就是高效率的研发。平台化的第一个思想是共享，是效率的问题。第二个基于平台之上的个性化的快速定制能力，是价值创造能力的问题。要尽量把共性的东西平台化，加强平台的扩展性，满足个性化的需求。

我们要在代价不增加的情况下，加强共享，同时低成本充分满足个性化的需求。个性化也是很重要的，有个性化才能抓住客户，太通用的东西就同质化了。个性化和标准化之间是辩证的关系，过分强调标准化会丧失产品差异化竞争力，过分强调个性化研发效率会很低。怎么样达到你的理想？就是背后平台架构的能力。

田涛：对，我看任总也是这个观点。模块化和平台化的区别在哪里？

查钧：平台化提升了快速满足客户需求的能力。模块化更多的是实现过程的归一，它能提高效率，也能提高质量，只有模块化了以后才能确定责任田，持续积累与提升，做得越来越好。100G 和 400G 里面，相同的模块把它抽象出来，成为一个责任田，项目组的专家架构师就去持续优化。就像田一样，如果说今天是你的，明天是别人的，你肯定没有责任感，如果说这个田今天是你的，10 年后还是你的，你肯定就有责任感，不断投入增强土地的肥力，每天问自己“还能优化吗”。因此责任田首先解决了最关键的责任感的问题。

田涛：前面提到，老板说浪费很多钱培养了高管是什么概念？当然老板说浪费可能也是调侃式的。

查钧：有价值的浪费。老板的意思是说我们这些主管是在不断地犯错误的过程中成长起来的，让我们不要怕犯错误，但关键要在错误中成长。有些主管一犯错误就很紧张，担心被问责，现在技术发展太快了，很多的不确定性，不犯错误是很难的，其实老板是鼓励大家试错。老板给我们创造了宽松的创新试错环境，让我们在错误中成长。面向未来的不确定性环境，如果我们追求十拿九稳，那就是保守，会错失机会。

田涛：在这二十几年，你感觉能放手做事吗？

查钧：在华为有很大的授权。

田涛：包括资金调度、人员调动你们都能决定？

查钧：在公司的主航道上，成熟的业务要自己养活自己。在此基础上，在投资、人员激励等方面拥有很大的决策权。

田涛：用多少人也是自己决定？

查钧：产品线的整体投入规模公司有大致的约束，有个管控的规则。这个规则是解决投资的整体预算规模的，但在此预算范围之内，具体项目的立项决策，围绕为客户创造价值，不断提升投资收益，授权比较充分。

田 涛：你是公司高级干部，从你的角度能感受到思想的重要性。

查 钧：越到高层越感受到思想的重要。机制、文化、人性、核心价值观，考虑人的成分多一些。以前我在基层的时候考虑“术”的内容多一些，现在视野更开阔一些，考虑的层次就更高一些。大团队一定要通过机制来管理，通过文化来凝聚，通过激发活力来提升效率。

田 涛：谢谢！

（结束）

访谈3

周劲

访谈时间｜2014年4月9日

访谈地点｜深圳

被访谈人｜周劲

访 谈 人｜田涛

田涛：周总，找你聊聊集成供应链变革的故事。

周劲：我们是在里面做实际工作的，身在庐山中，你们是已经把庐山全貌看得很清楚，有道有术，有高有低。2000 年左右，我当时负责 ISC（集成供应链），但是我们实际上是受到公司最高领导的关注，主要是任总、孙总（孙亚芳）、郭总（郭平），他们几个当时是站在公司层面指导。我都不记得当时他们挂了名没有，他们是真正在幕后高度关注、高度影响的。

田涛：咱先从这儿开始，不一定按照顺序。

周劲：我喝咖啡就是在做 ISC 的时候，跟那些香港人学的。当时我们从来没有见过咖啡机，很新奇，他们来了有很多要求，包括厕所，原来是蹲厕，他们来了后，我们专门找基建部改成了坐式马桶。

* 周劲，1993—2012 年在华为工作。曾任华为高级副总裁、生产部总裁、财经管理部副总裁等。

田 涛：IPD（集成产品开发）的时候是这样，ISC 也是这样？

周 劲：印象中，IPD、ISC 几乎同时，ISC 晚一点。那时老板去 IBM 公司，引进了 PACE[①] 那本书，我们开始有了 IPD 的理念。任总不是跟着一个名词概念亦步亦趋的人，他的思维更广阔。我们学 IPD 的时候，实际上他就引申为要全面面向客户、倒排式地理顺我们公司的管理流程和思维方法，所以 ISC 这个词是我们自创的，完全不是 IBM 的，IBM 没有 ISC。当时我们特别欣赏 IBM 的，第一个是以客户为中心，从客户角度倒排出来。第二个，当时华为正面临重大的管理转型，必须把山头、部门墙打破，按老板的说法，把它变成像长江水一样，自发自动的、滚滚向东流的体系。当时几乎同时，我们提出了 ISC 的概念。但是，当时遇到一个巨大的困难，IPD 是 IBM 很成熟的一套东西，可以拿出来，但没有 ISC 这个概念，他们也没有。所以是我们创造了这个词，他们也说好。IBM 的供应链管理肯定也是蛮强的，老板就跟 IBM 说，你给我们全面地改造，不是仅限于你们理解的 IPD。IBM 觉得 ISC 也是 IPD，是整个面向客户倒排流程的过程。

田 涛：你觉得引进 IPD 变革是任总本身有自己的想法，他要借这个推动全面变革，是这个意思吗？

周 劲：当时我们开了非常多这方面的会，一个月一个月地学习。从当时的大背景来说，华为正在面临一个巨大的变革。实际上后来我在做 ISC 的时候，也强烈地感觉到他老人家的心里希望借助于这个实现公司变瘦变小，把野蛮生长造成的紊乱整合成有序、自发自动。所以在他的心目中，IPD、ISC 是一个概念。但是我们不懂，慢慢学了以后才知道有一个叫 IPD 的东

① 美国 PRTM 公司出版的《产品及生命周期优化法》，简称 PACE（Product And Cycle-time Excellence）。

西。然后我们创造了 ISC，他也认可，他也觉得一定要同时上。任总也是动态的，从哲理到实施这么一步步走下楼梯，在走下楼梯的过程中，他逐步分出来了 IPD、ISC 的理念。但是上升到哲理，老板认为都是一体化的，他认为要去做这个。他在 ISC 的时候给过很多指导意见，具体的事他从来不管，但是他讲了他脑海中的供应链，就像长江水自动向东流，客户的引导就是一种势能，让长江水永远不停地从西向东流。你只要加固堤坝、疏通河滩就行了，不要去推水。他说："我们很辛苦，水老是被堵住，像肠梗阻，屎也拉不出来，所以要去推，不断去推，这个很辛苦。设计的目的是打通肠梗阻，变成自动流的长江水。"1997、1998 年搞 IPD 期间就酝酿了 ISC 的理念，只是当时没有提。中间什么时候提的我也忘记了，反正我们自己搞，搞了后跟 IBM 顾问交流，他们也慢慢认可。

2000 年的时候，我们十几个人去 IBM 总部向他们学习，专门去北卡（北卡罗来纳州）IBM 的硬件厂学了一个月。从那以后 ISC 的理念和方法论就从一个虚的概念慢慢变成实的东西，最后形成了一个管理工程。但这个工程跟 IPD 相比就显得慢，虽然概念几乎同时有了，但是 IPD 是一个比较成熟的体系，而 ISC 是我们创造出来的，从概念到理论的落地过程，大概花了两年。这中间还经过了不断的反复，因为 IBM 自己也派不出顾问来，事实上后来 ISC 的整个顾问团就是"多国部队"，根本不是 IBM 的嫡系部队。

田 涛： IPD 顾问是 IBM 的嫡系部队？

周 劲： 核心是嫡系部队。我记得有一个老者叫 Lew，当年是 IBM 做改革时的核心成员，美国人，在北卡，就是从头到尾干 IPD 的。但 ISC 就不一样了，ISC 是"多国部队"，东搞一个，西搞一个。我是搞供应链出身的，在 20 世纪 90 年代，我心中崇拜的对象是 DELL（戴尔），DELL 的低空飞行是当时供应链的理念。所以我起初对 IBM 是很不感冒的，觉得 IBM

的 IPD 行，不见得 ISC 也行。当时我们访问过 IBM 公司，觉得绩效也不怎么样，一般，后来它的电脑部门很快就卖给联想了。在 1999 年底陪老板访问诺基亚的时候，我就提出了我有点担心。刚开始来的一拨人是管理咨询的售前顾问，会讲概念，但一讲到实际操作就基本上不懂了。我非常担心，就跟老板说我们不请 IBM 行吗，请点别的。这就反映出当时我觉得 ISC 是完全不成熟的，并不是像 IPD 那么成熟。

田 涛：那为什么还要请 IBM 来?

周 劲：当时老板提了一个非常有名的、在大会小会上都批的口号。

田 涛：“削足适履”是这么来的?

周 劲：至少我被当例子用上了。他说周劲是个激进派，老是想学最好的，我觉得打 60 分就好了，所以我们要穿 IBM 的鞋，我们要照搬照套，全盘西化。如果你脚指头太大，要么换双大鞋，要么你把脚指头砍了。当时是这么说的。从那以后，我不再犹豫了，完全交给 IBM。IBM 当时从全球管理咨询的网络陆陆续续派了三四十个人，不是 IBM 的人，最后给我们做管理实施的人也不是 IBM 的。2000 年前，我在供应链做一把手，但是从 2000 年起我就调出来做 ISC 的事，之前是筹备了一两年。过程就是这样，反反复复。回想到过去还是有点兴奋。

田 涛：对，这些事情都很有意思。那个“削足适履”的故事居然是从你这儿来的。

周 劲：对。

田 涛：实际上你讲的并不是没有道理，对 IBM 来说，ISC 这方面它也没有太多很成熟的东西。

周 劲： 苏宝华后来参与我们项目组了，ISC 全都是我们自己写出来的，跟 IPD 完全不一样。

IPD 我参与得不多，我们是外围，洪天峰、夏勇他们是主导。他们首先有一个框架模板，我参与了每个模块的讨论：这个要不要，对华为意味着什么，组织上意味着什么，流程上意味着什么，IT 上意味着什么，等等；或者从哲理上讨论对我们的重要性在哪里，是不是关键点。但是对 ISC，我们首先连范围都搞不清楚，在老板定调前，我们花了一年多的时间搞了很多个版本，就是我们要做什么，怎么做，从哪里起步？台阶是一步步上，还是一下到最佳实践？连这个都是一个激烈讨论的过程。因为没有方法论，也没有模板，这个就花了很长时间。所以在外人眼里，ISC 落后于 IPD，但是它的概念实际上是跟 IPD 同时起步的，它的基础不稳。

田 涛： 顾问公司本身也经验不足。

周 劲： 光是选顾问就选了半年多，不容易啊。您作为这个行业的行家也知道，这方面 IBM 是新兴的，所以导致 ISC 在方向上多走了很多弯路，包括我们一开始希望做一些带华为特色的内容，被老板否了。

田 涛： 做华为特色是你们的想法吗？

周 劲： 是我的想法。我当时是在一线工作的人，老板是站在哲理高度的，他的高度比我高。他是从战略角度，希望打通整个系统，变成长江水，这个想法是没有错的。我当时只是觉得条件不成熟。当时还有这样一个争论，我们就是一个泥路，我得先修路吧，而不是先去买个奔驰车来，跑不了怎么办。这个问题我提出来，是因为我们刚刚从一个野蛮生长的阶段过来，正在转型过程中，数据一塌糊涂。第一次 ERP 上线，我们是 1995 年底就开始实施，一直到1997年底才实施成功，整整花了两年。为什么呢？就是没数据。事实上1997年成功以后，财务那儿的数据还是一塌糊涂。我2002年调去财务，发现1997年财务上的很多数据都是错误的。可以想象一个公司在运作过程中大量这种细节层面的东西都还不完善，那整体的管理改进我个人觉得是水磨石，十年才有可能磨成剑，不是你想一蹴而就就一蹴而就的。就跟人的健康一样，损坏不是一天，恢复也不是一天，都是一个过程。当年我们公司是从小到大野蛮生长出来的，不是一个空降的、管理很好的公司，它是自我生长、自我调整、自我适应，而且是跟外部大环境强烈契合的。我们当时是比较简单的，只卖设备，根本就不去做安装服务这些，安装服务都是客户自己去做的，而且他们的采购模式也算是一个野蛮采购模式。什么意思呢？比如说，它一下就能把一年的东西全买了，买了以后堆到它的仓库里，它不去安装。我记得有一个地方大客户当时有2 000多个仓库，堆了大量的东西。他们的规划做得也很烂，不断地改，买了以后要退，退了以后又要买，合同也不履行，履行的也不是合同，反正就是大家互相野蛮打乱仗的一个阶段。

田涛：其实就是这个混乱与国内客户是同步的。

周劲：是同步的。一个是我们是自发生长出来的一个公司，第二个是大环境也在不断进步，甚至客户的采购模式都在发生剧烈的变化。他们的采购是网络型还是单机采购，采购权在哪里，极度复杂。我们的供应商也是野蛮生长出来的，广东是遍地草根公司，我们是跟着中国的制造工业同步发展出来的。当时广东的整个制造环境也是从一个不顾及质量到质量管理慢慢达到底线的发展过程。我觉得整个就是跟产业生态、社会生态同步进化，大家是一个共同进化的过程。在20世纪90年代末到2000年初，正好是一个节骨眼，中国的制造业开始腾飞。那个时候我们用最好的模型来审视我们的现状，就看出了很多差距。这些差距怎么解决，就影响了我们ISC的方向，我们是一次做到西方化的最好呢，还是搞点中国特色？这里面有很多必须妥协的东西。

田涛：你说路标圈定在哪里？

周劲：是咱们分多少步走。目标可以设得非常理想，但是怎么走，分几步，每一步先走什么，这个是争论得非常激烈的。我个人觉得，当时老板也在犹豫，我觉得老板的思想，在90年代跟今天，绝对不是一样的，他是在一个进化过程中，我亲身感受到他也是从混沌状态到清晰状态，从高处逐步下来，做一些妥协、一些平衡的过程。这个过程实际上是一件蛮痛苦的事情，大家在激烈地冲撞、磨合。我记得老板跟我讲过完全不同的两个概念，一个是说穿IBM鞋一定要削足适履，但另外一方面，他的习惯是想起什么就要讲的，有时候会突然一个电话打来："周劲，你们不能好大喜功，不能搞最佳实践，你们把便排出来，把肠道打通就行了，拉得好不好，消化了多少，咱们以后再说。"

可能什么事引发了他的担忧，突然之间想这样搞可能不符合实际，可能会把公司搞垮。

田涛：他突然担心你太冒进了，突然担心你太保守了，他是在保守和冒进之间徘徊，不断发出各种指示。公司大部分高管是非常理想化的，实际上都是学校毕业出来的。

周劲：当时我硬把郭总拉过来，因为我感觉到自己孤军奋战，很辛苦很累。那些理想化的要求让我压力非常大，很多高管就觉得你也应该像IPD一样，一步到位。为什么你这个没做，那个没做，这个不做，那个不做，你的范围怎么这么小，怎么不知道搞大一点，总之提出很多很多要求。记得有一个高管跟我讲，你要变成蛇，蛇能吞象，小的蛇撑大到把象都能吞到肚子里，流程的目标应该是达到这个。类似这种理想化的话很多，所以我的压力很大。我跟郭总说，他们不是名义上的负责人，希望有些东西咱们一道去疏通。我们这种压力反映到老板那里，老板就会给出一些支持，但是在公开场合他还是希望我们能做大，因为IBM顾问希望做得越大越好，他们也很辛苦，来了那么多顾问，所以老板在公开场合一般是鼓励做大做好，但是他有时候私底下会给我打个电话，说你们控制一点。现在回头想，ISC有非常多的遗憾，就是因为方向不明，过程中不断地来回走Z字形，所以最后的结果也是仁者见仁、智者见智。

田涛：这种拉锯式地走Z字形，一会儿这样，一会儿那样，还是因为大家观念上的不一致?

周劲：是观念上的不一致。供应链我们原来叫生产，可能很多中小公司，尤其是所谓技术公司，他们对生产是极度不重视的。实际上供应链更像是一个内功性质的东西，它显示不出来对外的贡献绩效，但是发展到一定程度就会变成内伤，比如说胃溃疡、肠梗阻。它不是一个贡献因子，是一个瓶颈因子。在公司十多年的巨大发展过程中，大家的眼光聚焦在研发和市场，对供应链基本上是忽略的。在这一点上，我非常感谢任老板，在那样一个大家的眼光基本不去扫供应链的情况下，等于说是老板一个人在关注。我并不是抱怨什么，这是事实，它在公司发展的一个阶段，就是这样的。

田涛：早期只重视研发、市场。

周劲：它的瓶颈因素，尤其是在华为这种狼性文化下，在早期，是人有多大胆，地有多大产。从市场角度，你地的产出跟我没关系，我先把胆练出来了，你就得给我跟上，就得产出来，产不出来就是你的责任，当时就是这种情况。我觉得高层中，任总是最关心生产的。当时华为的决策系统也挺有意思的，实际上任总一般是不管具体事情的，就是给一点指示，但是任总每次都能给一些温暖的、宽松的指示，都能让生产那边得到一个很大的改进空间，这样感觉就很好。如果全是给你理想化的要求，但是人财物方面又不给你空间，你就会很难受，就做不起来事。我是1996年开始管生产的，基本上四年左右，搞了IT，也搞了一些生产技术管理的工作，打了一些基础，我觉得都跟任总这样的一些关心、能理解我们的困难在哪儿分不开。

田 涛：对。讲一讲ISC的过程。

周 劲：ISC是1999年底正式立项的。我记得是1999年底跟老板到诺基亚那边参观完以后，被老板怒骂了一顿，回来后立马结束争论。本来是有一些争论的。

田 涛：前面争论了好久?

周 劲：前面就是成立了一个小组，当时大家对范围和方法论存在很多讨论点，进展确实很慢，这肯定也是我的责任，因为我当时是负责生产的一把手，所以就跟他们讨论了很多。老板骂完以后，我们也没什么可说的了，就叫IBM顾问组班子，一下搞了几十个顾问，正式开始ISC的起步，这才是正式起步。

在起步过程中，一开始搞得非常大，因为被骂完以后心里害怕，虽然不理解，但是也要执行。华为的执行文化跟老板的威信是有关系的，在他的这种威信下，大家理解的要执行，不理解的创造条件也要理解。这一点，我们倒是都能做到，所以拼了命地去把范围搞得非常大，搞大了以后就按照IPD那种理念，先是做探讨、发动宣传、成立班子之类的，搞了一大堆这些事儿。搞的过程中，矛盾已经冒出来了，比如，我们发现大部分的数据是来源于市场（部门）的客户数据、产品销售数据，这些很基本的东西都要有，但实际上搞不到，结果数据一塌糊涂。

田涛：高管们本身也搞不了。

周劲：搞不了，那时候客户数据就是我们有多少客户，我们的客户叫什么名字，就这么一点事，整了一年还没有整明白。

田涛：那这个肯定是他们不配合的问题。找不到吗?

周劲：真找不到。你说得对，肯定有不配合。

田涛：客户不就这么多嘛。

周劲：比如广东电讯，他们的很多合同署名是广东电信通讯有限公司，广东通讯有限公司，有的少了通讯两个字，广东公司，广东分公司，中国电信广东分公司……一个公司客户有很多不同的名字。但是因为数据要送到系统流程里，必须标准化、编码化，这就扯了半天。

还有一些理论问题，打个比方，中国电信是一个客户，那和中国电信的广东分公司是两个客户还是一个客户？因为有些单子是中国电信统一买的，有些是广东分公司单独有采购权。我们就讨论，什么叫客户，买我们东西的就叫客户，那广东分公司买了一样东西算不算客户？你每天卖东西，连客户是谁都不知道，什么都不知道。光这个就吵了半天，没数据，IT系统就动不了。IT系统是标准化语言，这些很细节的东西领导都是不太了解的，也不太关心，你找下面的人去搞，下面的人占用时间又不出绩效，干得不好被人骂，干得好没人理。这些都是企业的苦活，有大量的苦活在研发、市场这些系统。在吵的过程中，大家明显就觉得是在野蛮生长，就是我们打造的环境以及我们客户、供应商的不配合，比如说我们当时采用了一个 VMI（Vendor-managed Inventory，供应商管理库存）采购模式，我们的供应商连这个 VMI 是什么都没有搞明白，那我们也要去跟供应商沟通，它能不能做这些事。后来我们通过十年的时间，实现了 VMI，我们今天的库存周转率能达到 16，我觉得我们的供应商管理库存贡献了一半，也就是说没有 VMI 这些东西，我们库存周转率可能是 7、8，不可能到 15、16。这是在初期。

20 世纪 90 年代末到 2000 年的时候，全世界只有最先进的几家公司在做 VMI，而且都在美国，其他听都没听说过。IBM 顾问跑出来吵着要做 VMI，那你说做还是不做？这又是一个激烈讨论的过程。你做，中国的大环境就是这样，怎么做，做成什么样？在进入详细设计的过程中，这些争吵又让大家回到现实中来。刚开始，我们做概要设计，做得非常好非常全，做了一个非常大非常漂亮的图，要做什么，输出什么，领导看了非常高兴。但是从概要设计到详细设计这个过程中，就碰到了太多现实的问题，每一个现实问题，不明白就能让你搞个半年，这时间就拖不起啊，当时大家给了我们一年半时间。做的过程中大家发现，不是一年就能磨一剑的，是十年才能磨一剑，所以后来就慢慢把它缩小。中间还发生过一些事，IBM 顾问后来也陆陆续续换了很多人。最后落实到详细设计的时候变动就不大了，小了很多。这个过程中还跟老板互动过很多次，老板也同意了，就是一个小了很多的范围。实施完 ISC 之后，对最后实施的范围就有了非常多的争议，有的人认为 ISC 是失败的，范围太小了。我们之前还在干部大会上给大家展示过概要设计蓝图，把大家激动了一下，结果就只搞了其中的一小块，大部分都没搞，所以有人认为是失败的。但我认为这就是一个理想到现实之间的妥协。第二个是现实到理想中间的一步，ISC 实施完之后，2002 年我到财务了，因为实际实施的范围是比较小的，梁华就接着做，他当时做了 ISC 二期，就是再往上走一两个台阶。

田 涛：但还是在你当时那个概要设计里面。

周 劲：那肯定，概要设计太宏大了，都包含了，非常漂亮的一个设计。蓝图都非常好看，但是，做的时候就有很多内在的冲突，很多内在的矛盾就爆发出来了，僵在那里，要花时间慢慢解才能解开。后来梁华他们做了二期，2005 年我又回到供应链。那时候梁华是一把手，我是负责海外供应链。如果说 2000 年做 ISC 的时候，公司在从野蛮生长发展到有序的流程化管理、有序的整合资源，追求效益和效能，那么 2005 年发生的变化就是国际化，就是公司从一个本地化公司变成全球化公司的过程，变得多维度、有区域、有中心，有市场区域、物流区域。从一个计划中心到多个计划中心，分出多个指挥层（控制层），决策层开始分层，这是件蛮痛苦的事情。2005 年我回来以后就跟着梁华，我们搞了一个 GSC（全球供应链）。我们在 2000—2001 年做了 ISC 一期，他们接着做了二期，经过四五年的磨合，我们越来越有经验。在做 GSC 的时候，就非常有经验了。

田 涛：GSC 就是全球供应链？

周 劲：是全球供应链。2005 年我回供应链前有一年时间常驻海外，在俄罗斯、欧洲做区域财经经理，老板把我调回来。当时一个事他说了很多次，我们的货发到一个海外客户那边，结果客户接收到的是一箱鞋子，我就是因为这个事情被调回来的，说这个供应链崩溃了。当公司市场扩展到海外，多层次多维度的时候，这个事情是有可能的，不是说很正常，是说有可能。因为当时我们在海外没有物流系统，没有供应链系统，什么也没有。刚刚讲中国电信这些客户也把我们养懒了，他们是自己养了一个庞大的生产队伍去做安装、仓库管理，我们只管发货。到了海外不是这样，很多客户什么人都没有，他要你负责一个站点的安装，甚至还要你建机房，我们叫作Turnkey（交钥匙）工程，甚至还要你帮他提供售后服务，他一个人都没有。而我们也没有人在海外，没有网络，我们就找了几个代理商，代理商对公司的情况哪里熟悉，又没有经过培训。2004—2005年，这个阶段又是一个在海外的野蛮生长，第二次野蛮生长的过程。货发多了的时候容易出错，代理商又不是只代理华为一家，它代理很多家。我们那时候连标签都不清楚，我们的标签是中文的。刚刚去海外的时候，这种笑话实在是太多了。

田 涛：这个很精彩，全球化第二次野蛮生长。

周 劲：绝对是野蛮生长。我当时在俄罗斯碰到太多这种情况了，电源插座也是国内的电源插座，标签是中文的，说明书是中文的，也没有培训。到了海外，我们请的是当地的员工，请当地代表处帮忙，因为我们没有供应链的人，不知道怎么在当地找卡车把货运到客户的现场，诸如此类的事情。因为在国内我们都没有碰到过这种事情，都是客户直接到我们这儿来，或者我们运到客户指定的某个仓库，就没有我们啥事了，我顶多是跟看仓库的老大爷打个招呼递根烟，他就让我的货进去了。但在国外不是这样的，客户没有仓库，需要你去帮他找，没人找怎么办呢？当时他们就打个电话给当地代表处，当地代表处都是销售人员，他哪里管这些事，他就雇一个当地员工去做。我曾经跑到东欧去看，那个清关单据就跟废纸一样揉成一团塞到包里或者放在仓库里，我说你把你的清关单据都拿过来，这些都是重要的财务凭证，因为当时我管财务，我得看看你们财务凭据是不是合理，我们是有法律责任的啊。他说，好，翻出一个大包，里面全部是一堆乱七八糟的东西。我当时就晕了，我说这不行。自己都有亲身感受，崩溃了，完全是一地鸡毛。所以老板有次在电话会议上说周劲你赶快回来吧，你要把海外供应链管理起来，就举了发货发了一箱鞋子的例子。后来我想了半天，虽然不了解情况，但是我估计就是在深圳找了个代理商，深圳代理商装船的时候把标签给贴乱了，再往后就没有人管了。这个情况非常有可能，没有人管理。我就是那时候又回来了，回来正赶上梁华他们启动GSC。我们当时压力确实很大，海外一片骂声，整个生产全乱了。货发不出来，发不对，发对了到海外又没人提，被海关罚款，一塌糊涂。

田涛：市场当时抗议声很多？

周劲：骂声一片。当时在一个月之内把我们供应链的老干部都抽走了，直接就派到了代表处，因为你让代表处请个当地员工，而且不是搞供应链专业的，他根本搞不懂。所以当时我们把所有看得见的老员工全部赶到海外了，跟财务一样，财务当时也干过一次。我在财务的时候，在做“四统一”（统一流程、统一制度、统一监控、统一编码）项目，财务的海外乱象和供应链的是一样的，都是野蛮生长出来的，混乱不堪。所有子公司的财务报表格式都不统一，全部都是乱的。

田涛：也就是说那段时间公司的财务数据不见得都是准确的？

周劲：当时海外区域代表处的财务数据可以说是一塌糊涂，所有东西都是乱的。我们又在做“四统一”，就是要求全球用一个会计语言一个标准说话。所以也是这么一个混乱的过程。我2004年在海外就天天跑这个，做这些基础性、统一性的财务工作比较多。当时财务深圳总部这里基本没有男的，都是女的，因为男的全派出去了。2005年我回到供应链，就有了这个经验，就说，你看人家财务基本上男的都全体出动，我们供应链也必须这样，派出去的人以后怎么样我不知道，但海外开始时必须有人在现场去整理这些东西，以后成熟了回来做虚拟管理也行。

田 涛：解决当下的混乱。

周 劲：得有人堵洪水呀，不要老是想着去疏洪水，洪水已经到了，你还去疏什么呀。所以当时深圳供应链总部这里也是全体出动。供应链领导也确定了转变观念，全球供应链实际上就是多个决策层次、多个物流中心、多个供应链区域管理，主要是海关、清关，还有一些不同格式的订单、一些面向大客户的定制化。跟国内的客户相比，海外客户的要求非常细，比如日本和美国的要求都不一样，欧洲的要求和非洲的要求完全不一样，针对不同区域的大客户是完全不同的，这是我们 GSC 的一部分内容。

田 涛：GSC 请了咨询公司吗？

周 劲：请了，但是是以我为主的。梁华当时是一把手，跟老板沟通比较多，我就做具体的事。可能是因为当年 ISC 请了太多的 IBM 顾问，花了几个亿，但是效果大家觉得不满意。这次我们就请了很少的顾问，而且也不是 IBM 的，好像是美世，或者是 i2，搞了一个规划，在一次向老板汇报的时候，就被老板一棍子打死了，我觉得老板的思想就是不断变化的。可能是他觉得太理想化了，怎么一下子搞出来这么多漂亮的结构，这个项目组就解散了。

田 涛：解散了？

周 劲：老板的风格就是这样，我不太清楚是怎么沟通的，当时会上老板突然就发火了，说搞得一塌糊涂，你们又是在开玩笑。他认为我们太激进了，要把公司给毁了，说你们还是面对现实，做一些小改进吧，别搞这么大了，当场就给解散了。解散以后大家就只好改成小改进，在全球做一些物流中心、分发中心。我组织在德国做了第一个当地的组装，是供应链的一个策略。当时高层领导不太接触这个事，不太理解，我们实际是做半成品模块化生产的。到了现场，贴近客户最后一公里的时候，看到了客户的订单要求再把它装成网络系统。这在中国不是问题，大不了空运也就是半天，但是到欧洲可不是半天，而且空运和海运有5倍到10倍的价格差，舍不得。那怎么办呢？我们把半成品做好运到德国，再根据客户的要求，现场搭积木，拼成一个系统。这是我们原来GSC设计的一个内容，但是被老板拍了以后，我们就化整为零，做了一些小改进，这些小改进就慢慢把这个系统搭建起来了。实际上我觉得我们慢慢实践了ISC的第三步，他们后来改叫GSC，只是被老板否决了，不准再叫这个名词。但是我们自己心里明白，这就是ISC的第三步，我们正在向大的变革范围逐步逼近。坦率地说，我们今天也没有达到美好的状态。现在这个LTC[①]就是端到端的流程，实际上很类似我们ISC最早的那个概念，今天端到端都没有做到很好，可以想象我们当年的规划有多么美好。我们花了将近10年，从2005年到今天，ISC第三阶段应该说是做得蛮不错的。最近他们正在做一个新的全球规划，我听兄弟们说基本上是把我们当年GSC的规划拿出来了。我们这十年做了很多基础性的工作，包括在匈牙利建了一个物流中心，在巴西、墨西哥、印度、阿联酋等很多地方做了物流中心，这都是我们当年规划的，而且我当时提了一些超前的概念，今天他们的规划也正在做。

田 涛：这是个方法论问题。你们这个GSC设计，他老人家给否了，他可能是觉得实践性有问题。

周 劲：我觉得是当初ISC给他留下了一些阴影吧。所以我个人的观点是GSC搞早了。我觉得公司的管理进步和产业生态、社会生态，乃至公司高管对节奏的把握、理解是息息相关的。华为的管理进步是有强烈的愿望

① LTC（Lead to Cash，从线索到回款），端到端贯穿公司运作的主业务流，是公司级面向客户的主业务流程之一。

和强烈的拉动力的，但是它的过程是缓慢的、渐进的、演化式的，不是一努力投下几个亿，一个新的管理体系就建成了，根本不是这么回事。包括今天的 LTC，可能就是在做当年 ISC 的各种动作，但也是做得艰难无比，尤其是我们跟市场的打通。而根据我个人的专业知识，在华为公司这种系统级的设备制造商里面，市场和供应链的打通确实是最难的事，理论上都是一件非常难的事。

田 涛：你觉得端到端主要是什么？

周 劲：最理想的是什么？他们原来经常学的就是所谓客户需求，就是客户在 iPad 上面点，我要这个模块、那个模块，麦当劳式嘛，我要这个饮料、那个汉堡，你配送吧。实际上我们这个系统级的设备想做成麦当劳式本来就是一件困难无比的事。如果今天让我有机会重新做的话，我会做得比当年更好，但也不能保证一年半就能有效果。它是一个水磨石，必须得花十年，因为它基础性没有，急也没用，但是我的理念会比当初要成熟一点，更知道要怎么做。当时是有点糊里糊涂，不知道怎么做。

田 涛：你觉得端到端最难的是市场到供应链？

周 劲：是。

田 涛：公司现在经常讲的端到端的打通，从市场、研发、供应链到财务等打通，你觉得哪个环节最难？

周 劲：还是市场最难。

田 涛：还是从市场到供应链这块最难？

周 劲：是的。这块的订单管理，就是从客户的合同管理到订单管理、配置管理，再往下走，是一件特别特别难的事，它不但影响到供应链，还影响了财务核算。我们在这个上面花的精力不下20年。因为我们是实践者，一开始就碰到这个难题。从1995年我进入生产体系开始，就知道这个事情难得不行，大家投入了很多精力，包括堵洪水、疏洪水、防洪水，我们三个层次的东西都做过，靠人去堵，靠市场部去疏，构架的可制造性、可发货性、可管理性，这样的事我们都做了很多，20年来都在做。有了这个过程，遇到困难可能就更容易理解一点。

现在回来讲ISC的故事。当时做完详细设计以后，在实施的时候范围进一步缩小，连详细设计的范围都没达到。在做的过程中，我觉得当初主要是有时间预算的压力，加上老板深夜给我打电话，从我自己内心来说本来就不想做这么大，就想做小一点。但是，实在是后面大家对我这个ISC评价不好，说我把它做小了。我确实感觉到把它做大了有点把控不住，基础不牢，要盖四层楼，基础却是二层楼的基础。后来慢慢就真做成二层楼了。就是这样的一个过程。2002年时碰到了IT泡沫破灭，那年我们公司是负增长的，压力也非常大。公司这边也开始打招呼，说你们这个要按期结束。2001年大家是很狂热的那种状态，IBM顾问一搞，就弄了四五十个顾问过来，庞大的顾问群。我们的兄弟当时都会喝咖啡了，你可以想象当时的热度。

田 涛： 然后就高大上了。

周 劲： 后来就开始控制了。到了2002年，我们实施的时候就把范围缩得更小了，基本上跟市场那边没有接口，市场的数据还有一些配套的东西都没有。当时说销售BOM（Bill of Materials，物料清单）是一个很重要的东西，也是1995年我们从开发部搞了一批人，偷偷摸摸开始做的。但是后来做了一个半成品没用，不好用。后来在ISC的时候又成立了一个项目组，还去攻它，我走了以后他们还继续攻，一直到 2004、2005 年他们才攻出第二个版本，稍微好用一点，实际上它也是不断进步的。当时优化了生产采购，以及跟财务的数据接口，基于 IT 需求把跟财务连接的那些地方回顾、梳理了一下。把我们的生产，主要是计划系统加强了，上了一个新的 IT 系统 APS（Advance Planning System，高级计划系统）。它的主要目的是加强计划决策支持功能，就是说，当我们提出一个销售目标，但是项目是不准的，销售预测是不准的，在不准的时候，你绝对需要有一个平衡，这个平衡就得有数据支持。在这个支持的过程，以及后面的决策落实过程中，如果出现了大量的不平衡，还得反馈过来。这个过程需要 IT 的快速系统去支撑。这涉及上千人的协同作业，没有 IT 系统就会很慢，效率很低，于是就上了这么一个系统。这个项目在 2003 年就结束了，总结一下，就是把 ERP、APS 系统切换或上线了，做了一个供应链面向内部功能的流程架构，推动了一些关键能力，如多重 BOM、企业数据管理等的认知和建设。

田 涛：2002 年全年，到 2003 年春节，然后 2003 年切换上线。

周 劲：对，大概就是这么一个过程。2000 年的时候，有个全球宽带市场的大波动，并引发了 IT 泡沫破灭事件，导致朗讯没落、北电破产。

田 涛：先是朗讯，北电晚一点破产。

周 劲：我记得特别清楚，IT 泡沫破灭的时候，北电宣布了一个裁员计划，它基本上是把每个部门裁一半人。我说这不是腰斩计划吗？这公司还能活吗？它不是在组织上、流程上去下功夫，是直接裁员，每个部门的人都少了一半。我当时开会的时候还在讲，北电这个行动是腰斩行动、自杀行动，印象特别深。我说它肯定活不下去了，必然受影响，整个就萎缩了。在这样一个情况下，我们公司在 2000 年到 2002 年的时候，也发生了一个企业规模的剧烈的脉冲式的快速变化。

田 涛：是。

周 劲：在1999年的时候，由于邮电刚分家，客户的决策层没有到位，而我们的市场主要还是国内，所以1999年是个低谷，是个小年，销售特别低。我们开高层会议，大家说对2000年怎么看，当时就把计划做小了，觉得这危险。

田 涛：对，1998年是个高峰，1998年公司的销售额第一次过百亿元。

周 劲：对，反正1999年曾经有低谷。我们做下一个年度计划的时候，大家心里其实是蛮压抑的，蛮悲观的。我觉得公司面对市场，在宏观层面上也不是乐观的，它经常是非常非常悲观的，悲观到曾经都想把自己卖掉的地步。

田 涛：对。

周 劲：它实际上也是在调整，不是说一开始就是高大上的，向着未来冲啊，从此义无反顾，它经常会很悲观。大家就会觉得，哎呀，公司还能运作下去吗？好像不行了吧？这种感觉弥漫起来了以后，公司开第二年的计划会议就非常压抑，包括市场部，就非常非常保守，给的数据就很小，实际上我后来还把它调大了一点，但是也不敢做大。但是第二年，我记得2000年初订货就冲到了150~200亿元，一下子冲了上去。

田 涛：那时已经是中国第一了。

周 劲：对，中国第一。但是2001年就回调了，增速回调得很厉害，差点负增长。当时市场从2000年一二月份以后突然放大，跟今天的情况一样，就是互相攀比，运营商你建设我也建，你搞百万放号我搞千万放号，而且各省的采购没有完全收拢，下面各省公司还在拼命地做建设放大，于是我们就产生了严重的大缺料，而且当时的大缺料跟今天的不一样，今天的是中国地方性的缺料，不是全球性的。当时是 IT 泡沫正疯狂的时候，是全球性的大缺料。

那件事任总认为我是负责计划的，太保守了，把计划做小了，我要为这个负责。他当时的原话是，本来我们是可以一夜做成一个诺基亚的，你让我们还要花十年才能成为诺基亚。说周劲让我们公司晚了十年才成诺基亚，到现在他可能还是这句话，觉得我这个人做激进的事不行，保守的还行，后来就把我调到了财务。后来大家觉得 ISC 的成效跟 IPD 比争议非常大，它是成功还是失败？为这个都争了很长时间。我个人的观点，不必说成功或失败，站在一个大历史角度，一个公司的发展历史角度看，必须有这么一个过程。

田 涛：华为公司也毫无经验。

周 劲：经验不是最重要的问题，最重要的问题是要有一个变革认知，即管理不能一蹴而就，做不到。后来 GSC 也是，老板说的也是不能给一个太大的框架，他可能吸取了这个教训，什么事都不能一蹴而就，只能一步一步来。有美好的蓝图设计不错，但是实施方案只能一步一步来。在整个 ISC 过程中，老板也经常在两边之间犹豫、观望、考虑。

田 涛：他自身也不断在拉锯，公司各种力量也都不断在拉锯。

周 劲：大家对肠梗阻打通理解都不一样，什么叫“肠梗阻打通从此就是健康的了”，还有“先把便排出来再养几个月”，大家理解完全不同。

田涛： 现在你觉得打通了吗?

周劲： 打通了百分之八九十。后来我们知道了，我们都用 Metrics 成熟度管理，现在还没有完全打通，只能说是 80 分、90 分，如果说我们当初做 ISC 给了 100 分的蓝图的话，一期顶多做了三四十分，梁华他们二期可能做到 50 分了，然后我们做 GSC 希望可以做到 70 分，经过这十年，大家也确实做到 70、80 分了。但是现在公司肯定希望做得更好一点，开始回到顶层设计，有这个能力和这个地位了，愿意做。公司这么大规模了，不再做点顶层设计，有点像瞎子摸象，不能再靠摸象的感觉了。所以这时必须做顶层设计。但是我觉得现在公司的矛盾焦点已经不是这个事，不在这里了，如果从这个角度来说，肠梗阻倒是早通了。

田涛： 你觉得华为在全球处于什么样的水平?

周劲： 我觉得华为在业界是最好的。

田涛： 在中国和各种制造业的企业比?

周劲： 我不是太了解，如果说是大型的电子制造业，那肯定我们是最好的。

田涛： 我听说在亚太排名第一还是第二?

周劲： 没有供应链的排名。他们有一个生产制造的，好像是质量体系的生产制造的排名，排在第一可能是对的。这都是十年前的往事。2009 年我提出离开公司，沉舟侧畔千帆过，我那时觉得自己已经算沉舟了，再做下去没有什么意义了，所以提了辞职报告。手续办完了，工卡什么都交了，给任老板发了个邮件。

田涛： 你离开他都不知道?

周 劲：我不知道他知不知道，肯定不知道吧。我 2005 年再回供应链时，不再是一把手，和任老板的接触从 2005 年之后就少多了。特别是 GSC 被否决了之后，当时心里确实非常不痛快。我就想再干三年，把这个架构搭起来我就走，我就是按这个计划走的。走了后，任老板叫他的秘书打电话给我说，走就走了，请你吃顿饭吧。我说这没问题呀，就去了。

田 涛：都聊什么了？我听过别人辞职后跟老板的聊天，想听听你的。

周 劲：老板聊天从来不带雅趣的，都是很直愣愣的，可能和您是心灵沟通，我觉得他不太善于从心灵角度与我们沟通，更多是感悟、感染你，如果感悟不到你，感染不到你，那你和他就没有缘了，我觉得是这样的。

田 涛：他和你都说了什么？

周 劲：他和我说得很简单，我也算华为的老人，1993 年就来华为了，从二三百人开始做起。我刚来公司时，公司大学生还不多。当时公司没有管理，刚成立管理科，我是按管理科被招进来的，实际上我自己也是刚毕业的学生，哪懂什么管理，也一窍不通。我是应聘开发部没有应聘成，只好去了管理科，没有办法，人家看不上我的技术。刚去的时候，是任老板还亲力亲为的时代。记得当时我在办公室里，上面的电灯泡坏了。咚咚咚进来一个老头说，这么暗你看得清吗？我说没关系，还可以。他说那不行，出去叫了个人来说，唐修文，你看看，这都是我的宝贝疙瘩啊，你让他眼睛坏了，我找你算账，赶快换灯泡。这是我上班第一天碰到的事，当时很感动，因为学生嘛，这是刚进社会碰到的第一个人，像父亲一样照顾你。觉得整个公司就是一个学校的气氛，不是一个公司的气氛，大家没有钩心斗角，没有江湖。当时深圳的公司很多都是跑单帮，做贸易的，钩心斗角、尔虞我诈、欺瞒客户的事到处都是。我们在公司都感觉不到这些东西，就觉得大家像做学问一样，做好自己的课题就好了。

田 涛：像没有离开学校一样，就是换了老师和校长。

周 劲：对，而且还是一个很关心你的校长。当时就是这样一个感情，所以和老板的感情是一种发自内心的亲情。

田 涛：好多人和我说到过这一点。

周 劲：我个人观点，企业创业的时候，刚开始一定是家庭型，这是最有效率的。小公司、刚创业的公司一定是家庭型的，公司起步最容易成功。但是公司在转型的时候，一定要把家庭型变成契约型，转型是一件极度痛苦的事。我离开公司这么多年也慢慢明白了，你做沉舟也罢做千帆也罢，都很合理，因为公司在成长过程中，必须从家庭型到契约型再到合作型，就是这么一个过程。在这个过程中，每个人都是在一种无序状态中，三分努力加七分运气，你在哪个位置就是在哪个位置，对公司中每个人而言，就是这么一个过程，这么一个关系。

田 涛：你这句话我补充一下，不知道对不对。早期的十年，他的管理风格，更多的是本性的体现，对人的关心关爱，他身上很柔软的东西其实是很多的。而且他很细心，帮人去做事，弄电灯泡，很多这样的事。但是到后来变为契约型的时候，其实他是在克制自己本能的一些东西，建立一个制度化的公司。

周 劲：这就是 2009 年老板一顿饭就把我留下来的原因，我觉得您说得太到点了，就是这个意思。他实际上没有用别的方式，他肯定也知道跟我讲大道理，我听不进去，因为他以前劝别人留下来，我都在场，都是用很硬的话说。像我们这种老人，如果我真的想走，肯定不是受了点委屈一夜之间就想走，一定是有一两年的酝酿，觉得不管是从个人的机遇还是从公司大的发展，都把自己定位得比较清，都知道自己是个什么角色才提出来。老板那次留我，用的是亲情法，对我们这种老人有点效。在小食堂吃饭的时候，他一来就说，你太不够意思了，你走都不给我打个招呼。用的是大哥对小弟，父亲对孩子的语言，我一下就蒙了，我不知道他不知道。我申请了有半年，从递交辞职报告到公司批下来，实际上是花了半年时间，我觉得可能老板他们都已经同意了，因为公司老人辞职一般都要花半年。李杰他们有时都不敢亲自决定的，可能都会报给老板让他决定。我不知道现在是不是这样。

田 涛：我相信你那次辞职他是真的不知道，他这人做不了假。

周 劲：是。我说，我现在离您太远了，这点小事还麻烦您。我当时也是说一些客套话，也不知道该怎么说，因为和他说话的心理压力很大的。跟老板好像就没有表达过私人的亲情关系，从来没有讲过这话，见了他就讲工作，哪里有讲这种私人的东西，一下子就有点蒙了。他说，你想留下来呢，我们就开始吃饭，你要走呢，你走吧，饭也不请你了。

田 涛：老板用了一个没商量的挽留。

周 劲：我说我还是先吃吧。就用了这个方式。后来他打电话把李杰和胡厚崑都叫来了。李杰和胡厚崑管人力资源，就让他们讲人力资源的管理方法。2009 年公司碰到最大的问题是公司太大了，新来的已经是 80 后员工了，当时公司存在中层管理不作为，基层员工不认同华为艰苦奋斗的创业文化，这不是个别问题，而是群体性的风潮有点变。可能胡厚崑和李杰都在研究这个问题怎么解决。

田 涛： 80 后的员工越来越多了，公司遇到了挑战。

周 劲： 公司遇到的挑战是代际挑战，不是一个两个人的问题。当时也谈到了问题，我也说在代际挑战里，只能从大量人里找到少数认同公司文化的人。当时徐文伟说了一句话，叫同路人，我觉得这句话说得很对。当初我们进公司，90% 是同路人，我们的选择不多，公司给一个温暖我们就很高兴，而且公司小。到 2009 年以后，孩子们的选择太多了，同时公司太大了，做老板肯定不能用自己的个人感召力去感染了，已经做不到了，所以要有一套找同路人的方法，后来老板发展成筛选同路人，包括后备队。他们可能就在讨论。胡厚崑和李杰来了一道吃饭，同时还在那儿旁敲侧击，意思就是你还得留下来。老板说了这个话，我就留下来了。很不好意思，我的散伙酒都喝了，包括和纪平、洪天峰、彭智平他们都喝完散伙酒了，我说再喝一次入伙酒。然后 2009 年四季度，我就到华为一个合资子公司去任职了。

老板对我的定位是，守个一亩三分地，把算盘打好就行，做高速发展的公司不合适，这是他对我的定位。

田 涛： 属于稳健型。

周 劲： 我觉得老板并不擅长看人，实际上我还真不是这样的人。我比较幼稚，不太懂人情世故，但是我干的工作是搞供应链，搞财务，搞公司计划，这个工作性质就要求必须把风险想得非常多。然后我又比较幼稚，又不太懂得圆通，不知道怎么表达平衡。我现在明白了，但这是 20 年后了。那个时候我给老板留下的印象，我觉得他看的是对的，因为老板并不是太善于交人，他不会和你交到太深的，只看你的表面。站在供应链、财务、公司计划的角度，我不提风险是失职，这是我的职责。我的工作职责要求我必须把自己变成一个保守的人，我要和市场的激进去对冲一下，这是我的工作职责，不是我的个性，这是两个概念。

田涛：关键是这么多年也没有把你放到一线去。

周劲：对呀。我记得那年在干部大会之前开了很多预备会议，当时算是一个转折，我们在之前开了一个多月的预备会议，讨论在当前的形势下，公司何去何从。公司压力很大，负增长，老板在干部大会讲得很明确，就是一个人可以买三辆奔驰，不行我拿它养鸟都可以，但是我不能去买三个电脑，我看不过来呀，一条新闻我不能看三遍，看一遍就够了。信息不像奔驰那样，可以拿来养鸟、炫富，信息的话买两条新闻有什么用，看一条就够了。老板觉得饱和了，压力有点大。

田涛：信息已经过剩了，其实这就是当时的一个基本判断。

周劲：我觉得老板本质上、骨子里是企业家，即使看到天花板也有想把天花板打破的欲望。但是在现实面前，他会表现得很谨慎，不会主动说我就把天花板打了，老板不是这样的人，不会很鲁莽地说，不管前面是万丈深渊还是天花板，还是铜墙铁壁，我都要将它打破。实际上，碰到铜墙铁壁，碰到悬崖，老板会很犹豫，会慢慢地去看去想，徘徊很久去倾听。老板最能倾听的时候就是这个时候，他会很慢地做决策，他也会今天和明天说的话不一样，试探大家的反应。干部大会之前我们开了一个月的预备会议，干部大会表现出来的氛围应该是不一样的。前面很悲观。当时我在小组里也提过弯道超车，弯道是很难的时候，也是超车的好机会。当时在我们之前的，是北电、朗讯这种我们仰着脖子都看不到的公司，它们太大了，我们根本够不上它们，但是它们在迅速衰落，说不定这就是我们超过它们的好机会，重新划分市场份额的好机会。当时我在小组发言时提了这个概念，还被大会纪要采纳了。我是一个非常理性的人，承担的是财经、供应链的角色，与市场开会，我就会说出存在的很多风险。说得多了，领导就觉得怎么这人净说风险。如果今天来说，我会用更加委婉的，符合公司高层决策心态的方式来说。当时年轻，说话就比较冲。

田 涛：但是如果那样，也不是他所希望的风格。

周 劲：年纪大了，见的事多了，慢慢就觉得当时说话很冲，当时和老板还吵了架。

田 涛：你和他最激烈的让你印象比较深的吵架是哪一次？

周 劲：就是 ISC 那个，1999 年底，在诺基亚芬兰那边，跟老板在外面散步，他就提出 ISC 要加快了。而我觉得范围太大了，我想搞小一点。第二个，我觉得 IBM 的人没有表现出管理顾问的专业能力来，更像是客户经理，更多的是概念描述，概念讲一遍就行了，老讲就没意思了。那次在芬兰吵得最狠。散步走在半路上，老板说，你不要跟着我了，我很生气。他说为什么不能让 IBM 做呢？我说 IBM 不专业。然后老板说 IBM 怎么不专业，人家 800 亿美元的公司不比你专业。我说，老板，你这是血统论啊，出身高贵的就一定行呀？老鼠的儿子就一定会打洞啊？老板气得说，你站住，不准跟着我，居然敢骂我。我当时太年轻了，说话真的很冲，现在觉得挺后悔的。

田 涛：这个很精彩。

周 劲：他是站在战略层面看问题，我是站在可执行性上看问题，不在一个层次上，大家讲话肯定会呛的。我现在会换一种方式讲这些担心，会站在战略层面讲，比如我会说，你的战略诉求是什么，但是这个做法可能达不到你的战略诉求。我当时是说他们不专业，显然就是犯了基本的沟通错误。

田涛：我倒觉得不是，他可能更希望这样，大家可以直率地表达意见。

周劲：这是我们当时的风格，但是经常挫折感很强，经常被老板臭骂一顿。

田涛：越是老人，越是高级干部，骂得越多。

周劲：当时我们做公司年度预算、三年五年规划。因为我做计划，我必须要有这个，我就鼓动孙总、胡厚崑他们去搞。我说我们没有中长期的规划，而摩托罗拉、IBM都做24个月、36个月的规划，你不去做规划，公司预算就形同虚设，好多事情我就做不了，也显得挺不专业的。我当时有一个基本观念，直到今天也是，觉得一定要做计划管理。公司做计划管理是在计算机时代，现在是互联网时代，在计算机时代和非计算机时代，计划管理模式完全不同，有一个质的变化。互联网时代和计算机时代在管理方式上也有一些质的变化。当时因为我搞这个事，就钻得很深。我当时经常自豪地说，我是中国在计划管理的内核运算逻辑、算法上排前三名的人。我要用一个比较职业化、标准化的方式，一个框架，先框住公司计划体系的建设，先把它构筑起来，然后再慢慢完善它，达到效果时再完善。这里面就有一个矛盾，就是要做很多形式主义的东西。比如说在计划管理的架构上，要有24个月的中长期预测，这是一个基本的驱动力。公司小的时候，别说24个月，6个月都搞不清楚。市场部就认为根本做不了12个月、24个月，做3个月都不错了，6个月都别想，6个月都看不清楚。我就要求做，就有这么大的冲突。孙总和胡总他们当时负责市场，我就说做一个长远一点的规划给我用用，然后我们开会，不敢喊任总，因为任总是坚决反对这个的。我记得那是1998年的事，我们正开着会，任总闯进来说，你们在干什么？我说我们在讨论明年后年交换机市场的趋势。胡厚崑正在黑板上画呢，他就说，你们浪费时间，现在不去看客户，跑到这里跟着数据瞎掺和，胡厚崑，你工资全扣了。把胡厚崑骂了一顿。

田 涛：其实他对中国客户的直觉，还是很准的。那时候搞什么计划，都是纸上谈兵，客户的决策本身就是即兴的、拍脑袋的，你搞这一通计划，跟他对不上。

周 劲：离开华为后，我也在反思这20年的经历，我现在推测，没有根据，是我自己推测，站在大的发展历史背景上来看，任总始终是在钢丝绳的平衡点上走，他一方面希望公司快速转型，脱离野蛮生长的早期阶段，另一方面，他特别担心一旦转型过于成功，会立即导致僵化和官僚化。任总对我搞计划的支持，不是一句两句能说得清楚的，我当时搞计划的时候，公司基本上没有一个人理解，唯有任总和我谈了很多次，几乎每天。很多词，类似"滚动计划"，可能你们站在外面的人都听说过，是任总发明的。从公司的计划如何落实到可执行计划，中间的转换模式，我写了大概不下20个版本。当时那个模型转换，他说：你告诉我，这个计划决策下来后，从预测怎么转成生产执行计划，你把这个模型给我讲清楚。我写了不下20个版本，他始终觉得不满意，再改再写再改，任总对计划花了非常多心血。他不是不支持，他是真的进来了。所以我说，他不是简单地因为预算的重要性而做，而是一定有他的战略考量。他当时为什么骂胡厚崑，不准我们做长远规划，他担心我们太教条主义了，不去花时间研究现在活生生的复杂的市场，跑到书斋里做一些模型的东西，他又不愿意。甚至一天内，上午下午他的观念都在摆动。你可以看到摆动中，加权平均以后他的方向。我有时讲，什么叫灰色，灰色不是0.6，把0.9加0.3除以2叫灰色，他今天0.9，明天0.3，让你感觉到你必须往前走，你要小心。我刚搞计划时，他给我一个批示，我觉得写得特别好，现在还保留着，他说要热而不闹。那时大家都不关心，各自做各自的。计划和公司的运营节奏是紧密相关的，没有计划，公司的运营节奏就会紊乱，它是协同性的。计划的核心是协同，不是预见。预见是胡扯，预见一定是带有错误的。计划的概念，有一个错误的龙头都比没有龙头好。没有龙头，你的身子就不知道怎么摆，运营系统就乱了。有个错误龙头，加上反馈系统，发现错了就去改，好歹身子还是跟着龙头在动。

田 涛： 有个假定，有个基线，可以不断修正。

周 劲： 有龙头，大家就知道身子看着龙头。像小红旗一样，挥错了也是一个协同的动作，是这么一个逻辑。所以，他从不断的指示中让我们不断感悟，去猜测、去理解，慢慢地才能跟上。我总要落后任总一两个节拍，跟不上。但是落后一两个节拍，接着走，也行。还有一个就是，任总说 0.9、0.3 的时候，你也不能就摆到 0.9 或者摆到 0.3，一定是他到 0.9，你应该到 0.7，他在 0.3 时，你再回调到 0.5。比如放到一个大背景下看，今年老板提控制成本，是出于什么原因，是财务的压缩，还是老板想冲击内部的懈怠？有时控制成本是个运动，不是为了压缩成本。他是觉得你们太奢侈了，太懒惰了，太浪费了，为了激活大家而做的。

不同的背景下，一定采取不同的措施。在激烈的情况下，他钟摆摆回来的时候，你一定要留很多的口子，不能跟着钟摆就摆过去。比如说市场缺料，最简单的就是拼命下单，找供应商要货。但你要是不和供应商商量好，万一半年后，市场平缓不要这么多货了怎么办？要和供应商把后路商量好。如果什么都不管就买，市场永远是潮起潮落，等潮下来时怎么办呢？讲的就是这个基本道理。

田 涛： 我认为你是对他的思维方式悟得透的人之一。

周 劲： 我是有闲阶层。

田 涛： 我听有的人说，这么多年来天天变，变得无法适从。

周劲：我们必须上升一个层次，我们的层次不够。

田涛：咱们再回到 ISC 变革。前面讨论了一年多的方向，真正开始实施，大概经过了什么样的阶段？通过什么样的做法形成了概要设计？

周劲：这些是做项目管理的基本动作，先要做访谈。

田涛：访谈中大家对现状是什么评价呢？

周劲：有一个叫差距分析，我们和业界的最佳实践比，打分基本上很低。访谈是标准化的，但下面的各个部门在各说各话，都是我希望你们能做到什么，但不希望我要做啥。基本上各个部门对自己要做什么不关心，关心的是自己能得到什么。IBM 顾问做 IPD 时做过大量现状调查，和业界的最佳实践比，就得到了差距分析。

田涛：当时是什么评价呢？

周劲：有点记不清了，反正评价不会高。我要查一下文档了。比如 5 分，给个 1 分，一点几分，差不多就是这样的水平。

田涛：以你的感觉，当时在做变革之前，公司供应链是什么状态？混乱到什么程度？

周劲：供应链这个名字叫大了，实际上就是生产部门。供应链，是 1998 年还是 1999 年，我们当时提的。我当时最崇拜戴尔，还专门跑到戴尔的工厂去和戴尔的全球计划经理聊过天。如果没有记错的话，供应链的概念是戴尔发挥得淋漓尽致，我是非常崇拜的。1994 年、1995 年，生产系统从非常粗放型的生产作坊，开始转变成一个现代化的制造工厂。这个过程中推行了 ISO9000，最早的生产质量管理系统。发展了供需管理，做工时定额管理。1994—1999年做的是纯粹的生产。到了1999年、2000年的时候，生产系统做了IT系统和现代化作业，带有网络接口的生产设备，包括一些波分焊设备，一些仓储设备，都带有网络接口，和公司内部网接起来，在1999年前都完成了，花了很大精力，包括坂田基地机加中心到生产中心的桥，当时叫金门小桥。当时中国的机械工业非常薄弱，我们就准备自己建。华为从来没有做过机械加工，为什么叫了这个名字呢？因为中国的机柜生产，就是我们大型柜子的生产，在20世纪90年代质量非常差，产能也非常低，而且还偷工减料，该上七道漆的上六道，中间还看不出来，过两年就锈了。为了保证质量，我们只好从中国台湾进口，货期三个月，价格是8 000元。老板很生气，8 000元买个冰箱都可以了，这里面没有压缩机没有什么东西，就一个空铁盒子要8 000元！所以决定自己做。等到机加中心建好以后，中国的机械工业水平在那几年也迅速提升，花了三四年搞好了，机加中心就面临空置。华为是肥水必须流外人田，不能流在自家的，我们从来不去做大而全的东西。华为百草园外包，物管外包，是老板一贯的观点，而且在全国也是开先河的。当时来参观我们食堂的人不知道有多少，我都接待过很多，只是来参观外包食堂的。当时机加中心空了后，我和老板开会商量说，别人已经能做了，价格也下来了，我们就别自己做了，所以从来没做过任何机柜，但是名字又已经确定下来了。建好后就做立体仓库吧，这是我出的主意。在国外看到大型货仓，可以自动分发，可以减少错误。大型仓库不是节省成本，成本不节省，它做的是保证分发物料的错误率大大减低，保证质量。因为我们一个机器有一万多种原材料，靠员工分发，哪怕是万分之一的错误率，也是分发错误，我们叫抓中药，一万多种中药才能配一服药的话，出万分之一的错误，这个药就是错误的，而且不可返工，所以抓药的正确率对我们来说至关重要。万分之一，百万分之一，千万分之一，都不行，这就是我们自动化仓库的理念。他们在接待来访客人时，很多时候介绍说这个节省了很多工人。我说你们以后别这样介绍，节省工人不是我的目的，这个折旧比工人的费用高得多，是为了防止错误。我跟他们纠正了好多次。

田 涛：我带了好几拨人来参观，有一次任总也陪着，介绍人员说，你看里面没有人，节省了多少人力。任总当时就发火了，说这个折旧比人工费高得多。

周 劲：我也是经常带客人，听接待人员一说，我就说你们谁编的这个东西，这个和节省人力没有关系，我能说服公司领导去建，出发点就是，现在的分发错误率在千分之几、万分之几，经常在生产线上发现错误，我还要找 IQC 人员守在那里，万一错了还可以返工。自动化货仓能保证零错误，零错误带来零返工，做质量的保证体系，不是堵洪水，也不是导洪水，不让洪水产生才是我的质量保证体系的理念。任总很高兴，空房子有用了。

田 涛：当年客人来，总带到那儿去参观一下。

周 劲：3Com 的 CEO 来看，说这个机械自动化，他看到这家自动化的工业厂房就觉得这家公司是干实事的。这不是我们的本意，但确实起到了这个作用，显得我们很专业。你刚才问的问题，我们在 2000 年前，生产系统大概处在这样一个阶段，生产体系内部有了自己的流程，有了自己生产作业计划系统，有了自己比较好的质量控制和质量保证，大部分还处在质量控制阶段。质量保证就要到设计构架的质量，那就复杂了，很多也没有做到。质量控制系统基本做到了。我们当时老化房，IQC 人员就大量在减少，就是不要去堵洪水，而生产检验人员都是堵洪水的人。我挺自豪的，我是一把手。接着往供应链外走就不行了，就一塌糊涂了。采购系统在 2000 年大缺料就暴露出很多问题，比如采购理念还是买东西理念，这就不行，不能是买东西的理念，应该是一个合作的理念，是一个共赢的理念，是快速和协同的理念，在这个过程中，必须是双赢的。原来是货比三家，价贱者得，这样一种很简单的理念，但在电子原材料市场波动，高端器件整个成本下降的时候，你就得不到最好的。这个是由 IBM 引进的。IBM 在采购上给我们做了很多启蒙性的工作。IBM 在采购方面非常非常有经验，采购理念非常好。我觉得它的供应链不怎么样，但是对它的采购理念非常认同。公司第一版采购规范化标准化改革，最重要的是理念的改革。采购原来是货比三家，价贱者得，后来是协作共赢多渠道，现在可能改了，当时叫“三阶九步骤”。怎么选潜在供应商，使用供应商，出了一套模板，都是从 IBM 引进来的。而且我们对采购内控也有了很多新的理念，尤其是行政采购的内控。原来行政采购是坟墓，谁去谁死。行政采购是海鲜价，买一个电子器件，到赛格买，到北京市场买，到国外买，都不一样。而且质量也不一样，仿造的和品牌的也不一样，今天和明天也不一样，你今天刚买了，一个领导说，我看到比这更便宜的，你是不是贪污了，反正就吵成这样的。

而且你买得不好，领导也有意见。什么烂东西？你是不是图便宜？因为领导也用啊。尤其是笔，为这个笔“死”了好多行政采购人员，写着写着怎么没水了？你们采购人员是不是贪污了？怎么买这么烂的笔？行政采购是最惨的，每年都被批斗一番。包括现在的采购专家团，专家团这个词是 IBM 引过来的，叫 CEG（Commodity Expert Group）。但是我们的专家团也走形了，和 IBM 的原版不一样了。IBM 的专家团原版是全球工厂，全球有几十个工厂，有不同的子公司，产权、所有权、财务都不一样，但是采购想统一。同样的东西，全球 70 多家工厂的人都过来，大家共同讨论我们去韩国一家买，这样最便宜，你们在当地就别买了，这个叫专家团，这是它原始的含义。我们现在搞成专业职能部门了，人家不是个专业职能部门。我们和IBM唯一不同的是，IBM是个分权机构，他们是分权加集权的，我们一直是集权的。这是我们当时和IBM差异最大的地方，今天有点和IBM相近了，可以做到什么集权什么分权，当时我们还小，就是一个集权的公司。学IBM，学着学着就变成一个职能部门了。

田涛：这个走形了，结合华为实际是走好了还是走歪了？

周劲：我觉得这就是华为当时的状况，华为当时能战胜友商A，和老板集权的模式是高度相关的。集权一定是高效的，在初创阶段、野蛮生长阶段，杀出血路，同行从几十家缩减到几家，剧烈淘汰过程中，没有这种集权不行。友商A就是太早分权，集权和分权没有好坏之分，它在20世纪90年代就分了手机事业部、通信事业部。我们也分了，但是分了后根本就没有实施。我们原来有过叫交换机事业部的，那都是假的。我们访问过思科，思科当时有一个理念，市场必须是集中的。老板有个名言，电信局长不可能和两个华为吃饭，就是吃一顿饭，一顿饭就把所有产品的饭都吃完了，因为所有产品经理都派自己的销售员去找同一个经理吃饭。当时思科讲了这个理论，老板非常认同。当时我们也面临着选择：分还是集？怎么分，怎么集？90年代事业部很流行，友商A就是走快了，老板在这方面从来不会走快，即使走了也要看一下，在这个方面从来不是特别激进的。首先市场还是一定要集，然后再看下面是分还是集，华为一直到今天，总的来说，集大于分。公司的基因里，集的基因太大了。我觉得将来也不见得一定分。集和分本来又是一个平衡的过程。我觉得可以去研究类似联邦、邦联的特点，哪些集哪些分，怎么集怎么分。

田涛：在西方公司的组织变革也是这样，一会儿分一会儿集，一会儿成立了，一会儿又拆掉。

周 劲：而且公司在集和分的过程中，实际上的矛盾，不外乎就是效率和内部交易成本的问题。分了后，内部交易成本会大增，效率会高一点。合了后，由于官僚层级多，决策效率就低了很多，协同性就会很好。解决这个矛盾，实际上就是减少管理层次。

田 涛：华为公司的变革，其中一个重要方向就是减少管理层次。

周 劲：我从 1996 年起搞了两年流程 IT。我个人观点，公司内部的流程 IT 最重要的作用就是把管理层次降下来，使得在公司规模扩大的时候，公司的层次不要跟着同步扩大，少一点，扁平一点。扁平也是个度的问题，不是说绝对扁平或绝对不扁平，300 亿美元的公司，只有 5 层、4 层，那大公司的规模和小公司的灵活就出来了。流程 IT 的理念和宗旨就是这个，它的作用就是要让公司拥有大公司的规模和小公司的灵活。靠人或靠制度都不行。这个扯远了一点。

田 涛：讲得挺好。老板这几年一直在讲这个，我们现在还是讲权力跟着流程走。

周 劲：扯远了。

田 涛：不，我觉得这样讲挺好。

周 劲：1999 年，在搞 ISC 之前，生产系统还不错，采购系统就比较落后。我们那时候很土，土到什么程度？有一个例子，深圳的五洲宾馆，当时在深圳算是最好的，比较贵嘛。因为我在公司层面混，跟着市场部吃了很多次饭。1999 年底我去管采购，TI 公司来了一个 CEO，我说这个层级挺高的，那让某个员工到五洲宾馆订个位，我们在那里去接待一下。然后他们说，周总，五洲宾馆在哪里呀？这就是我们采购的高级人员，就土到这个地步，完全不懂接待。后来我发展理念，我说采购是市场的镜像，它是反回来的市场。如果理念提升，想和人家结成市场战略合作伙伴，就不能是一种买东西的方式，从来不去接待别人，都是吃别人的，到了人家那儿，由供应商接待，人家供应商来了，就让人家打个出租车跑来公司，找个会议室聊聊天，完了就说你走吧。从来不接待别人，完全没有基本的渠道。建立一些沟通渠道、事务仲裁渠道，和一些发展合作的渠道，这些概念都没有。

田涛：还是传统的那种甲方乙方关系。

周劲：这就是2000年前的采购。然后就是跟供应链相关的市场，市场本身的组织结构应该是相当不错的，在野蛮生产到规范化转型的过程中，每个部门内部做了大量的管理改进，但两个部门之间的接口完全没有，或者说很土，土到什么程度？当时市场签了个合同，合同是个什么东西？除了市场人员知道，别人看不懂，没有销售BOM、订单管理。那怎么办呢？当时的商务部门，招了一批小姑娘，就专门做“翻译”工作，把合同的东西“翻译”成生产能看得懂的东西，都是手工“翻译”。这批小姑娘当时是各个部门的秘书调过去的，水平也不怎么样，然后放在市场，商务以前是属于市场的，这不是它的核心利益，因此人员流动性比较大，也没人管她们。后来我就主动说，我来管吧，因为如果她们做不好，我就一塌糊涂。我和市场部杨汉超做了交接，三四十个人移交给我来管理。我有动力管，市场都没动力管，我那里是一个看不见的边缘部门。那时候都没有什么标准，一个客户名称都没有统一，英文全称、缩写，很多种说法。我就管理这批小姑娘，生产在公司是一个边缘部门，原来她们工资很高，到我这边来之后工资变低了，结果人都跑光了，于是我从生产一线直接调了 50 个人上来，成立的这个新部门叫“成套”。每个部门内部管理都在进步，孙总、胡总当时在管市场，他们内部讨论区域组织结构、客户服务系统，都是很好的，但和我们的接口就很差，非常差，这就是当时 ISC 的一个状况背景。和 IPD 一个道理，每个人都想做爱因斯坦，存在部门墙，自己做自己的优化改进。研发当时和我们最大的问题就是研发自己在改进技术，可制造性完全没人管，IPD 可以解决这个问题，所以我特别积极地参加 IPD，因为我也是受害者。研发的可归一性、模块化设计得越好，生产体系的效率就越高，可是当时就没有这样一个基础的平台。我们财务的接口做了很多改进，市场的接口基本上就没有什么改进。现在 LTC 在慢慢改进，财务在 ISC 接口上的改进主要是操作层面，生产、过程、原材料成本做了改进，能传到财务那边去。和研发接口在 IPD 流程中做了很多改进，但是和市场的接口一直都没有打通，没有做很多改进，估计现在大家还在做这个努力，IFS 也在做这个事情。打通改进和生产也是有很多相关性的，这就是整个 ISC 的背景和前期状况。记得当时和财务做了有一百个接口点，要格式统一，标准化输出，根据发货数据实时计算出发货成本，这也第一次实现了。2000 年后，财务数据才越来越准。概要设计是如何形成的，主要是顾问，他们给了一个高大上的概要设计。这个高大上的设计引起了大家的共鸣，很快通过。非常细致，当时对今天的 LTC\IFS\IPD 很多涉及部分、公司架构、数据管理的部分，都提出了一个很理想化的目标，这个概要设计涉及公司的方方面面。

田 涛：这种概要设计站在今天的视角看，西方公司有没有做成功的案例？

周 劲：西方公司有良好的职业化传统，人员素质也比较高，即使像戴尔这种创业型企业，初期就能做巨大的管理投资。中国创业公司很苦，早期不敢做管理，人力资源不那么容易获得。戴尔在 1995、1996 年的时候，就请了IBM、微软的人过来做顾问。华为公司也算管理投资比较早的，西方公司做得更早，而且人员普遍素质高，比较认同这种规范化的观点，他们起步比我们早、比我们好，起点高。方法论运用上，类似VMI方法，美国公司、日本公司在这块比我们做得更加精湛成熟一点，把所有高大上的东西，方方面面都做得很好，形成了综合的竞争能力。华为也不算差，像铁人十项，虽然每一项都不是最拔尖的，但是合在一起也算不错了。

田 涛：为何华为公司做不出这么高大上全面的东西了？

周 劲：和我开始讲的一样，大家都认为好，但实际的管理系统依赖于环境，时势造英雄，这是其一。其二，当时管理准备没有做好，大家都会去想自己要什么，但是很少去想自己要付出什么。其实这里面需要大家大量的付出，需要投入和产出双方面的考量，但是当时都没人想付出，当时的观点就是生产就应该发货，至于市场的接口做得好不好，没有关系。

田 涛：当时存在的问题不仅仅是投入产出的问题，还有部门协同的问题？

周 劲：今天我听到一些，不见得是事实，目前可能还存在这样的问题。从血与火的经历中，我深深感到计划系统要有一张虚拟网的东西，一定要铺到市场一线，所以当时我花了很多精力，甚至把生产计划中2/3的人抽调到市场部去。销售员是坐不住的，我们生产的人可以去，去前线做观察员，但是需要开放销售、项目会议的渠道，不能对我们保密。我把计划网络铺开了，虚拟网络建立起来了，但同时也带来了一个很大的问题，我送出去的那些人组织归属感不强，一方面是由于矩阵管理，另一方面是由于市场太具有诱惑力。在金钱方面，市场的工资都是翻倍的，很多人就有想法，大家都是坐一个办公室，为何市场的人有一万，而我只有五千。所以我管理他们也非常累，我把 2/3 的精力放在了市场计划和研发计划上面。当年送出去的计划员，有些都成长为今天市场大佬级别的人，有些人送过去就流失掉了，因此我花费了很多精力与他们沟通，这种做法有些不可持续。这个体系运作得特别好，那时交换机的市场预测，准确率接近 90%，之前这都是无法做到的。市场那边预测改进 1 分，生产系统这边的紊乱就能少 10 分。但是后来随着时间推移，这套体系方法又不行了。矩阵管理的最大问题，和流程管理一样，就是没有一个人能担当起总负责人的角色，管不住，不是自然形成的组织就会散掉，散掉了信息就开始不畅通，错误率又开始增多。

田 涛：LTE（Long Term Evolution，长期演进技术）设备和手机也开始出现这个问题，都是供不上货。

周 劲：深层次的原因就是这张虚拟的计划大网又开始有些破损了，需要一个负责人去补，是常补常疏通的过程。正是因为外部环境不成熟，内部管理基础不成熟，野蛮生长起来的各个部门就像是一个“马铃薯社会”，部门就像是装在一个袋子里的马铃薯，虽然对外似乎是一个整体，但各个部门之间的合作不多，协同力度很弱，独立性太强。老板很注意人的感受，会默默容许大家去尝试、去做。当时我做生产一把手，为了生产改进，会投资买一些生产设备，因为生产线设计是要有哲理的，这些哲理并不是人人都能明白，解释来解释去很麻烦，但是老板却能经常让我放手去干，说那你就这样做吧，我当时感受很好，这样能让我很放得开。生产线设计师要求快，但是我不要求效率，我要求整体的效率和成本，单个环节效率可能很低。我会把一条生产线切成好几块，老板也会说很难看，但是他会让我保留一条线，让客户参观，其他线我想怎么做就怎么做。老板在灰度上把握得很好。很多年来，用户板线就是给客户参观用的，这个用户板线量大，可以用大规模生产模式来做，但是不适用于定制化模式，整体效率反而会低。于是我就把生产线切开，我们称为“作业岛模式”，就有些难看。这种很难达成共识。ISC 从概要设计开始落地到实施的时候，就很难。IBM 顾问的一个方法论，每一步都需要得到公司高层的认可，而且还要签字，无论市场还是研发的责任人，签字就要真干活。我们当时做概要设计的时候，还成立了很多实施项目组，包括打通市场的客户名称整合的也有一个项目组。但是在实际运作过程中就打折扣了。我们希望把客户分层，区分大、中、小客户，但是起初市场部领导不来，后面好不容易来了就很生气，说我们都是大客户，没有小客户。于是我们解释，有限的资源服务于无限的市场需求，必须要有有限的理念，如果不区分，我们的生产成本就会很高，但是市场部不理会。我当时是很生气的，但是站在今天的角度来看，觉得很正常，一个刚刚野蛮生长起来的公司，它对客户的一种深深的敬畏和无条件服务是深入骨髓的，所有客户都是我们的宝贝，区分客户与我们当时的客户导向也是有矛盾的。市场部有自己的理解，于是很多事情就不了了之。后来我就把范围缩小了。

田 涛：蓝图在实施过程中，到处有阻力，加上时间问题，不得不缩小。

周 劲：我记得 2002 年开始倒计时，到 2003 年春节必须结束。当时公司财政压力很大，IT 泡沫时代，要求 ISC 必须在一年内结束掉，于是我们开始倒计时，在倒计时的过程中，就又排除了很多需求。我现在能想到的就是要保证和财务打通。如果没有 IT 泡沫，我可以再多做一些。2001 年的时候公司非常狂热，只是我自己不大愿意。老板私下电话和我说过不要太热，不要控制不住，但是与公司高层高涨的热情相比，我太保守了，可能也就是在那个时候，我给大家留下了保守的印象。我和郭总扛着很多事情不做，但是别人都说要做这个、要做那个。

田 涛：之前你谈到干部大会之前一个月的封闭会议，可否再介绍一下？

周 劲：当时都是各部门的一把手、二把手，就当时的 IT 泡沫来讨论，这个会好像是市场孙总来组织的，老板一般是会来参加的。会的规模不大，也就几十人。郭总他们肯定也很有印象，现在的三大 CEO 都是参与者，当时都有会议纪要。但是这个会与干部大会的氛围是不一样的，干部大会是鼓舞士气、吹响号角的会。会议上讨论《战争论》中写的“如何在黑暗里点起火炬”，刚开始市场非常悲观，但是会开到一半提出这些概念之后，氛围就开始变了。

田 涛：是不是在做两手准备，少部分人在讨论卖掉华为？

周 劲：卖掉主要是和思科有关。公司发展到一定程度之后，产业到了饱和状态。另外在国际上，我们的压力也越来越大，这个事件是在思科之后，打算卖给摩托罗拉。你说得对，也许早就预谋了，真正浮出水面是在 2003 年，大概有两年的时间，毕竟担心动摇军心。我非常有幸在华为跟着任总走过这样一段路，能深刻理解他的一些心路历程。你说他是摸着石头过河，他是；你说他有方向，他也是。他左也是右也是，什么都是又什么都不是，走得过急了他会拉回来一点，走慢了他会推一下。

田 涛：他不希望是一种方向主导，而是两种都要有。

周 劲：脚指头长了的该砍还是要砍，目的是能走路，不能把脚指头砍掉之后都不能走路了，他是这样一种混合逻辑。老板无法掌握所有的细节，因此需要把握总的原则。

田 涛：他不是走极端，他既有浪漫主义，但是骨子里又有实用主义。他既有感性又有理性，他讲究阴阳，但是表现出来又是很正面的东西，跟你刚才讲到 0.9、0.3 的概念很贴近，很多干部会很僵化地去执行老板的一些决议。比如老板说 0.9，你就到 0.9，但是如果老板讲 0.3，你突然就跟不上了。

周 劲：一批批的干部在成长，一批批的干部被换下来。由于我们都是学生兵，确实会比较幼稚地去理解。虽然很早就听老板说灰色的道理，但是一直到快离开的时候，站在外面反思才发现自己没有把握得很好，没有沟通得很好。

田 涛：要理解灰度，和一个人的年龄、阅历相关，只有到一定年龄之后才能领悟。

周 劲：反思之后，对这段经历很自豪，觉得这段经历很宝贵，公司如何能可持续发展，我也产生了很多兴趣点。华为是一个特例还是通例，是否可以复制？从道上讲是可以复制的，一定有可通用的地方，术是自然而然出来的，道是先天的基因，没有道就走不出这条路。

我 1993 年初到华为，研究生学的是系统工程。我的工科底子是搞自动化的，所以我就先去应聘开发部，但是开发部把我的简历扔到桌子下面去了，于是我就把简历捡回来，去应聘管理科去了。1993 年初，那时华为是摆摊在招聘的，我刚到华强北那边人才市场，一进去就看到老板在那里摆摊招人。我为何要去华为，也是被看到的真实故事感染了。那时我们一大堆人应聘，老板亲自吆喝“大家快来看呀，到我们公司来”之类的。有一个女孩和老板沟通之后，老板说那我就要你了，你来华为工作吧。那女孩说我还在北京，我要回北京，一个月之后拿到毕业证才能过来。老板说，没问题没问题，我们等你。后来老板又说，那你回北京有没有路费呀？女孩说，有的，应该没问题。然后老板说，你等一下，于是就开始掏口袋，掏了很久也没掏出钱来，就把旁边的陈康宁抓出来，让陈康宁把钱全部掏出来，掏出了几百块钱就塞给那个女孩了。我当时就在想，这是一家什么公司呀？真牛。那时一般工资也才一百多块钱，想想觉得很不一样，就觉得这家公司有意思，当时很多人都鼓掌了。后来他休息去了，另外一个主管来主持招聘，我们都把简历递了上去，不一会儿他就收到了很多简历。面试官说你们排队慢慢来，一个个审。后面老板过来说，都快12点了，怎么还这么多人，要不这样吧，你们也不要排队了。他又找了一个人说，你去外面租一个大巴，把大家统统拉到公司去。于是我们就坐着大巴来到了公司，他事先打了电话让人准备快餐，等我们到公司的时候，就有快餐吃了，吃完之后才开始应聘。好几个办公室，一字排开，于是我就应聘开发部，后来转到应聘管理科。坐在我前面的是一个纺织厂的小伙子，他懂得一些生产管理的霍桑实验，当时招聘官是清华大学的一个博士生，叫李华。他问那个小伙子说，你知道霍桑实验吗？那个小伙子就说了一些，等小伙子说完，他又问我同样的问题，我说我真不知道，一点都不懂，但是我学着应聘技巧里教的话，说给我一点光我就会发热，给我一个支点，我就能撬起整个地球之类。于是他就要了我，没要那个小伙子。他和我说，其实他也不懂，但他最讨厌那种夸夸其谈的人了。

田 涛：那个女孩子是谁，你还记得吗？

周 劲：完全不认识，当时人才市场那么多人，都没来得及看清她长什么样子。就是这个女孩子的这个事情，才让我们对华为这家公司印象深刻，有好感。

田 涛：如果这件事发生在现在，也会让大家印象非常深的。

周劲：公司善于利用一些戏剧化的方式来快速地撬动一些环节，包括公司后面的市场、研发等事情，这是非常合适的管理方法。公司大到一定程度之后，就会有水开了水凉了，再开再凉这样一个周期性的过程，而水凉的时候你如何把它烧开，让它继续保持在一个激活状态，就像老板说的热而不闹，不热这个系统会僵掉，但是太闹又会坏掉，也不行。不同场景下需要采用不同的激活方式，研发出了问题采用研发的方式，市场出了问题用另外一种方式。我研究过戴尔，当时他们要转型，从计算机转到服务器，发现想法根深蒂固，大家都不愿意，大家觉得做计算机很好，利润高，服务器利润低，看不到前途。于是戴尔就搞了一个大型的演唱会，有些人扮演计算机，有些人扮演服务器，大家来 PK，谁比较厉害，谁好、谁强、谁市场好。我说的戏剧化这个词就是从这里来的。

田涛：那时的市场部大辞职，干部降薪，从这个视角来看，也是一种戏剧化方式。

周劲：要解决一个系统过于僵化的问题，如何打散再重建，戏剧化的方式就特别合适。

田涛：过去我们也理解为运动方式。

周劲：一定要这样做，部门内也要这样做，这叫没事找事，没事也要找点事。醉翁之意不在酒，而在哲理性的转变，这也影响到了我们这一批人。

田涛：即使大家离开这个舞台了，大家也学会了这样的方法。这是一个仪式，有庄严感。

周劲：这是改革和变革必需的步骤，没有这样一个步骤，变革一开始就会发动不起来，输在起跑线上。谁戏剧化做得好，谁的效果就好，这也是必须要做的。老板喜欢用一些不雅的词，其实也是为了增强戏剧性，类似肠梗阻拉不出屎，听了就很有戏剧性，虽然很俗，但比文绉绉的词更容易让大家明白。“发货率提升72%”是啥意思，大家都记不住。作为公司领导人，需要用自己的魅力和影响力去引导出一个方向性的东西来，他讲什么已经不重要了，你体会到是一个什么样的方向就足够了，不用研究他的每一句话的表达方式。作为公司老人，在公司年度市场大会上，听老板讲几句话，就知道公司的动向是什么，老板最近在想什么，关心什么，未来公司的走势如何，大概就知道了。

田 涛： 但是他的讲话都是准备了很长时间的。任总经常用这种戏剧化的方式将一些逻辑性很强、很枯燥的东西以生动的语言、形式表现出来，让大家记忆深刻。

周 劲： 这是老板的一个特色，看上去很夸张，很多严谨的人很不喜欢，实际他醉翁之意不在讲话，而在于形成一种共识、一种凝聚力，让大家共同有深刻的印象，有共同的节奏。所以职业经理人与领袖的差别也在此。我们最早在任总手下成长起来的学生兵，或多或少地都受到他的影响。

田 涛： 你现在在哪里？

周 劲： 我2012年就退休离开公司了。

田 涛： 谢谢你接受我们的访谈。

（结束）

访谈4

阎力大

访谈时间｜2014年5月19日
访谈地点｜深圳
被访谈人｜阎力大
访 谈 人｜田 涛

田 涛： 我们也不管什么顺序，想到哪儿说到哪儿，先从日本说起也行。

阎力大： 我是 2005 年去日本的，这一晃快九年了。

田 涛： 我对日本印象很深，你去的时候日本是个什么情况?

阎力大： 我去日本是个很戏剧性的事情，非常戏剧性。这事得从欧洲说起，我是 2003 年去的欧洲，当时邓涛是头儿，我是二把手，就是产品副总裁兼销售副总裁，两个都管，那时在德国，人不多。2005 年春天的时候，徐总（徐文伟）过来接邓涛，我在欧洲已经工作了两年。徐总过来以后就跟我谈，问我愿不愿意转客户线。当时有一个背景，就是徐总去了以后，把东欧和西欧地区部合并，合并之后干部就有富余。徐总当时和我提的是做英国代表，我很高兴，转代表对我来讲是我特别想做的事。但是，后来

* 阎力大，1997 年加入华为，现任华为投资控股有限公司董事、咨询委员会副主任。

出了一些事情，徐总都把我这个事报到EMT了，我听说的版本是，事先没有什么问题，但后来出了些事，可能是有人告状告到最大领导那里去了。

田 涛：告什么状呢？

阎力大：据我了解的情况，应该是我刚到地区部的时候，对英国代表处有些员工的行为不太看得惯，我属于那种比较认真的，就管得比较严，说话有时可能不太有技巧。这些人应该是听说了我可能会去做英国代表，关键时刻就告了我的状。理由很有杀伤力，说我不见客户。

田 涛：我觉得在公司每个人说话都不怎么讲技巧的，从老大到各个层面，大家都是直来直去的。

阎力大：是的，我觉得直来直去的比较好。当时可能还有高级别的干部告状，不能说具体名字，反正不是一般人，否则也不可能告到那么高层的领导那里去的，最终的结果就是临时把我换了。

田 涛：最大老板也不调研下，没问你一下是怎么回事？

阎力大：这个事我也没有了解得那么细，可能知情人有些事不方便和我说。

田 涛：公司历史上经常有错“杀”人的事，所以推荐大家看一些书，要受得了委屈才行。

阎力大：是的。当时就是这么个背景，就把我这个安排临时改了。过了没多久，我在荷兰出差，接到丁少华一个电话说，公司想让我去日本工作。

田 涛：丁少华当时是什么职务？

阎力大：他是胡总（胡厚崑）的助手，胡总当时是销服（销售与服务体系）

的一把手。他给我打电话，对我来说，这是完全没有准备的事情，我说:“太意外了。”当时我对日本的印象，大家都知道，那个市场对我们来说几乎是不可能的事情。因为我们的东西本身品质还没有那么好，再加上日本市场比较特殊，要的东西和别人不一样，它是一个很封闭的市场，没法做的。我的第一反应本能地就拒绝了，我说:“你即使让我在欧洲当个客户经理我也不去。”我当时说话比较意气用事，反正他说服不了我。后来没多久，胡总直接打电话过来，他就跟我讲道理，说你在欧洲经历这事以后，甭管是不是冤枉吧，反正结果就是这样子了，你去日本还有个机会，还能重新再起，你要不去呢，可以想象一下，你在欧洲不就废了吗？后来，打完电话，胡总就给我发短信，短信的内容就比较积极一点，说公司在日本面临着一个生死存亡的关头，公司选你去也是看重你，希望你能认识到这对你来说是个很重要的机会，同时，对公司也非常重要。他给我发了这个短信，非常正向，就是激励。

田 涛： 当时你去日本肯定比在英国升职了吧？

阎力大： 没有升，日本（业务量）那时太小了。回头我给您讲日本的事情。当时，我就做自己的思想工作，日本很特殊，公司是看重我，才让我去这个很具有战略性的市场，当天晚上我就答应了。从胡总打电话给我到我到日本只花了六天时间。我欧洲那边没有交接，突然之间就消失了。当时我在荷兰出差，周五飞回伦敦，我从机场直接去了日本领事馆递交签证申请，之后回家收拾行李。过了个周末签证就办下来了。

田 涛： 签证也很快？

阎力大： 当时我跟领事馆的人谈，做销售就是和人谈嘛，事儿比较急，请帮我加急。人家给我办特快，很快就办完了。我记得是拿到签证的当天就飞，第二天一早就到了日本。我头天到，老板第二天就到了。当时为什么那么急，是喊我过去等老板。那时日本出了一个什么事呢？这要说起咱们公司在日本的历史。其实一开始老板就知道日本市场不好做，所以他定的调子就是在日本只能通过和本地合作来解决。我们当时物色了几个公司，一个是 OKI，就是冲电气，另外一个是 NEC（日本电气股份有限公司）。当时老板的思想很明确，就是日本市场华为自己不做了，我毫无保留把所有的东西，包括产品和技术全部给冲电气，给 NEC，让它们 OEM（Original Equipment Manufacturer，原始设备制造商，俗称代工）我们的产品到日本销售，这应该是 2002 年的事儿。老板是一个非常大气的人。

田 涛： 老板就是实用主义，主要是判断外国对产品质量的挑剔和要求，各种因素，包括对中国企业不见得放心。

阎力大： 所以，老板没有管细节，很大气，包括价格、技术，对别人很坦诚。就是因为这种定位，所以我们在日本没有注册公司，就是一个代表处，或者说是办事处，规模很小，一直维持在不超过五个人，就是作为一个合作窗口。当时，还有一家很有意思的公司是三菱商社，您肯定知道日本这种商社公司，它其实很强大。最早思科进入日本市场的时候，三菱和思科合资成立了一家公司，这家公司名字叫 NETONE，三菱通过这种方式把思科引进日本市场，最后做得非常成功。再后来，等到发展起来了，思科自己又注册了一个公司，就是这么一个过程。三菱发现了华为就很兴奋，觉得当年和思科做的事，和华为也可以这么办，想利用同样的方式和华为在日本搞这么一个合资企业。当时和华为合作的公司不止一家，冲电气、NEC、三菱，是这么一个复杂的局面，各个公司纠缠在一起。2005 年有一家合作方出了一些问题，代表处不知情，老板认为是代表处的重大失职，老板当时就要“杀”人，“杀”的话就要找人来接这个活，胡总推荐了我。

老板同意，说可以让阎力大来，等于说公司也没有放弃我。

田　涛： 前面他有那么个印象，就是有人说你不去见客户的印象，现在又让你去，或者说他就不认为那个告状是对的？

阎力大： 我怀疑老板冷静下来以后，觉得这个事好像有点疑问。

田　涛： 觉得不是那么回事？因为这么短的时间之内，又重新对你有一个全面的认识。

阎力大： 我猜老板在听到别人告我状的时候，他应该也是很生气的，所以当时就很果断地做了一个决策，不让我做英国代表了。但是，我估计后面还是有个别领导去和他说了一说。

田　涛： 你觉得这里面会不会是这种情况，会不会它是内部的一个结？因为告你状的人有分量，他也做了一些妥协，用的时候照用，但换一个岗位。

阎力大： 这个您其实可以回头问问胡总，他应该印象很深刻。当时我对公司这个决定，心里非常不满，向丁总（丁少华）、胡总强烈地表达了我的不满。但是他们劝我不要再往回看了，说公司还是很看重我的，也给了我机会，是可以去立功、去改变的。后来丁少华、胡总见到我，一直都会提这个历史，一直都说当时让你去日本没错吧……

田　涛： 任总几次跟我讲过，我们那个阎力大是非常有水平的。

阎力大： 我这太感动了。我猜当时可能胡总和老板说了说，再加上当时那个时间点，他们能够想到的可能最合适的人就是我，考虑到我的素质模型和特点，或许我是比较适合去做日本市场的，也算是给我机会试试吧。

田 涛： 你站在现在的角度，想想他们为什么会选你做日本市场？你觉得你有什么样的条件符合日本市场？

阎力大： 日本是一个比较发达的市场，比较看人吧。可能他们觉得我一方面有技术背景，我的英文也非常好，综合素质还是可以。再一个可能我也是一个比较容易取得别人信任的人，不是看上去比较精的那种风格的人，也不是很“土匪”的人，因为在日本做事需要一个信赖关系。

田 涛： 前段时间有人给我讲，你不管日本代表处的几年间，就是找不到合适的人替代。当时你已经去管中东去了，是吧？

阎力大： 没有管中东，就是管东亚地区部，日本在里面。其实，公司几年前就想让我出来了，一直没有找到合适的人去接，就一拖再拖，拖到现在。这次的职位的责任就很重了，我现在还兼着日本呢。

田 涛： 你还兼着，现在还没有找到合适的人？

阎力大： 找到对象了，就是给他一个缓冲期培养一下，给他一点时间，能够取得关键客户和相关政府官员的信任。

田 涛： 实际上在日本建立起联系不容易，只要建立起来了一般都很牢靠，是他们跟我讲的。

阎力大： 非常牢靠。那次老板去其实就是要解决合作方带来的一些问题。应该也是高层领导下了决心，因为这些问题，从此以后我们要改变日本市场的策略，我们开始自己干，就不靠别人了。那次的事情是一个重大的转折点。

老板回国的前一天晚上，在八芳园，客户请任总吃饭，这家客户的名字叫 eMobile，后来它成了我们在日本的第一个客户，我认为这也是前任代表在那待了几个月留下来的最宝贵的财富。

田 涛：他其实接触过这个客户？

阎力大：当时有那么个背景，日本一直是一个很封闭、很垄断的市场，政府突然要发三张移动新牌照，鼓励竞争，当时举手要新牌的有三家公司：软银、eMobile，另外还有一家公司。但这家公司已经倒闭了，已经消失掉了。三张新牌活下来的只有两家，软银和 eMobile。

田 涛：eMobile 就是稻盛和夫的故事？

阎力大：不是，稻盛和夫的故事在后边，稻盛和夫的故事是 KDDI。当时是 eMobile 和软银，还有那家公司，都申请去要牌照。那家公司为什么会倒闭？因为它选的技术标准是偏门，我们公司也没有，这个世界上几乎也没有其他公司有那种产品，那种标准，它没有供应商的支持，很难玩。但是软银和 eMobile 所申请的频段是 W-CDMA（宽带码分多址），是国际标准。当时，三菱的人看到这个机会，介绍给了我们，我们同时在接触，同时跟软银和 eMobile 打交道。eMobile 的老板不知道从哪儿听说了华为，有人给他推荐说你们作为一家新牌，有一家中国公司华为你们可以考虑考虑。所以，那次老板去日本，他们也知道了，是三菱帮忙安排的，在中间穿针引线、搭桥。在八芳园，对方请老板吃饭，当时把他整个管理团队全带来了。这家公司其实不是一家刚诞生的公司，它 1999 年就成立了，当时它叫 eAccess，是做固定宽带的，做得很成功，从创办到上市只花了四年，在东京主板上市。后来，他们看到移动通信的机会，政府发移动牌照时，他们就举手说自己也要，看得很准。那天他们整个管理团队都来了，这边就是我们，交流的时候有日语翻译在场，小姑娘叫田萌，大学毕业后就进华为当翻译。当时是吃饭，结果拼命讲拼命讲，这小姑娘就没有时间吃饭。

然后他们说，这怎么办，总不能不让人吃饭吧，阎力大你从英国来的，你帮我们用英语翻译吧！客户那边管理团队都可以说英语，是一个很国际化的团队。

田 涛：是谁提议让你用英语翻译？

阎力大：是客户提议，客户说人家不能不吃饭呀！你们这里谁可以讲英语？丁少华对我说你是从英国来的，你翻吧。结果，从那时开始，我就充当翻译，一直翻译到最后吃完饭，客户的眼睛就亮了，老盯着我，就差跟任总说让他来干算了，差点把话说出口，几乎就那意思了。老板绝对是看出来了。所以，这顿饭吃完之后，老板就下决心说："阎力大，你在这儿干吧！"

田 涛：那次会上，有没有什么让你印象深刻的比较精彩的片段？

阎力大：让我印象很深的就是我原来以为日本人的英语不行，没想到他们整个管理团队都可以说英语，都非常棒。

田 涛：日本人点名让你翻译是不是还有另外一层含义？不单是说因为田萌累了，想考察一下？看看合作对象？

阎力大：那还真不好说，有可能。因为一坐下来就互相介绍，他们就知道我是从英国过来的。还有一个让我印象深刻的事是，当时是榻榻米房间，老板坐中间，老板后面是一个壁炉，壁炉上有个门，对方CEO叫仟本，仟本CEO说："任总，请您看看您身后壁炉那个门，您知道吗，那里面有个暗道。这个房间曾经是孙中山先生住的，后来军警来抓他的时候，他从那逃走了。"他说："我今天特意安排这个餐馆请您吃饭，是有特别考虑的。这里跟中国人有很特殊的联系，所以是很有意义的一个地方。"老板对那个应该印象也很深刻。他们把整个商业计划大概和我们说了，介绍他们公司的背景，当然也提到了有别人跟他们竞争，把整个情况介绍了下。

第二天老板就回国了，离开之前，跟我们在酒店里又开了一个会，布置工作。他给我交代的任务就是：阎力大，公司在这里要发展，你要认认真真地思考市场怎么做。老板走了之后，我就开始思考，突然被扔到这么一个全新的国家该怎么去做。但我觉得有些事情可能冥冥之中就是有一种天意，我当时一点都不慌，尽管是一个全新的市场，这么重的任务摆在那里，我一点都没慌。为什么呢？因为我觉得我在华为这么多年的经历，这次全都可以用上了。

田 涛：过去你没有独立地有一个地盘，现在你独立有一个山头了？

阎力大：对。前几年我是做产品部，刚开始是在国内省里面做产品经理，一年以后，就提拔到总部，很快，也算是奇迹。1999 年我在光网络产品部管了一年的销售，2000 年就开始负责国际光网络产品部，全球到处跑，所以我有机会看到全球很多国家的情况，包括客户，包括我们自己在当地是怎么运作的。后来又到欧洲干了两年，近距离地去接触客户。所以我当时就觉得，我也经常和我的同事说，这次是把我平生所学的一下子全都用到日本了。另外还有一个细节，我在欧洲的时候，在意大利干了三个月，华为意大利公司是我开办的，当时意大利子公司租办公室、租宿舍、注册全都是我干的，我干过一遍了。现在我到日本了，把日本子公司再筹备起来，建起来。

田 涛：日本原来是代表处，没有注册？

阎力大：没有注册。这等于我过去这么多年所看到的、所学到的，突然之间在日本全都用上了，当时那种感觉实在太好了，我太清楚我要做什么了，就是各种工作，一项一项并行往前走，该租宿舍租宿舍，该租办公室租办公室，该去登记的登记，该注册的去注册，同时还约客户，然后三菱这个合作伙伴也不能抛弃了，也得和人谈，还有招聘。

田 涛： 你去的时候加你五个人？前任代表走了吗？

阎力大： 最多五个人，当时代表还在，他是我去了一个月以后走的。发生了很多故事，还都挺有意思的。那天老板走了以后，我就去我们当时在东京的办公室开会，我们当时的人实在是太少了，租的办公室在 Regus，是全世界连锁的，就是给小企业、刚创办的企业的共享办公室，你就租一间租两间那种，十几二十平方米，好小好小。去了以后，租人家公用的会议室开了一个会，开完会我就离开了那个办公室，再也没有踏进去过一步。

田 涛： 之后自己租办公室了？

阎力大： 我一步都没再踏进去了，我说坚决不会再回到那个办公室了，全部要来新的。

田 涛： 很有意思。当时公司给你的权力有多大？像这些你都可以做主，你需要请示谁？

阎力大： 有两个因素决定了我这么干：第一个是我憋着一股劲，第二个是我很清楚我在干什么，我认为我做的是对的，我也不需要去请示谁，我也不想请示谁。

田 涛： 华为很多一线的干部都是这样。

阎力大： 我想干就干了，而且我认为我绝对是在为公司考虑，我认为我做的是对的。我无非是担风险，万一做错了，我担风险就是了。我请示的结果就是请示完了，如果公司同意、领导同意，等于我是免责了嘛！否则我干吗请示？然后我说这个办公室我不要，马上在另外一个地方，也是类似这种提供临时办公室的楼里，我要了半层。

田 涛： 大概多少面积？从十几二十平方米到半层？

阎力大： 半层楼应该有二百平方米，它不是那种一大间的，就是一间一间的，有那么几间屋子，我自己独立要了一间，然后整了一个会议室，其他的也就整了两三间，总共半层，大概二百平方米。

田 涛： 当时你大概有多大？

阎力大： 35 岁，但是周岁还不到 35，就算 35 岁吧！房子一租，就开始开招聘会，到学校里边开招聘会，到酒店里边开个事业说明会，招人什么的，反正一项一项工作呼呼地就开始了。在那个节骨眼上，其实公司还没有完成注册，就成功招聘到了几个员工，这些员工后来都成了公司的骨干。

田 涛： 本地员工？

阎力大： 本地员工，有华人，也有日本人，我一直认为在那个时候愿意进华为的人都是承担风险的人，很大很大的风险，所以我一直都挺关照他们，算是一起出生入死创业过来的人吧。再说主业，就是工作这件事，我频繁地去见软银客户、eMobile 客户。后来，我就决定，我们能力有限，就聚焦一个客户，就赌了 eMobile。我跟团队说日本市场现在是千载难逢的机会，发新牌，所有的其他事情都不要干了，全力以赴一起来干这一件事情，突破这个客户。接下来就是那些标准动作，带客户参观公司、参观样板点，很有效果。

田 涛： 你去的时候，日本的客户，包括你在大学招聘，日本人对华为是什么样的印象？

阎力大： 公开和私下是不一样的。公开来讲，都知道有一家华为公司，但私下里，事实上都不知道具体干吗的。华为那时候没那么有名，只有那么点小小的名气。但又因为是来自中国的公司，有些日本人从骨子里根本就瞧不起中国的公司，觉得你有什么高科技啊？你质量行吗？大家都表示怀疑。整个大众层面很少人知道华为，但是专业领域里面还是有些人知道。

田 涛： 像 eMobile 这样的公司，对华为当时的认识，在他们眼中华为在全球处于什么位置？

阎力大： 他们将信将疑。作为创业公司，他们想找一家基因和他们比较吻合，就是有拼搏精神的公司，大的公司也未必愿意和他们合作。他们希望能够找到一家成长性比较好的公司，在这点上华为是符合的。但反过来，日本人也谨慎，你质量行不行啊？我这个命可都拴在你身上了，你到时候要是网络开不起来我就完了！所以他们也很矛盾，我也知道他们很矛盾。

其实我也是非常有运气的，很多人说我是福将。这个公司两个创始人，其中一个是中国香港人，这个香港人英文非常好，因为他在英国留学，我跟他之间都是用英文交流。我印象很深的是，有一次约他见面，约好的时间是个周末，在他家附近吃饭，他开车带我去一个餐馆。

田 涛： 这时相处的关系已经融洽多了？

阎力大： 对，因为第一次我们不是一起吃过一次饭嘛，我做翻译，他实际上对我也有很深的印象。后来我就直接给他打电话说想约他一下，和他谈谈合作的事情。他说周末来吧。我周末就去找他，是中午，还不是晚上。他开车带我去到一个餐馆，那个餐馆是小布什去日本访问的时候，日本首相请他吃饭的日式餐馆。吃饭时就开始谈他们公司的事情。谈完之后他非常兴奋，但当时没有表露出来，他事后跟我说的。他说，感觉好像上帝送了个礼物给他，派了这样一个人，这么一家公司，感觉好像是上帝在帮他。刚好我在欧洲工作的时候对无线很了解、很熟，我们当时搞了一个分布式基站，我就给他推荐了这个东西，我是带着资料去的。我跟他分析了整个无线市场的发展趋势变化，跟他谈了作为一个新的运营商，真正的痛点是什么，该怎么去规划。他后来说："我听完以后，太兴奋了，觉得简直就是见到了救命的东西，这就是我想要的东西！"后来我就安排他们到公司去参观。这个很好玩，有一个细节，参观那天是 7 月 19 号，7 月 19 号是我老婆的生日，也是我们的结婚纪念日。

田 涛： 很有意思，你不是刻意的吧？

阎力大： 不是刻意的，赶到那天了。大家凑时间就凑到那天了，竟然有这么巧的事。除了把产品展示给他们看，还带他们去香港的运营商 Sunday 看了实际场景。当天晚上老板回请他们吃饭。6 月份在日本吃饭，7 月 19 号就在深圳吃饭。

田 涛： 从任总离开中间只隔了一个月？

阎力大： 刚好一个月。他们来参观，老板请他们吃饭。这第二顿饭就吃得很高兴了，老板也是用他的管理哲学把客人给征服了。

田 涛： 那天你印象比较深的是任老板讲了哪些观点？

阎力大： 谈到细节，我记得不是很清楚了，但我整个感觉是，老板谈话太幽默，太风趣了，他谈的那种管理上的哲学，可能对客户来讲很新鲜，就是好像没想到能听到这样一些逻辑。回头我再想一想，当时应该是有纪要的。

田 涛： 回头把这个纪要找到。

阎力大： 嗯，我找下纪要。那天谈完以后，客户的 CEO 就成了老板的粉丝了。我有很多照片，回头也给您。

后来我还带客户去了荷兰，因为我们在欧洲突破了运营商 Telfort，用的就是分布式基站。再后来就投标，2005 年 12 月份客户宣布我们中标。

田 涛： 这件事情我是有印象的。当时打进日本，任总很兴奋。但当时东京没给，除东京以外的都给了。所以，那时任总给我打电话，很兴奋，说我们在日本成功了，日本是全球对质量最挑剔的市场。是 2005 年的时候吗？但你是 2005 年去的呀。

阎力大： 对，我是 2005 年 6 月份去，2005 年 12 月份就中标了。所以，我这算是很幸运，真的很幸运。

田 涛： 我觉得是个人能力加组织能力。

阎力大： 当时因为人少，我真的是把自己平生所学的全用上了。客户关系我自己做，产品方案我做，最后讲那个胶片（PPT），因为我的英语最好，我去讲。然后是服务，整个服务架构怎么设计，怎么要让客户信任，华为在日本以前没干过，怎么就能说服人家我能干，而且，还保证将来万一出了事，我还可以及时给你提供服务，整个做这套服务的胶片，现找人现组织，做完了，还是我去讲。我等于完全是一个变形金刚，后面有很多人支持我，但是冲在最前面的是我，因为确实在语言上要靠我。

田 涛： 关键是特殊，大家都不懂日语，只能用英语交流，然后你的英语最好。

阎力大： 对，当时就那么个背景，有一堆人撑着我，反正我是有什么事都和大家商量，但最终冲出去的是我，我去讲，我去谈。对我来说这也是很大的锻炼，把所有的事情都干了一遍。其中有一件事情，后来被广泛传播。当时的标书里对设备工作室的温度有要求，就是零上多少度，高温，零下多少度，低温，很苛刻的。我查了一下我们的设备不满足那个低温的要求，温度太低了没法工作。如果没记错的话，好像是零下55℃，记不太清了，反正客户要求这么一个严苛的条件。我就上网去搜，这么低的温度，在日本近一百年的历史上只有过一次，是在北海道出现的。我当时就决定了对这个要求答“NO”（不）。其实，咱们公司刚开始做海外市场没有自信的时候，是不敢说NO的，你一说NO可能就废标了，因为你不满足别人的技术要求呀。

田 涛： 华为历史上很少说NO的，一直都是YES（是）。

阎力大： 可这个不能说YES，我说YES之后我们的产品就要去改造，成本就上去了，这还能赢利吗？我说这个不能轻易答应，我就答NO了。当时去做技术澄清，我印象太深了。答到这条的时候，客户问你为什么答NO啊？我说我查过了，一百年历史上只有一次出现在北海道，你就为了北海道那几个站，要全网其他地方的基站，包括冲绳的基站，都要同样满足这个温度要求？你真担心那个地方有问题，大不了给这些基站用木头做个小壳子不就行了吗，对吧。这样你花不了多少钱，何苦逼着我改我的基站呢？客户听完后就开始笑，说很有意思，说得很对。类似这种说NO不是一条，说了很多条，每条我都找出我的理由。

田 涛： 在公司里，过去不多见吧？

阎力大： 很少见。

田 涛： 你这个事有做过总结吗？有没有总结文章？

阎力大： 总结了，总结文章我还要找找看。这个事情和胡总说了以后，胡总从那以后就说阎力大这个人还是敢做敢当，很有思想。

田 涛： 你这个风险很大，你说YES可能项目能拿下来，叫作无限承诺，虽然你最后可能落实不了，但是和你不见得有关系，但是这时你说NO可能合同就拿不下来。

阎力大： 当时整个合同谈判都是我从头弄下来的，好多细节。之后不是说日本的盈利很好嘛，这个盈利很好不是天上掉下来的，是必然的事情，我们当初谈这个合同的时候就非常严谨。就拿其中有一条关于运费的事情，我当时就定义得非常清楚，华为报价的运费只到达客户指定的仓库，当时把仓库的数量都指定了。你说好哪几个点，我们的设备只运到仓库，合同上写得清清楚楚。后来客户变了，说要求华为运到站点，运到站点就要另外加钱。客户没办法，合同写得很清楚，我只运到仓库，从仓库到站点，你变更要加钱啊，最后就加了。就这样的一些细节，在我当初合同谈判的时候全都考虑到了。

田 涛： 在此之前，你有过这样的经验没？

阎力大： 我在1999年管光网络产品部国内的销售，我没管过合同，但管过商务，报价多少我管过。我在华为的职业生涯中自始至终有一个大的特点，我做过的每个岗位都挣钱，而且挣很多钱，我原来管过的光网络产品部，曾经有几年一直是公司最挣钱的产品线。我有这种意识，就是一种契约精神。

田 涛： 不单是把合同拿下来了，还要考虑合同的含金量如何。

阎力大： 对，是的。很多的细节，谈判很艰苦，非常艰苦。我觉得日本人的特点是什么呢？轻易不会答应你，但答应完了之后他守合同、守信，这是日本人的特点，但谈的时候是极难谈。

田 涛： 多长时间？有没有说加班加点？

阎力大： 应该是夜以继日，经常干通宵。但实际上，我们这个合同的签字仪式又是半年以后的事了。从 12 月份中标，到最后签字仪式，又过了半年。这半年在干吗？合同谈判。

田 涛： 细节谈判。

阎力大： 细节谈判。一个一个细节谈，在这期间还发生了一件非常非常大的事情，也是惊心动魄。发生了件什么事情呢？我是 3 月份的时候，请了客户的新 CTO（首席技术官）到公司来参观访问，上一年 7 月份参观公司的时候，当时的 CTO 是另外一个人，后来被换掉了，换了个新 CTO，换了的这个上任没多久，我请他到公司来访问。访问结束以后，回东京的路上，路过香港，我当时在香港过了一夜。我在香港酒店里的时候，接到胡总一个电话，他说 eMobile 放弃我们了。我当时很震惊，我说你是从哪儿得到的消息，他说你看了邮件没，我说没有啊，我还在路上。他说那你赶紧看邮件。于是我赶紧把电脑架上，收邮件。一看，客户的 CEO 给老板发了一封邮件，抄送给我了。那里边说什么呢？他说当时政府不是发了三张牌照嘛，软银也拿到牌了。软银拿到牌了呢，跟 eMobile 完全不一样，eMobile 是一心一意自己建，但软银没走这条路，软银是把沃达丰日本给收购了，这件事情就发生在 3 月份，这个 CEO 我觉得他比较仁义在哪里呢，他是在开新闻发布会的前一天晚上给老板发的邮件。他先是说了很多客气话，客气话之后就说，我们的竞争对手软银收购了沃达丰日本，使得我们的竞争形势突然之间发生了巨大的变化。作为应对，为了保险起见，我们决定选择一家在日本有过业绩的公司——爱立信。

田 涛：哦，他对你没信心了，选择了你的竞争对手？

阎力大：他说我们选择爱立信做东京、大阪、名古屋核心城市，我们的业务首先是从大城市开始，为了应对竞争，我们要尽快地开始。他说贵公司，就是华为，你们还没有准备好，别人在这里已经有20年的历史了，可以马上给我们供货。你们是一个新的公司，你们的团队也是刚成立，公司也刚注册，在日本以前也没有做过，在这种情况下我们东名阪（东京、名古屋、大阪）就决定选爱立信。东名阪以外的地方，我们是给了华为。但是作为我们这样一家公司，将来是否做东名阪以外的地方，是不一定的。明天我们就要宣布我们选择爱立信了，提前给你报告一下。看完以后我都蒙了，这个打击太大了。本来以为东京不给我们也无所谓，至少外边是我们的。当时公司很紧张，把余承东，他当时是无线产品线总裁，还有陈向阳，他当时管整个东太地区部，都派过来了，过来谈。客户也很客气，跟他们说的话就是一回事。他们走了以后，我冷静下来，我觉得还是要约客户再谈。我跟客户强调说，按照我的经验，选独家供应商是非常危险的，因为你没有制约。他们就说我们公司是小公司，没有那么多精力，同时应对两个供应商我们顾不过来。我说理解，但是你要注意，单一供应商你就失控了，恐怕很难控制局面，包括商务、服务，很多东西不好弄，我们就在一起摆这个事情。后来其他人，包括采购部老大啊，还有CFO啊，我都去和他们谈，做工作。

田 涛：那是新闻发布会之后了？

阎力大：是的，新闻发布会之后。我就开始慢慢做这个工作，新闻发布会之后，他们就停止和我们谈判了。当时这个事情很秘密，也是很突然，因为 CTO 和我在一起，他跟着我在深圳呢，他都什么都不知道，很意外出现了这个情况。

田 涛： 爱立信工作做得怎样？

阎力大： 当时爱立信就是不想让我们进日本，抛了一个很好的条件，爱立信的提案是“核心网不要钱，全部送给你”，然后基站价钱再给多少多少折扣，就是华为你不要再选了。他目标很明确，绝对不能让华为进来。当时客户一下子觉得，这么高大上的爱立信，给了自己这么好的条件，核心网还免费，然后还把基站价钱做这么低，一下就动心了。他们还是没有经验。那我就给他们摆这个道理，独家供应商你是控制不了的，很难，后来我又做 CFO、CTO 的工作。最后我又使了一招，我说如果真不选华为，那你早点说，我现在就走，我也不在日本待了，算是苦肉计吧。

田 涛： 日本人还是比较重情义的？

阎力大： 当时经过大半年的时间，其实这种感情也很深了，客户觉得这个好像不太合适。他们帮我出了一个主意，要不这样吧，你们先去仙台开一个实验局，证明华为确实行，华为不是在日本没有干过嘛，你就在仙台先干一下。我说好啊，我们愿意做这个事情，我也想这么做。后来我们就在仙台真开了一个实验局，边开实验局边做工作，在 5 月份的时候重启谈判，实验局还没有开好，但谈判又重启了。即使是那样，我对合同条款也没有放松，我坚定地认为客户最后不可能只选一家供应商，一定会选两家。

田 涛： 其实你前段时间的影响已经在发酵了。

阎力大： 对，我不知道从哪儿来的信念，坚定地认为他们不可能抛弃我的。最后，大概是 6 月底的时候完成了合同谈判。然后约老板时间，老板很高兴，老板很少出席新闻发布会，但那次他参加了。在新大谷酒店里面，请了媒体记者，电视台的都来了，还邀请了王毅大使，开了一个新闻发布会，那次华为算是真真正正地进入日本了。

田 涛： 我觉得那次他应该是在日本给我打的电话，讲打入日本了，没给东京，其他的都给华为了，特兴奋。

阎力大： 对，真是一波三折，最后终于把这个合同签下来了。

田 涛： 真是一波三折。那现在和 eMobile 合作了没有？

阎力大： 非常好啊，后来东京的一部分也给我们了。做到后来我们越做越好，东京的室外覆盖是爱立信的，室内覆盖全给我们了。东京的近郊区跟东京先都一起选了爱立信嘛，后来把东京旁边的横滨、川崎也全都给我们了。最后我们和爱立信的份额比起来一点也不差。另外，他们还把整个固网都给我们了。

田 涛： 这段合同大约是多长时间？

阎力大： 这段合同其实是一直在生效，直到今天还在扩容，每年都在扩。每年大概一两个亿美元，已经持续了这么多年。今天上午刚听了无线产品线的述职，LTE（Long Term Evolution，长期演进技术）海外市场大的区域，欧洲今年说是要达到 4 亿美元的收入，而下面 3 亿美元以上的就是日本了。

田 涛： 但是这个不止 eMobile 一家吧，还有别的运营商？

阎力大： 后来我们进入软银了。我们在日本整个市场策略就是这样的，考虑到日本人性格上的特点，取得他的信任是要一步一步来，他需要一些参考，所以我们当时整个路径规划就想得很清楚，一级一级做跳板，通过 eMobile 的跳板做的软银，通过软银的跳板做 KDDI，通过 KDDI 的跳板再去做 NTT（日本电报电话公司）。

田 涛： 现在就 NTT 没有进去？

阎力大： 现在就 NTT 没有进去。

田 涛： 其他三家我们都进去了？

阎力大： 对，我原来不是负责日本和韩国嘛，后来 eMobile 和软银合并，现在是一个集团了，所以日本和韩国各有 3 家大运营商，一共 6 家，这 6 家都是全球 TOP50 的，都很大。这 6 家里边，网络设备我们进了 5 家，除了 NTT。终端产品日本三家全进去了。

田 涛： 现在日本一年的销售额是多少？

阎力大： 10 亿美元。

田 涛： NTT 是政治原因还是什么原因？

阎力大： NTT 政治原因非常大，另外 NTT 的做法和其他的运营商都不太一样。一般的运营商是怎么样呢？供货商都按国际标准供货，运营商择优采购就完了。NTT 的做法是自己做开发，它有一个很强大的研究机构，整个标准、技术它自己投入开发，开发完了之后交给 NEC，让 NEC 帮它做成产品。所以业界有种说法，NTT 把 NEC、富士通这些公司给“害”了，像 NEC、富士通这些公司平时过的日子太舒服了，NTT 把什么都给它开发好了，标准、式样都写好，照着做就行，那是没有国际竞争力的。

田 涛：这是全球没有的，唯一这一家？

阎力大：唯一的，所以 NTT 的做法很特殊。

我觉得老板的思路是对的，创新一定要开放去创新，不能封闭创新。NTT 靠的是自己有钱。早期来讲，它确实领先，3G 它是全球第一家。但是封闭久了之后，就必然会落后，一家公司创新和整个行业这么多家公司一起在创新不是一个概念，你再有钱，思想上恐怕也没有那么先进。它们有一个名字叫 NTT Family（NTT 家族），NEC、富士通、日立、冲电气是这个“家族”里最大的四家企业。

田 涛：这都是他们的？

阎力大：都是他们的。NTT“家族企业”，它的采购几乎全部从“家族企业”来，不从“家族企业”以外买。这是它的一个政策。

田 涛：日本的这个关联交易是很普遍的。

阎力大：很普遍的，它只从“家族企业”买，后期开了一条缝，包括爱立信也入围了。但是爱立信签了合同之后，一个 PO（purchase order，采购订单）都不给，也不让它供货，就是做个姿态，说我们也开放，但都是“假”开放。它也不是说只对中国公司、对华为不开放，它对外人都是封闭的，是一个非常封闭的体系。

田 涛：内部也是封闭的？

阎力大：内部也封闭。但现在麻烦来了，KDDI 和软银现在日子都很好，NTT 却是在往下走，他们现在已经有危机感了，我觉得早晚 NTT 我们会进去的。

田 涛： 那这个可能和华为没有关系，它是这个模式决定的，关键是关联交易。

阎力大： 是关联交易，它对外人不开放。

田 涛： 我想听听日本的整个战略你当时是怎么确定的？因为日本第一个是特殊的国情，还有特殊的中日关系问题，还有就是日本企业天生的对中国企业的排斥，各种各样的因素，反正很特殊的，比欧洲特殊，甚至某种程度上比美国还特殊。美国就是旗帜很清楚，我就是不让你华为进来。

阎力大： 日本人做事情不像美国这么公开搞，是"只干不说"。从策略上来讲，不同阶段有不同的策略。不同的时期，我的想法也在不停地变。我刚去的时候，别人不知道我是谁，也不认识，我实际上是希望能够高调一点，就是树品牌嘛。甚至我在找办公室上都作为一个细节考虑到了，我在大手町租了个一千多平方米的办公室，是全东京最贵的地方。当时公司刚注册，不到 5 个人，等我们搬进去的时候也不过二三十个人。这样做我是有考虑的，因为日本人看重这个，一问说你办公室在哪？在大手町，人家就觉得你有实力，容易信赖。你说当时谁给我授权，估计放今天没有人会批准的，你凭什么租这里？怎么会批呢？

田 涛： 这个不管是国企还是民企，百分之九十九的企业都不敢这么干的。

阎力大： 不敢，也不会允许的。

田 涛： 而且你只有几十个人，搞一千平方米，还弄个最贵的地方，可以说是全球最贵的地方。

阎力大： 真是这样的。太贵了，非常贵。但我坚定地认为我们需要这个地方，而且我认为一定可以填满的。

田 涛：领导层也没有任何人有意见?

阎力大：当时跟胡总汇报了一下，他也提了一些疑问，我用我的理由和他说了，说完之后就同意了，同意就做了。刚开始整个策略就是要高调，让别人知道华为是一家很有实力的公司，做事情就是大公司的风格，很规范，处处用大公司的标准来要求自己。后面，等到我们成长起来以后，我就开始控制在媒体上曝光的频率，不能再高调了，再高调就会引来别人的敌视，别人就开始整你了。

田 涛：曾经高调到什么程度?

阎力大：媒体上登我的专访，介绍华为，主流媒体记者来采访。

田 涛：经常有?

阎力大：很多的，刚开始去的时候很多。当时为了进入行业圈子，我积极申请加入各个相关协会。有个叫日本 ITU（日本国际电信联盟）协会的，每月有一次聚会，聚会时最重要的环节是主题演讲，在那个场合演讲的都是富士通的社长、NEC 的社长，突然有一天华为日本的社长来演讲了。但现在我不会去做了，那时候就会去做。

田 涛：我不记得是公司谁说的，说是华为加入了日本最权威的一个企业家俱乐部，叫作经团连（经济团体连合会）。

阎力大：是的，加入经团连是 2011 年的事，这是后来了。刚开始的时候，我就想加入各种各样的协会，为了做生意，我就得变成你的一分子，这点我从一开始就想得很清楚。

田 涛：当时这些会员是怎么看你的，一个中国企业?

阎力大： 确实我是比较另类的，直到今天，我都认为在日本这个环境里面，华为日本是比较特立独行的。特立独行这个词可能不准，我觉得就是风格很清新，和传统的中国企业很不一样，我刻意强调一种 global（全球化）企业的感觉。

田涛： 就是我来日本就日本化了？

阎力大： 对，就是 global 的企业进入你日本，然后本地化了。

田涛： 你加入的各个协会里有没有这种中国企业？

阎力大： 没有。

田涛： 一个都没有？到现在为止都没有？

阎力大： 经团连到现在都没有。

田涛： 欧洲企业呢？

阎力大： 欧洲企业有。经团连总共是不到 1 500 家会员，大概 100 多家欧美的企业，也有韩国的企业，但是中国企业只有一个。就是 1 500 家里面有 100 多家海外背景的企业，其中一家是中国企业。

田涛： 加入其实是很难的，是吗？

阎力大： 非常非常难，它的整个审查是非常严格的。因为它的主体是日本最有实力的企业、最有信誉的企业，入会要有两个会员推荐，我们是东京三菱 UFJ 银行和 Mizuho（瑞穗）证券推荐的，这两家金融机构背后的财阀在日本的地位是非常高的。

田 涛：他们为什么推荐华为?

阎力大：我们是伙伴，他们要做全球生意，而华为是全球化公司。当时我介绍他们到香港来，和香港华为谈全球无线设备的融资。他们不单是和华为日本做生意，而是在跟华为全球做生意。

田 涛：日元结算中心是哪一年成立的?

阎力大：日元结算中心是在2012年。

田 涛：那其实跟这个前面的铺垫都有关系。

阎力大：很有关系。后面的事情就是另外一段历史了，我觉得那也很有意思。怎么说呢，当华为在日本确实已经做起来以后，我就实实在在地感受到了一种敌意。

田 涛：做起来了，感到敌意了?

阎力大：对。

田 涛：没做起来呢?

阎力大：没做起来的时候人家没有敌意，只是瞧不起你。

田 涛：东京那些协会瞧不起你?

阎力大：骨子里不是很瞧得起，能感觉到。但是通过我的高调，日经（著名媒体）专访、办公室放在大手町，通过这些细节让你没法小瞧我，毕竟我也是在日经上接受过采访的。

田 涛：他们很在乎这个?

阎力大： 很在乎这个。看到这些以后，刚开始那些小的，不那么挑剔的，已经接受我们了，一步步来嘛。但是他没有太明确地觉得是一种威胁，因为他也不相信你真能做起来。但后来华为真的做起来以后，人家就觉得你是威胁了。这个时候，我就开始低调了，媒体采访的次数就变少了，扎扎实实做了很多本地化的事情，成立了公共关系事务部，投入做 CSR（企业社会责任）工作。然后继续去申请加入新的协会，2011 年加入了这个经团连。

田 涛： 这件事情公司似乎也非常看重？

阎力大： 刚开始的时候公司是不知道的，后来才慢慢认识到，哦，原来这个事情这么有价值，没想到。有个转折点，华为是 2011 年的 2 月份正式加入经团连的，3 月份日本发生了大地震，整个大地震期间，我们的团队没有撤。

田 涛： 没有撤的决定是怎么做的？

阎力大： 我跟老板的版本不太一样。

田 涛： 我想听听你的版本，因为很多事情都是从不同角度来验证的。

阎力大： 我觉得在"3 · 11"这件事情上的经历对我一生来说是极其宝贵的财富，这段经历太不可思议了。刚发生地震的当天，我就接到了孙总（孙亚芳）的电话，还有很多公司领导的电话，两天后王胜利来了，再后来孙总也来了，公司派王胜利来协助我们救灾。

田 涛： 王胜利那时候是南亚的头儿？

阎力大： 亚太，整个亚太的头儿。王胜利很不错，那时候他很快就过来了，他当时作为公司代表嘛。核电站爆炸了之后，整个形势就不一样了，西方的公司就考虑怎么撤退的问题。

田 涛：地震的时候他们没有撤，核电站爆炸他们就决定撤了？

阎力大：是的，几乎所有的西方公司，M公司全体都撤到大阪，E公司包飞机，连家属带员工全飞到香港。他们的动作非常大，这种事情很快就传到我们这儿来，所以我们的员工马上情绪就不稳了。

田 涛：你那时候有多少员工了？

阎力大：现在700人，那时候三四百人吧。

田 涛：中方员工多少呢？

阎力大：中方员工不到100人，七八十个。

田 涛：你说的不稳定主要是中方员工？

阎力大：主要是中方员工。当时各种消息满天飞，政府的消息也不及时，没有人知道真实情况是什么样子，也不知道下一刻会发生什么。核电站燃料厂房一个接一个地爆炸，事后知道有三个机组发生了爆炸。政府去救，但又救不过来。当时气氛非常非常紧张。公司很快意识到了问题的严重性，在这种情况下，我们该怎样应对？怎么协助客户恢复网络？我们的客户要怎么样支持？都需要我们想清楚。但自始至终我都认为我们不应该撤，我们要负责。

田 涛：高层是不是有争论？

阎力大：高层有争论。后来孙总作为公司领导也经常跟我们开会，安排给我们送物资，送核辐射检测仪、送纸巾，送各种各样的东西。孙总非常关心我们，我猜她这个关心的事情被老板知道了，老板可能就觉得关心过度了，可能说了她。说了之后，孙总对我们的态度也发生了变化。老板后来也给我打了个电话，总的意思就是说：阎力大，你们不能撤，日本那么多人，他们往哪里躲嘛，往哪里撤嘛。等到事情结束之后，我来看你们。我非常赞成老板的这些观点，我的态度自始至终是不变的。

田涛：你是主留派，他也是主留派。

阎力大：对，我自始至终主张要留下来。我不同意走，不管多大压力我也不同意走。但是后来也有很强大的一股力量说没有必要待在那里，不要待在那里。当时您知道我做到什么程度，我老婆孩子都跟着我，都没有走，我不让他们走。后来孙总劝我说："阎力大，你是整个公司在这里的顶梁柱，你不要再分心去照顾你的家人，希望你把他们送回去，然后你全身心地把这个工作担起来。"孙总劝我，我才买了机票，让我老婆孩子回国的，否则他们会一直跟着我。我当时想什么？假如我主动把老婆孩子送走了，员工肯定有想法：你看，代表都这么干了。所以当时我想都没想，坚决不会干这样的事情，他们一直陪着我。其实我也不是一味冒风险，我是基于理性的分析判断，把核辐射相关的信息都分析了，坚定地认为是可控的。即使不可控，我认为我们也有足够的时间可以离开这个地方，不用慌，还没到那一步。那时候走是不应该的，我是很坚定的。

田涛：七八十个中方员工，当时都有些什么样的反应？什么样的状况？

阎力大：当时总共有两个人跑了。

田涛：跑回来了？

阎力大：跑回来了，一个是常驻员工，一个是出差员工，这两个人是没打招呼就走了，只有这两个员工。出差的那个员工实际上是个主管，带了四五个人，结果他把他四五个兄弟扔在那里，自己跑了。因为他的组织关系不在我这儿，公司那边给了处理意见。

田 涛：长官逃跑了？

阎力大：长官逃跑了。常驻这边跑的是位基层员工，后来在劳动态度评价上对他有些影响。

田 涛：现在都还在公司？

阎力大：现在还在日本，干得很出色，业绩很好，去年考评都打了A。站在我个人的角度，我同情他，但作为一个管理者，我不可能不做任何处罚措施。这么大一个团队，只有你一个人跑了。但我能理解他，小伙子二十几岁，承受不了这种压力，一念之差就走了嘛。回日本之后他还是非常感激公司，干活非常玩命，一直表现很优秀。当时还有一个出差来的团队，都已经买好了机票，准备坐火车去机场，碰巧被我们员工撞见了，给我打电话说这几个人要走，怎么办？我说，无论如何先给我劝下来，我马上就到宿舍了，我会跟大家谈，跟他们讲也不差这一会儿，谈完以后，他们如果还是决定要走，就让他们走。我到了宿舍之后和他们谈，谈完之后他们就决定不走了，整个团队都没有走。那个团队后来被公司表彰了，是成都研究所的一个团队。他们后来很庆幸那天没走。

地震后，我们马上成立了应急小组，有人管后勤，有人管搜集外面的信息，有人管发布信息。当时我的秘书是个日本人，还有媒体事务部的一个日本员工，两个女孩子，她们在那段时间的表现让我非常感动。

田 涛： 现在还是吗？

阎力大： 我那个秘书刚刚辞职。

田 涛： 媒体事务部的呢？

阎力大： 她还在。这两个女孩子帮了我巨大的忙，她们俩是负责跟本地员工沟通的，当时我们管理团队做决策，做完决策之后，信息要发布出去，当时整个交通已经中断了。

田 涛： 东京的交通也中断了？

阎力大： 没有公共交通了，因为缺电。没有电，地铁什么的都停了，整个交通全部都瘫掉了，员工就没有上班了。当时就是要及时和员工取得联系，要和本地员工及外派的中方员工取得联系。中方员工很好办，因为我们的宿舍是集中的，每栋楼定一个楼长，楼长负责照顾所有的楼员。开完会之后，楼长再传递下去，保证信息渠道是畅通的。要让大家不要慌，信息就要畅通。当时我去办公室上班，这两个女孩子陪着我，帮我发布信息，整个办公室空空荡荡的，就我们三个人。其间王胜利偶尔也来一下，他住的酒店不远。

田 涛： 他当时也在日本？

阎力大： 他也在日本。当时的状况是各种各样的声音很多，我能够想到的，首先是公司层面一定要发出声音，告诉员工我们是怎么想的，怎么分析的。不能简单地发命令说走还是不走，要和大家沟通为什么做这个判断，为什么做这个决定。和大家一个一个地沟通，一天一天地开会，时时地更新信息。我老婆走的前一天晚上，大家在宿舍那边开会，王总说你就别去了，明天你老婆孩子要回去了，你今晚照顾一下家人。我就没去开会。他们在那边开会，做了一个决定：要把人撤到关西去。第二天一大早我送我老婆到机场去，在机场和他们通电话，他们说已经做了决定，问我的意见。开始我很激动，但后来我妥协了，觉得还是要考虑到大家的承受能力不同。后来我们划了个名单，所有主管一个不走，全部留在东京，这是第一个。第二个，根据工作需要决定哪些人要留在东京，因为客户大部分也不上班了，不需要留在东京的也可以撤到关西去。那天就做了这么个决定。

田 涛： 留下来了多少人?

阎力大： 大概留了 40 多个人，包括本地员工。

田 涛： 本地员工不存在撤吧?

阎力大： 本地员工也撤，自愿的。当时我们既然要照顾，就一视同仁，都是公司员工。

田 涛： 当时三四百人留了十分之一? 其他都撤到关西了?

阎力大： 对，是靠近京都的滋贺县，我们在那里包了一个度假村，大概四五十名骨干留在东京，其他人坐新干线去那个度假村，算是个妥协。我还清清楚楚地记得，那天晚上我们把员工和家属送上新干线以后，当天晚上又发生了一次余震，很大的余震。我打开电视一看，说是在静冈县，静冈县可是火车必过的地方。我说麻烦了，我们的人正好就路过那个地方。我赶紧打电话去确认，说是我们员工乘坐的火车刚开过去就地震了，后面的新干线全部都停了，不开了，太悬了。后来他们在那里住了一个星期就回来了。

田 涛： 我现在就想问一下，你是个企业，在危难时刻西方公司也都撤了，你怎么能够把这些人稳住？他们不去闹腾？

阎力大：当时是很大的考验，我做了几件事情：第一件事情，我本人没有撤，我的家属也没有撤，这是个信号。另外一件事情，我忘了是3月15号还是哪天晚上，我写了一封非常长的信，用英文写的，发给全体员工。我发自肺腑的，花了几个小时写这封信。我在信里给大家讲，事情发生了以后，管理层是怎么分析的、怎么看的，有理说理，有情说情。我说公司是不会不管大家的，但是根据我们的判断，管理层现在做出的决定是我们还是要留下来，留下来坚守。我还谈到了企业对社会的责任，我们作为一个供应商应该负有的责任。写了这样一些信息，发给了全体员工。马上有日本员工给我回信，直截了当地在邮件里说"我给您鞠一躬"。我看了以后非常感动。就是这种思想，我开会和大家谈，写邮件给大家，每天每天动态地刷新信息。我觉得大家有了信息之后，就不会那么慌。其实我核心强调的是我们现在判断风险是可控的，如果真有那种不可控的风险发生，我们是来得及走的。我们现在不应该过度反应，公司绝对是牵挂大家的生命安全的，不会无缘无故地让大家冒生命风险。

田 涛：说是任总在地震期间和日本的一个员工通了一次电话，那次那个员工躲在桌子底下，这个有没有印象？

阎力大：这个事我本人没有经历，没有印象。有可能是有。

田 涛：哦，那是他直接打的，因为那段时间他成天收集日本的信息，我还帮他在收集。

阎力大：我相信任总内心是在关心我们。

田 涛：说那日本员工躲在桌子底下，任总问那个日本员工怕不怕，员工说怕，但是有那么多的中国员工和我们一样在这儿，我当然也不能撤。

阎力大： 可能是有这个事情，但我不能确认。不仅仅是日本员工，还有客户，经历这次事情后客户非常认可我们。

田 涛： 你们在这个期间跟客户是怎么提供服务的？

阎力大： 我们跟客户当时有几件事情在做，一个是跟KDDI有个实验室在做测试，这个自始至终没有停；另外和软银的客户有一些交流，也没有停，软银的客户到我们办公室来和我们开会。

田 涛： 他们也照常上班吗？

阎力大： 他们没有照常上班，因为没有公共交通，大家都没有办法上班，只有那些不得不来的人才上班。我们在新宿那里做准入测试，当时那些客户就自始至终和我们一起，我们的员工也自始至终和客户在一起。孙总来了之后，我带孙总一起去看了他们，看望员工。

田 涛： 当时实际上没有涉及抢修通信这种情况？

阎力大： 当时的抢修实际上都是当地的工程公司做的，因为我们整个维护分级，现场一级的维护都是当地公司做的，我们提供的是远程的支持和备件的支持。等到我们的人去现场的时候，已经是认为这个事情局面可控了。

田 涛： 你们和前面工程公司的人员保持交流？

阎力大： 对，就是这种支持。他们都是本地化的，比如仙台是当地的工程公司，他们离现场最近，是他们冲在最前面。但是后来日本政府划了个圈，这个圈里不让进，不让进就谁也不能进，那个圈里连修也不能去修了。但是圈外的要修，我们当时提供了电源、发电机等，都运到了现场，让客户很感动。

田 涛：就是在这个期间，货、设备都提供了。

阎力大：提供了，我们的设备都是最先恢复的。就是我们该做的事情，我们做得是非常好的，都做到了。过了大约不到一个月，孙总离开没多久，客户说他们也要到现场去。当时客户还劝我们不要去，说我们没有必要去。但我们一定要去，作为供应商，我们和你们一起去，所以我们派了几个人一起去了。当时核辐射这个事情已经基本可控了，就是这么一个背景。

田 涛：孙总去了几天？

阎力大：孙总去了四五天。

田 涛：说是她去的时候还有余震？

阎力大：有，每天晚上都震好几次，楼嘎嘎响，她有点害怕。

田 涛：她有点害怕，你和她说没事，她自己还是紧张。

阎力大：紧张，后来给她换了个酒店。

田 涛：她对你有意见？

阎力大：对我有意见，那是我的问题。我拿我的想法去衡量别人，因为我在日本待久了，觉着地震的时候楼响是很正常的事情。

田 涛：没有，当时她有意见，过后就没有了。她说我就是去了几天，人家从头到尾都在那里呢，这是原话。

阎力大：哦，刚开始是我考虑不周，后来给她换了个酒店，就是震起来没那么响，好一点了。

田 涛：她在那里一个星期都在干什么？

阎力大：孙总那次去，我觉得作用很大，稳定军心。孙总去了以后，当时交通也恢复了，就在办公室里把所有员工都召集到一起，在最前面那个空地，孙总给大家讲话，代表公司来看望大家。然后带孙总去实验室，看望我们正在做测试的员工，那些员工一直都在。孙总也和客户交流了一下，客户很吃惊，说别人都撤了，你们董事长还亲自来了，还到实验室来，客户也很感动。后来和 eMobile 的 CEO 一起吃了个午餐，CEO 也很吃惊，问为什么会过来。

田 涛：你觉得地震这件事对华为在日本的形象和业务起了什么样的作用？

阎力大：起了非常大的正面作用。客户感觉华为这种本地化不是说说的，是真正的本地化，真是跟他们日本人一样，完全是一心一意地跟他们在一起。客户对我们很认可，给我们送了感谢信，现在还摆在日本代表处的会议室里面。当时我们刚加入经团连，经团连作为一个组织也要去救灾，展现它的社会责任。我们作为会员，它召集的很多活动我们都积极参加，捐款捐物，出人出力，我们都在做。所以经团连对我们印象非常好，后来美国出了那个报告，中日关系恶化以后，经团连作为一个组织自始至终是维护我们的，表态说这是我们的会员，对我们的会员可以打包票，这家公司是非常有社会责任感的，是非常值得尊敬的公司。我记得是在 2012 年 12 月份，经团连开审议员大会。审议员是什么概念呢？就是在 1 500 家会员里面，它要挑选大约 600 家公司的社长做审议员。经团连的政策、工作，审议员要开会、审议、投票。但审议员大会一般一年只开一次，12 月份开会的时候，整个会场只有我一个人是外国人。

田 涛：你就是审议员了？

阎力大：我是审议员。坐在我旁边的都是日本大公司的社长，那天主事的是经团连的会长——住友化学的米仓董事长。米仓会长那天请了安倍（安倍晋三）去，安倍第二天就要正式就任首相，这天下午他要去拜会日本天皇，在拜会天皇之前参加了我们这个会，来讲话。在整个会场中，我是唯一的一个外国人。

田 涛：他们也都知道你是外国人？

阎力大：都知道。因为什么呢？当时我们公司的翻译坐在靠墙的走廊上，我戴了个耳机，日语我不能全听得懂，只能听懂一部分，戴了耳机她帮我同声传译。整个会场都看到有个翻译在，有外国人。

田 涛：就是在地震之后，其实大家都已经不把你看成外国人。

阎力大：就是真当自己人看了。像那个级别的会，名正言顺地请我去参加。我在那里面就是一个他们自己人。

田 涛：可以说就是日本工商界顶级的一些人，可以这么讲？

阎力大：是的，绝对可以这样讲。相当于在这样一个圈子里面，有这么一种信赖关系。其实后面出的很多事情，我们能够扛得住冲击都是有原因的。

田 涛：现在在日本工商界，中国企业里你所建立的网络、人员关系和层面是不是最多、最高的？

阎力大：我认为在日本的社会精英这个层面，我一定是，毋庸置疑的，一定是。我给您看一个东西，是经团连发行的刊物，主动邀请我写文章。您看，这是我在他们刊物上发表的文章。

田 涛：哦，对。

阎力大：不止一篇，应该讲，我们是被别人接纳了。

田 涛：在日本的采购量现在也还比较大是不是?

阎力大：也是十几亿美元，每年都在增加。说起日元结算中心这个事情，我也给您讲一下这个过程怎么来的。日本业务起来以后，老板也认识到了这个市场的独特价值。至于我呢，其实一直是把华为日本公司当成我自己的公司看，不瞒您讲，我真是当成自己的公司在经营，不忍心看到这个公司受到任何伤害，对整个社会商业环境建设都投入了很多精力，也做了很多的事情，我就害怕有一天，万一有个什么事把公司给影响了。后来美国的事情不就出来了嘛。出来之前，老板肯定已经预见到了，就讨论日本未来的商业环境怎么建。我就把我当时的思路，写成报告给老板汇报了。2012 年 1 月份，我陪着老板、胡总一起去关西见了几位供应商的高层，松下的社长，住友的社长，好像也有京瓷，几个大公司的社长，胡总是对口支持我们的，当时就想好了我们在日本需要做一些事情，我非常及时地得到了公司最高层的支持，大家想到一块儿去了。我的报告从几个不同角度讲述，怎样去建设一个被别人接纳和信赖的商业环境。在大阪的时候去给老板汇报，老板表扬了我，老板很少表扬人的，我当时很意外，他说这个写得很好。

田 涛：他是经常背后表扬，我发现他这个特点，他当面不怎么表扬。有好几个人说老板一见面就骂他们，但是我知道情况是他在背后表扬，真是这样的。

阎力大：那天确实挺意外的，他听完报告之后很高兴。我提出来要想和日本建立信任，关键就是两条：一条是实实在在对人家有价值，怎么样给别人创造价值，要么就多买、多采购，要么和人家做技术合作。日本企业国际化做得不够好，我们可以帮他们国际化，这是在价值这块儿。还有一个就是要透明，你不透明别人猜不透你，就很难和你建立信任关系。透明有很多方法，就如老板亲自接受访问、对媒体公开，还有跟政府之间建立紧密沟通。我提了这两条，老板很高兴，他说就这么干。当时就表态说日本研究所要建，在日本挣的钱不要拿走，再投入到日本，拿走的是能力，这些都是那时候提出来的。除了要建研究所，当时还提出了一些非常好的，事后证明非常有远见的想法，包括成立日元结算中心。

田涛：这都是你的建议书里面的？

阎力大：是的。都在那里边，你看原始资料，一看就知道了，都在那里面。怎么样加大采购，研究所怎么样和别人加大合作，日元结算……提了很多。

田涛：现在提出来每年要投入 3 亿美元？

阎力大：3 亿美元的事太有意思了。这是今年老板去参观研究所，参观完了以后和研究所的骨干座谈时说的。在参观的过程中，老板觉得这几年日本研究所的路是走对了，非常好，他很高兴。我和老板汇报说："老板，日本在 2012 年的时候给公司贡献了 3 亿美元的利润，2013 年日元大幅贬值，少了一个亿，变成 2 亿美元，现在公司提出来不拿走利润，只拿走能力，实际上我们投不下去，现在一年投入两三千万美元……"老板马上把我的话打断了，和研究所的所长说："我要求你们每年给我投 3 亿美元。"当天和员工座谈，座谈的时候气氛比较好，他又提了 3 亿，然后就不停地提 3 亿。从那天起他就开始说 3 亿了，就是这么来的。

田涛：你觉得现在日本的企业从整体角度来看，跟华为比，它们的长项和短处分别是什么?

阎力大： 日本的强项在于它们在技术上的积累、投入是长期的、不间断的，而且非常深，这样使得他们在材料领域和器件领域在全世界已经是无可替代了，处于垄断地位。

田 涛： 跟美国相比呢?

阎力大： 比美国厉害。

田 涛： 比美国厉害！跟德国比呢?

阎力大： 跟德国比我觉得还是日本厉害，我认为有许多材料（元器件）其实已被日本垄断了，最底层的、最最底层的。“3·11”大地震以后全球供货都出问题了，就是因为基础原材料供应不上，日本在这块做得非常非常好。

田 涛： 石墨烯是日本做的还是……

阎力大： 石墨烯现在还没有商品化，日本肯定也在搞。我觉得美国人强在哪里呢?他们经常是提出理论，提出一些大胆的设想，最后是日本人静下心来把它做成产品。做成产品还不收手，还继续研究，做得更小、更省电、可靠性更高、更精细，日本在这个方向走得很远、很深，走到日本在很多领域已经绝对处于垄断地位，你就离不开日本了。您知道我们现在 P6、P7 手机，没有日本研究所，P6、P7 是做不出来的，那里面的许多核心部件都是日本研究所这两年搞的。

田 涛： 通过日本研究所搞的？

阎力大： 嗯，很多关键部件都是日本研究所做出来的，否则的话没有 P7

出来。

田 涛： 日本研究所的研发人员是日本人多还是……

阎力大： 日本人多。

田 涛： 现在我知道你日本总体员工的本地化是占 70% 以上。

阎力大： 73%。

田 涛： 日本研究所呢？

阎力大： 日本研究所可能还稍微低一点，因为人数少，刚开始的时候种子选手是中国人多，但现在不断地招日本人，我们对日本研究所的定位是合作开发，不是自己在那儿开发。

田 涛： 利用研究所和日本的各个研究中心在合作？

阎力大： 是的，让合作伙伴进来。日本很多企业求着要跟我们合作。现在就形成了一种很好的氛围，有什么好东西大家都拼命到我们研究所来推介。

田 涛： 就是一种开放式。

阎力大： 对，开放式，非常开放。我们继续说日本的强项，另外的强项是机器人、自动制造，这是他们的强项。要说他们的弱项，就是国际化。

田 涛： 日本现在国际化做得最好的知名企业有哪些？能够像华为这样，产品在全球覆盖的这种。

阎力大： 这么讲，日本过去就是一种分工体系，很多日本公司有很好的技术，但没有很好的营销，营销谁替它做？商社。日本大的商社的全球体系建得很好，产品到处卖。那些公司都是通过商社来做的，它们自己都潜心在那里搞产品、搞开发，形成一种分工。现在真正做得好的是丰田，丰田的国际化很成功，但它是消费品。日本做得好的 B2B（企业对企业）企业真是少。

田 涛：除丰田之外没有了，是吧？

阎力大：很少，B2B 做得好的是真少。

田 涛：NEC 现在最大的强项是什么？

阎力大： NEC 最大的强项……它现在在做转型。实际上 NEC 这家公司有点类似于日本的国有企业，NEC 这个名字就是"日本电气"，前面挂了"日本"两个字，政府要保护它。实际上它还有军工、卫星这一类的业务，它核心的业务在技术上还是很强的。

田 涛：跟三菱差不多？

阎力大：跟三菱也有一比，但是国际化的 B2B 生意他们很难的。

田 涛：所以说华为和日本的这些企业有很强的互补性？

阎力大：很强的互补性，之所以能合作，就在这里了。

田 涛：也就是说你在过去 9 年其实把华为和日本的战略模型、合作的战略模型，包括华为在日本的文化战略、市场战略、研发战略都摸透了？

阎力大：咱们公司海外代表处实际上是销服体系，不管采购，也不管研发，但是我也不知道哪来的那股劲，觉得这公司好像就是我的似的，就觉得我应该是个多业务的公司，如果单纯在这里卖东西挣人家的钱，人家会整我的，我的日子会很难过，我得拉点东西进来。研发的、采购的拉过来，咱们抱团，我就变成了一个很综合的公司，很平衡的公司，别人看我的眼光就不同了。我去见政府官员，如果只是个卖东西的，去跟他沟通啥？没什么好沟通的。所以我每次去见政府官员，会跟他们报告一下我们的研究所开业了，请你来参加我们的开业典礼吧。然后我再汇报一下跟我们研究所合作的公司、合作的成果。我天天去，但不会去讲我们卖了多少东西，我谈的是我们的采购又增加了。这样，日本政府的官员愿意和我见面，觉得和我见面有价值。其实我是拉别人来帮我。

田 涛：你是学什么的？
阎力大：我是学理工的，微电子。

田 涛：哪个学校的？
阎力大：我是清华大学本科毕业。

田 涛：毕业就在华为工作了？
阎力大：没有，我在其他公司干了四年，是个合资企业，也不是什么很有名的企业，然后就到华为了。

田 涛：哪一年到华为的？
阎力大：1997 年。

田 涛：你是 1997 年，那到今年你在公司的时间是 17 年。
阎力大：17 年，挺长的了。

田 涛：主要的青春岁月都给华为了。

阎力大：最好的青春，35 岁到 44 岁在日本，最年富力强的这几年。

田 涛：说一说日本之前的这段经历，为什么要来华为呢？在其他公司不能好好干吗？

阎力大：华为有技术啊，当时觉得华为是家有前途的公司。

田 涛：你怎么知道有华为这样的公司？

阎力大：当时是有人介绍，我原来的一个同事进了华为，然后给我推荐华为。我来参观，一看，这个跟我原来的企业不是一个概念。原来的企业就是做 OEM、ODM（原始设备制造商）的，就是帮别人加工装配的，这边可是正儿八经地在投入研发搞技术。像我这种理工科毕业的，一看这里有跟自己相关的专业技术、通信，我就非常兴奋。

我先给您插一个故事，回头再讲我进华为的经历。这个故事您肯定也会觉得很有意思，讲的是稻盛和夫的事情。为什么跟稻盛见？当时因为 KDDI 很难进，我就想到稻盛是 KDDI 和京瓷的创办者，或许可以借用这层关系把生意做进去。

田 涛：稻盛在日本的影响力怎么样？

阎力大：哇，经营之神啊。无人不知，无人不晓。

田 涛：咱把这段细讲一下，怎么见到稻盛的？通过什么管道见到的稻盛？第一次见稻盛是什么感觉？

阎力大：我生命当中遇到了很多贵人，想什么后来真就有了。我遇到的这个贵人，现在还是我们日本公司的顾问，名叫山下，年龄很大，70 多岁了，跟老板也见过。他的背景是日本主流媒体的记者，在日本记者中也是很有影响力的。

田 涛：这个要问你几句，日本有些记者被称作“扒粪者”，是很难缠的人，他怎么能够接纳一个中国人？

阎力大：他不是的，他本身是一个比较有视野的人。他不是那种小报记者，他是主流媒体的记者，总的来讲，他对中国算是比较友好的。他不是那种搞小道新闻的人，很正派。我跟他是经别人介绍认识的，认识的时候我就很诚恳地请他帮助。他叫我阎桑，他说阎桑这小伙子被扔到日本这么一个市场上，没有什么亲戚，没有什么朋友，没有什么背景，多难啊，看着我挺勤奋的，好像不帮我都不忍心似的。老人家拼了命地在帮我，也不要我一分钱。我在政府里的很多关系都是他帮我引荐的。在日本有一个和中国一样的习俗，就是拜年，日本过的是阳历年，上班第一天砰砰砰敲门，不用预约，敲门之后递个名片，然后就说来给你拜年。他凭他的关系，副大臣、局长、部长、课长，带我挨个去敲门，去拜年。老人家帮我把这层关系全建立起来了。稻盛也是通过他的关系安排我去见的。在老板去见稻盛之前，我先去见了，我是晚辈嘛，见面时就把整个公司的情况向稻盛介绍了。当时听了是华为公司之后，他自己就很有兴趣。

田 涛：他以前对华为有没有印象？

阎力大：他知道华为，因为京瓷在上海的工厂就在我们上海研究所的对面。他去上海的时候看到华为了。他说，哎呀，中国还有这么大的公司，所以他很好奇。我那天给他汇报了公司的情况以后，他说没想到中国还有这样的公司。

田 涛： 这是什么时候？

阎力大： 这个大概是 2009 年左右，比较早了。和我见了之后他很有兴趣，我就说我们任总想和您见见面，他很高兴，说好啊，后来就见了。老板和他第一次见面是在东京，见了之后，双方印象都非常好。

田 涛： 这次我们去的时候，是在大阪他自己的那个迎宾馆。当时他们的社长山口说他们老板在那里每年接待不超过 5 拨人，今年接待任总了，是非常高兴，非常热情。

阎力大： 当时老板和他见第一面，俩人都很有感觉，我发现创始人之间是有共同语言的。你看我们当初第一个客户仟本，是创始人，稻盛也是创始人，他创立京瓷是白手起家，跟老板很有共同语言。俩人谈得非常好，互相之间我认为就是吸引。

田 涛： 他们更多的是精神层面的，不是太理性的战略层面的思考，俩人都是火花型的。

阎力大： 哦，对对，很有意思。我当时其实是拉着老板帮我的忙，帮我去做关系。

田 涛： 当然你也帮他嘛，给他打工。

阎力大： 这样就把稻盛的关系建立起来了。第二次跟稻盛见面，发生了极其有意思的一件事情。第二次见面其实是稻盛提出来的，他说如果你们任总方便的话，我想和他再见一次。当时我也觉得第一次见面就谈生意，有点不合适，那么第二次可能就可以谈了。

田 涛： 稻盛来过深圳吧？

阎力大： 来过深圳，访问过我们公司，他们总共见过四次。第一次见面是在东京，这次是在京都，京瓷的本社。当时是这么一个情况，我想俩人是不是应该再见面，谈一谈生意上的事情。另外稻盛也说上次和任总见面之后感觉很好，如果有机会，任总来日本的时候，请务必安排我们再见一次。那次是老板到韩国，从韩国到京都，然后从京都回的深圳，这么一圈，当时就绕了一下道，专门去看了稻盛。稻盛很感动，那次俩人谈得也非常好。我想说的故事是见稻盛前一天的晚上发生的，那天我认为也是对华为很有历史意义的一天。我最初的计划是安排老板先在京都住下，我白天要在东京上班，晚上再过去，第二天陪老板去见稻盛。结果中午的时候，老板秘书给我打电话说老板请我吃饭。我很感动啊，老板要请我吃饭。所以我就赶紧收拾东西，下午坐火车去京都。我当时给老板安排的酒店是那种休闲酒店，我想老板很辛苦，找个很好的日式酒店让他好好休息一下。那个酒店的名字是虹夕诺雅（星之屋），在京都郊外的岚山那个地方，在山里面。岚山那里有个渡月桥，车开到渡月桥以后就不能再开了。下车，酒店派船过来，接你上船以后，逆流而上到里面，下船以后，到酒店办理入住。等我到的时候，天已经非常黑了，船已经没有了，酒店派了一辆小面包车，特别特别小的那种面包车，因为普通的车根本进不去那条路，路特别窄，路的一边是河，另外一边就是山崖。小面包车把我拉过去，进去以后，老板跟秘书已经在二楼的餐馆里了，点了菜在那里等我。去之前我脑子里就寻思，见了老板该说什么。吃了两口，我就和老板说："任总，日本代表处现在的规模还不够大，但是利润还不错。"没想到老板的反应太出乎我意料了，老板啪地拍桌子，开始骂我说，我要的是格局，格局都是我的了，还愁没有利润吗？老板这话讲得非常大声，就在那里骂我。那年是公司利润非常好的一年，应该是2010年。我原本想在老板面前好好表现一下的。他当时跟我说这个，搞得我措手不及，就有点蔫了，不太高兴。我这人性子也比较直，一不高兴就表现出来了。老板好像也觉得说得有些重了，就说，吃饭吃饭吧。过了一会儿，我又说："这样吧，老板我给你说个别的事吧。"其实我之前想好了，说另外一件事。我说："老板，我给你讲一个很重要的事情，日本企业这几年不是很景气，企业裁了很多人，这些人其实是很懂技术的，这些技术对我们公司应该是有价值的。海尔就招了一批被辞退的工程师，然后帮助海尔开发出了适合日本市场的洗衣机，销回日本以后很受欢迎。日本的记者去采访这些日本人，问：'你们日本人为什么给中国企业打工啊？'日本人说：'我有老婆孩子要养活，而且我到中国公司工作以后，中国员工很尊重我，我感到我的价值被认可。'"老板听了以后非常兴奋，他说："你早说啊，这才是高级干部应有的视野。早说我就不骂你了。"然后抓起电话就给徐总（徐直军）、胡总、郭总（郭平）打，说我们要建全球的能力中心。

田 涛： 实际上你这个点触发了公司后来在欧洲建各种能力中心的布局，我看到能力中心都是这几年建的。

阎力大： 是的，我认为就是从那天开始的，然后他就打电话，讲日本的这个故事。

田 涛： 就是消化吸收西方公司过剩的能力，他们在衰退。

阎力大： 对，用全球的能力做全球的生意，因为每个国家的能力各有不同。当时因为是在山里面，信号很差，你知道老板怎么弄吗？老板一屁股坐在窗台上，身子都仰到窗户外面去了，就这么打。我就后悔当时没拍下来啊，我当时也不好拍。

田 涛： 那个你拍下来没有问题的，那时候是他兴奋的时候。

阎力大： 哎呀，他一屁股坐在窗台上，身子都在外面，拿着手机在那里打电话，整个酒店的人可能都听到了，因为在山谷里，很安静。

田 涛： 加上他兴奋了声音也大。

阎力大： 声音很大，整个酒店应该都听到了。当天晚上，我就给郭总、胡总、徐总他们发邮件解释发生什么事情了，我怕发生误会，给他们解释这个事情的来龙去脉。从那以后，我就看到公司开始布局，建全球能力中心。

田 涛： 是的，就这几年。我曾经和他讲过，我说 2008 年公司又一次弯道超车，成了全球排在第一阵营里面的领先者。他说："你说得对，更重要的是我们利用这几年，把西方公司过剩的能力吸引了，而且这个比钱更重要。"现在看来，是从你这里引发的。

阎力大： 不排除老板在这以前可能已经思考过很久了，我说这话触发了他。

田 涛： 这也不一定，他说话那么兴奋的话，以前应该没有完全想清楚。

阎力大： 哦，他那天太兴奋了，马上抓起电话就打，挨个打。

田 涛： 事实证明了这一步是很有远见的。

阎力大： 这次他去参观横滨日本研究所也很兴奋，看到了很多好的成果。

田 涛： 这个细节确实很好，你还想到什么细节，可以再回来说。现在说说前面，你进来的时候在做什么？

阎力大： 其实我在第一家公司做得还不错，那是一家中国内地、中国香港、日本三方合资的企业，它的客户都是日本的，像日立、NEC 这种公司，组装生产硬盘、光盘驱动器这些东西。那个公司是个集团公司，它为不同的产品设了不同的工厂，就是一厂、二厂、三厂、五厂，没有四厂，“四”在广东话里不好听。我进的是五厂，当时刚成立，生产电子类产品，跟以前的产品不一样。我的第一份工作是QC，做质量管理，所以我一毕业就接触到了日本的质量管理体系，收获很大。我后来管过一段时间的流水线的工程技术。一年以后，做了这个厂的质量课的课长，又管了一年的质量。管了一年以后，就是毕业两年以后，我做了那个厂的厂长，当时我25岁，管着400多人。这也是个很有意思的经历。

田 涛： 之前管的是质量，后来又去了日本，日本又是对质量很挑剔的国家，所以说这中间有些冥冥中注定的东西。

阎力大： 是啊，我觉得我当初的那些经历对我后来的工作绝对是有帮助的。第一，我深刻地理解了日本人对质量的要求。其次，后来我做厂长，在这两年的厂长经历里面，和日本人打了很多交道。

田 涛： 他们，比如说胡厚崑，建议你去日本，有没有说跟你这段经历有关系？

阎力大： 他们应该不知道我这段经历，我没跟任何人说过。

田 涛： 他们不知道这些经历？所以这个世界太奇妙了。

阎力大： 不知道，我不认为他们知道。

田 涛： 公司在你去之前，绝大多数人和日本没有打过交道。

阎力大： 是的，我算是打过交道的。当时那些日本客户到那个公司的时候，跟我们谈，他们拿一个产品过来，请我们帮忙组装，按工时、流水线多长时间、台数，给他们报价。整个过程我都得参与，这个算是有跟日本人交易的经历。从进货到仓库管理，到生产线、流水线的效率提升，到品质保证，到最后发货，这整套工厂的东西我是端到端管理过的。虽然做厂长了，但我还是觉得那个公司没有技术、没有前途，所以朋友推荐以后，我就义无反顾地来华为了。因为我原来的工作和华为的业务不搭边，我害怕华为不要我，为了得到这份工作，面试时我条件放得特别低。当时是徐立新面试的，我说我想做销售，而且我想做国际市场销售，面试的时候就提了这一个要求。我一进公司其实就是从零开始，就是一个非常普通的社招员工。当时我们培训了 6 个月，6 个月之后我就下市场了，第一站到成都，在成都干了不到一年，就调回来了。

田 涛：回机关了，在机关做什么？

阎力大：当时光传输行销部刚成立，公司早期做的是交换机嘛，交换机是大部门，光传输行销部大约只有十几个人。把我派到四川的时候，我是四川第一个负责整个省的光传输产品的销售。那也是我运气特别好，我 9 月份去的，10 月份的时候就签单了，而且签的是整个产品部里面最大的一单合同。

田 涛：他们认为你是能力的原因还是运气的原因？

阎力大：我不记得了，我总觉得应该是运气好吧。去了以后一个月就签单了，而且签的合同非常大，盈利非常好。第二年，我们那个部门换头儿了，最早是何志强，后来换成了王金甫。王金甫做了主管之后就想提拔一个副手，他来的时候已经有 40 个人左右了，他一看就看到了我，让我做他的副手。

田 涛：刚去就让你做副手？

阎力大：是，我到公司不满一年，他就想让我做他的副手。我当然也挺高兴的，但当时我不想回来，因为我在一线没有做够。但是最后还是没有办法，被逼回来了。回来以后，就做他的副手，管了一年的光传输的销售。我 1998 年回来，1999 年管了一年，那一年实际上是光传输产品在中国市场发展非常好的一年。

田 涛：打开局面的一年。

阎力大：打开局面的一年，我们整个网络地位提升的一年。2000 年公司就让我负责光网络国际产品行销部，负责全球的光传输。

田 涛：全球的光传输？

阎力大：全球的光传输。

田 涛：包括中国市场？

阎力大：不管中国，除了中国以外，海外，我管了三年。

田 涛：管了三年，然后又去欧洲？

阎力大：去欧洲，然后就是日本。

田 涛：在欧洲主要做什么？

阎力大：欧洲我是产品副总裁兼销售副总裁，两个岗位都兼着。跟着邓涛，那时候人也不多。

田 涛：在日本，后来你又负责整个亚太？

阎力大： 没有，在日本期间也经历了很多曲折。日本因为做得比较好，老板很高兴，很快就给我正式任命为日本代表，但又把日本合并到当时的东太地区部里面去了。当时东太地区部总裁是陈向阳，我是副总。再到后来，公司搞片区制，亚太片区管理东南亚、南太、印度地区部，还有东亚地区部（当时包括日本、韩国、中国台湾、中国香港、中国澳门等地），陈向阳管的时候叫东太地区部，后来改名叫东亚地区部，改名之后，陈向阳就调走了，公司提我做东亚地区部副总裁主持工作，兼日本代表，就是有这么一段历史。我就跟公司提，我说兼日本代表我可能兼不了，能不能找个专职的日本代表。后来公司整整找了一年，找不到代表来接我，所以我又管东亚，又管日本，分身乏术。

田 涛： 当时东亚没有一把手？

阎力大： 有，我是一把手。

田 涛： 你是主持工作的吗？

阎力大： 主持工作。

田 涛： 你是管的中国香港、中国台湾、韩国、日本等地市场？

阎力大： 是的，还有中国澳门。这几个地方各有特点，每个地方都不一样，我还兼着日本的代表。如果公司找到人接日本代表，可能也就没有今天这个样子了，我就专职做地区部总裁了。但因为公司找不到人接日本代表，导致我的很多精力还是投在日本的，其他的区域我就不太顾得上。有些领导就说我管得不好什么的。所以我又做了一件绝对是让别人大跌眼镜的事情，您知道我做了什么事情吗？我主动提出来说我不做地总（地区部总裁）了。

田 涛： 还是做日本代表？

阎力大： 只做日本代表，我要求降回去。我要求聚焦，把中国台湾、中国香港分走，只给我留日本、韩国就可以了，我认为这两个市场还有点相似性。我说我就做日本代表，地总不做了，我主动申请的。我跟王胜利谈，王胜利同意了。当时徐总（徐文伟）是销服的头儿，最后一路报上去，就同意了。同意了我就从地总回去了，专心做日本代表。自从我回去专职做日本和韩国市场，日本和韩国市场又开始起步。

田 涛： 台湾和香港，台湾太复杂了，而且把台湾做好也没有这个可能性，有太多的政治因素，还有你的精力，所以说你的这个决定绝对是英明的。

阎力大： 我也是赌一把，博一把，我主动回退一下。

田 涛： 如果没有退回来，后面这些建树可能就没有精力做。

阎力大： 没有精力，顾不上的，聚焦很重要。而且置之死地，也没什么好想的，就这一个，必须要做成，做不成就废了。

田 涛： 日本代表你做到什么时候？

阎力大： 我一直做啊，自从2005年去了之后就没有断过了。去年夏天的时候，公司给了一个新的任命，就是片联常委了，那时候老板提出来让我做亚太的头儿。

田 涛： 你做了亚太的头儿？

阎力大： 算是一部分，我没有真正地做，因为王胜利负责监督型董事会的建设嘛，就是要片总负责一个片区，把这个片区里的董事会抓好。那时候我开始参与这个事，但是没有完全地去行使一个片总的职责，只是做了亚太的监督型董事会这个事。

田 涛：那为什么突然之间又把你弄到企业网？企业网是三个 BG 之一啊，我觉得是一下子跨了好几级了。

阎力大：那是跨了。

田 涛：跨了二到三级吧？

阎力大：我不懂，我也不知道为什么。因为老板亲口跟我说的，让我做亚太片总，其他领导也跟我说，老板都和我说了两次。

田 涛：我都以为你是亚太片区的头儿了。

阎力大：我也以为我就要做亚太片区的头儿了，我也没想到会去企业 BG，完全是个很意外的事情，这个跨度太大了。如果按照原来的安排，我继续做亚太片总，交接好日本的工作，不太成问题。由于这个突然的调动，我事实上已经无法再兼日本的事了。

田 涛：企业网太大了，日本你肯定无法兼了。

阎力大：我兼不了了，但即使是这样，现在日本名义上还是我是代表，还让我兼着。

田 涛：因为日本的社会太特殊了，而且你在那里 9 年，建立这样一个局面，可以说不太有人好替代。

阎力大：我觉得需要时间，要耐得住寂寞。

田 涛：继任代表王剑峰，我上次见过。

阎力大：挺不容易把这个关系给做深的，我现在在帮他。

田 涛：胡总很长一段时间一直是你的老上级？

阎力大：早期对口的领导是郭总，后来说是几个领导分了一下工，分工的结果就是变成了胡总。胡总有一次和我打电话，说公司 EMT 做了个决议，才知道他是 sponsor（赞助人）。所以后来关于日本的商业环境的事情就找胡总了。

田 涛：胡总是什么样的领导？

阎力大：什么样的领导风格？胡总挺让人害怕的，很多人其实挺怕他的，他给人一种不怒自威的感觉，比较严厉。

田 涛：推荐你也是他推荐的？

阎力大：是他推荐的。

田 涛：你做了很多先斩后奏的事情，他也都认了？

阎力大：他也包容了，也认了。

田 涛：但他又是个比较严厉的人？

阎力大：对，他是一个比较严厉的人，要求也比较高。我听说他是一个脾气很大的领导，但是在我身上好像还好，但有时候我还是怵他的。

田 涛：这些年，谁跟你发火发得最大？

阎力大：发火发得最大的，那是徐总（徐直军）。但徐总这个人吧，他实际上发了就发了，就算了，他又不记，好像也无所谓，这些领导里面，我和徐总打交道比较少。

田 涛： 他为什么对你发火?

阎力大： 那是 2005 年，当时投 eMobile 的标，我回来出差，因为日本的事情几个大佬都关心嘛，我去找他汇报，说了商务的事情，徐总很意外地发了一通脾气，意思是说日本是个很高价的市场，你们不能到日本去做低价，批评我们报价报低了。

田 涛： 你跟别人发过很大的火没有?

阎力大： 有，我也脾气大得很，我脾气非常大的。

田 涛： 哦? 这倒是有点意外。对下发火，对上发火有没有? 对上有没有拍过桌子?

阎力大： 拍桌子好像没有，发火肯定是有，我对上对下态度差不多。我比较敢说，其实我见老板也不是很怕。

田 涛： 但是你怕胡总?

阎力大： 怎么说呢? 我纠正一下，我见老板是尊重，他那种气场一出来，绝对还是不一样的，但我不会紧张到话都说不出来。即使是在老板面前，我一直觉得我还是比较能稳得住的。

田 涛： 郭总什么特点?

阎力大： 郭总打交道多，最早是他对口，而且他原来是管终端。

田 涛： 终端在日本销得很多?

阎力大：终端是在郭总的支持下在日本销起来的。我和郭总在日本市场上配合还是挺好的，把日本市场打开了嘛。郭总随和一些，我好像没太见过他发脾气。他比较果断，说话不拖泥带水，有一说一、有二说二。

田 涛：我们公司高级干部多数是爱发脾气的，包括你。

阎力大：我确实脾气不好。

田 涛：这个我倒是第一次听说，这都是听你说的，没有听别人说过。我是听说华为高级干部都是火气大，这叫作“一唬二凶三骂人”。

阎力大：我手底下的人也很怕我，但我不愿意他们怕我，我有时候会故意营造一种氛围，想跟大家亲近，但是客观来讲他们还是怕我。

田 涛：咱们最后一个问题，这种状态下，你怎么驱动这么多人，比如在日本先是有5个人，后来是400多人，再到最后700多人，然后随着大家一起撑开这么一个大局面，你觉得是什么东西在起作用？

阎力大：我的风格是将心比心，用心交人。我即使骂人，骂完了也不会往心里去，就事论事。骂完了之后，我对人还是非常的好。我对员工会设身处地地考虑他的难处，尤其是家里边有些什么难处，要请个假回国什么的，我很少说NO的。但是我对事情的要求是非常严格的，没做好，那我真是不留情面，所以大家怕我。我不会瞎批评人，我很容易看到问题，这是我性格里面不说好也不说坏，搞不好还是不好的一面。而且我还会给别人指出来，当然我是就事论事，希望你改进。这是我的第一个风格。第二个风格就是我是一个理想主义者，比如说我总把这个公司当成我自己的公司来看，虽然不是我的公司，但是我把它当成我自己的公司。

田　涛： 其实这个公司像你们这个级别的，应该是所有的人都是一样，既是股东，又是劳动者。

阎力大： 我自己是有愿景的，有个很大的愿景。有了这个愿景以后，眼前的很多事情就不是个事儿了。您说日本这么难，这么苦，怎么会熬过来，就是因为有那么大的愿景在那里，同时我又把这个愿景传递给了别人。

田　涛： 你怎么样传递给大家的？

阎力大： 各种各样的方式，无时无刻不把这个愿景拿出来和大家分享，让大家觉得跟着我去干这个事情有前途，而且觉得自己做这个事情很有意义，每个人都有一个自我实现的价值，这么一个伟大的蓝图，我也是参与者，这也是我的事。还有一个是我放权，我放权有一个逻辑：首先你要担责，什么叫担责？就是你拍了板以后，真出了错，要被处理，那就是责任。放权不代表我授给你了以后，你做错了我还不批评你。

田　涛： 对，所以说别人即使当时委屈，但是后来能理解。

阎力大： 对啊，你要做好思想准备，我授权给你，你可以有自己的空间，你做好了我会表扬你，你做错了，别指望我不说你，否则你就没责，对吧。

田　涛： 所以你有三点，第一是你关心别人，第二是愿景牵引，第三就是放权。

阎力大： 对。

田　涛： 在这三条基础上，给你的事情没做好，我该骂你就骂你。这种方式对外籍员工呢？

阎力大： 一样，我对外籍员工一样要求严格。

田 涛： 外国员工也接受这套？

阎力大： 我一视同仁。我的理念就是在华为日本株式会社工作的所有人，甭管从公司外派来的还是从当地招的，甭管中国人还是日本人，大家在一个公司里头，我一视同仁。

田 涛： 他们也能接受这种领导方式？可能日本比你这里还严厉？

阎力大： 我还是要适应别人的文化，毕竟在那个土壤里面，我也不能说不顾及。比如说日本的文化里，很要面子啊，那有些事情可能得私下说，不能当着别人的面说。可能中国人承受能力强点，但日本人那么顾面子，那我就不当面说，留下来私下里单独讲呗，换个方式说。久而久之，大家都知道我对人都一样，不管日本人、中国人，不管外派的、本地的，也就没话说。像我给他们打考评，打完以后马上公布，互相之间都看得见。要是觉得不合适，你提出来，不光觉得对自己不合适可以提，你觉得给别人打得不合适也可以提。我不是等到最终结果，公司已经定完了才告诉你这个，我先告诉你。

田 涛： 来个透明。

阎力大： 透明，结果是这样了，你没意见，报公司。我也不怕什么事，领导们比较了解我这些做法。

田 涛： 他们也都比较了解你这种性格。

阎力大： 他们知道我比较猛。

田 涛： 我看你，尤其有一批华为的高级干部，尤其在一线打仗的将军，这点都比较相似。

阎力大：不猛不行。打起仗来有时候处理一些现场的事情，没有一种果断，拖泥带水的没法带队伍，而且做事情也不行。有领导就当面跟我说，没想到你这么猛，因为我看上去是文质彬彬的。

田涛：对啊，我觉得你真是，可能长期在日本待着，更温文尔雅了。

阎力大：对，看上去是的，但我做事其实还是比较猛的。田老师，你知道吗，韩国我们签了个很大的项目，信息被媒体公开以后，美国政府公开给韩国政府施压，在韩国当地引起了轩然大波，整个局面是非常非常的惊险。当时是什么情况？客户还没有和我们签合同，美国政府的压力就来了，韩国媒体铺天盖地就在报道这个事情。然后我就到现场见客户，客户见到我就说："阎，我给你提个要求，不是过分的要求。你们在英国不是有个测试中心吗，你们把源代码开放了让英国政府测。我要求你们把源代码也拿到韩国来，建一个一模一样的实验室，公开测试。"

……

"我认为我的要求一点不过分，你考虑我，我就想做生意，选了你们华为，但没有想到怎么惹了这么大的事情出来。我们集团在美国有很大的生意，我们也害怕美国制裁。"

……

"我就要求你们做这件事情，我的要求很合理，你们不是没有做过。今天晚上有媒体见面会，记者一定会问这个问题，我一定要回答。我只能给你一个小时，你决定吧，能不能做？"

我接下来给公司高层、EMT领导全部打了电话。这个事情公司很难答应，因为太敏感了，不是一个人可以决策的。但如果我们拒绝的话，这个项目可能就拉倒了，因为合同还没签呢。这对我来讲，损失的只是一个客户、一个合同，但对公司来讲，是一个很不好的先例，美国人一施压，客户就放弃你了。这个案子如果波及其他地方，发生连锁反应就太可怕了，怎么办？有的领导建议拖一拖，含糊一点。但是客户只给了我一个小时，没有太多时间。我思考了一下后就觉得，这个事情含糊不得，含糊了以后，客户还以为这个事情有的谈，那后患无穷。我就马上返回去，上楼，但是我也讲技巧，没有再去见客户的CEO，因为我准备和客户说NO，斩钉截铁地说NO。如果我跟CEO说，会伤他的面子，所以我就去跟副社长说。我约到副社长，跟他吧啦吧啦说出理由，然后说NO。说完NO以后，这个事情咔嚓就截止了，后来客户也没再提这个要求了。很冒险。我当晚就给所有领导写了封邮件，把这个过程说了。我说，“将在外，君命有所不受”，我自己就拍板了。我跟韩国客户说英国的测试中心是华为公司在海外设立的第一个也是最后一个测试中心，我们永远不会再设第二个了。我们的源代码除了在我们研发中心存在，除了在英国测试中心存在，在世界上不会再找到第三个地方有了。这个是我们公司的政策，您也别再要求这个事了，真有需要的话你们可以去英国看。反正没有太多时间留给我，我说做就做了。后来客户采用变通的方案化解了这次危机，没再要求我们在韩国建源代码测试中心。

田 涛：这个是很猛的，这个成了，如果不成你觉得会有什么后果？

阎力大：如果不成我就下课，就完了。

田 涛：你是有思想准备的？

阎力大：我有思想准备，没有关系的，承担责任嘛。

田 涛：韩国一直进不去吗？

阎力大：是啊，韩国市场比日本还难进。

田 涛： 所以让你做企业 BG 的头儿是有道理的。

阎力大： 我敢担责任，不怕担责任。领导说一说骂一骂嘛，没有关系。我只坚信一点，我肯定是为公司好，我的出发点不会错，我又没有私心，那就没有什么好怕的。

田 涛： 华为公司有你们这样一批人，肯定是越做越强的。

阎力大： 我觉得还是老板厉害。

田 涛： 这个公司有太多像你这样的人，可以说，中高级干部有一批，成百上千个，都是很有棱角的，可以被称为枭雄式的人物，为什么能够在这样一个平台上，大家能一起奋斗，而且是几十年？

阎力大： 别人我不知道，田老师，从我的角度来讲，我觉得公司给了我很大的空间，换个环境我未必有这么大的空间。

田 涛： 我相信换了个环境，这批人，90% 甚至说 95% 未必待得下来。

阎力大： 是。

田 涛： 你看余承东里外都个性很鲜明，你，我以为完全是知识分子型的，其实都是知识分子，但是很多人身上都有匪性，很像一个军人，我倒没看出来你这一点，但是今天让我印象全改变了。都是可以称为枭雄式的人物，每个人的能力都很强，每个人的个性都很鲜明。为什么在这个平台上待得下来，而且还干得风生水起？

阎力大： 我觉得老板是很善于用伟大的愿景去激发人的。我觉得他的格局很高，很大，才能容得下来这么多人。这么多年，我一直觉得我在华为有一个很大的空间，这个空间足够我去折腾，这个平台很好，在这个平台上真的可以实现自我，能够满足自己的发展。

田 涛：雄心、欲望、野心，对吧？

阎力大：对呀，这个空间够大。等到日本没有什么可做的，老板又给我一个空间嘛。

田 涛：而且这个空间更大，更具挑战性。

阎力大：胡总代表公司今年一月份突然问我，说公司想调你回来。一半时间在日本，一半时间在深圳，你干还是不干？我说，我是啥样的人，你们都知道，你们想让我干啥我就听呗。后来我回深圳和他见面，他当面和我谈，就说了这个具体的安排。听了后我就说："我没有什么好拒绝的，这是我能够想象到的在华为公司内部适合我的最好的岗位了。"

田 涛：我听徐总（徐文伟）说，他那时管企业 BG 有一万多人。

阎力大：他管的时候人更多，因为还有研发。我现在没有研发了，大概七八千人。我觉得空间很大，我看中的不仅仅是现在，我想的是未来。

田 涛：是的，未来更大的增长空间是在这里的。

阎力大：对呀。我这两天不停地和大家开会讨论，下面的兄弟们个个摩拳擦掌，已经兴奋了。因为我们讨论完了后，真是看到了机会，看到了愿景，看到了我们该怎么去做，现在我感觉大家信心又来了。

田 涛：这 17 年来有没有过很悲观的时候？

阎力大：您说个人还是公司？

田 涛： 个人或者说在你的团队里？

阎力大： 有啊。人不会那么一帆风顺的，这么多年下来，经常受挫折，经常被打压，经常的。如果没有那个愿景牵引着，早就干不下去了，吃过很多苦。

田 涛： 委屈？

阎力大： 对，很多委屈，经常不被认可。您知道吗？咱们公司第一次做岗位定级认证时，这一套标准是跟规模强相关的，去洗盐碱地、开拓一个新业务领域的这些人非常吃亏。因为刚开始规模没有起来，你又用规模来定级，新市场一定定得非常低。这个问题到现在也没有完全解决。实事求是地讲，我被这个体系困扰了很多年。

田 涛： 今天企业 BG 也是面临这个问题。

阎力大： 也一样，没有解决这个问题。当时定级，日本代表处定的级是 20 级，田老师，您知道 20 级是什么级别？当时我去跟王胜利谈，我这个人对上对下是一样的，我说："王总，我想跟您谈一谈，为什么日本是这个级？在您的心目中，日本代表处是一个什么分量？"我在他的马来西亚办公室跟他谈。他说："日本嘛，我感觉跟菲律宾、越南差不多。"

田 涛： 哦？他认为没有地位。

阎力大： 他说可能跟越南比还差点吧。因为我说话不是那么客气，不是那么婉转，他可能心里也有气，你居然来挑战我，所以他回答也不客气，他就说觉得跟菲律宾、越南没区别，甚至连越南都比不上。我说："我认为日本是一个非常有价值的市场，值得公司去投入的，这个市场一定会给公司很好的回报。"他说："谁说的？我不认为日本市场有价值呀，哪个领导认为日本市场有价值呀?”他也跟我直截了当地说。您说是不是被打击?但您看“3·11”的时候，我说王总很好。我就是这样一个人，一个事情我认为你不公，我就要说，这个事情你做得很好，我也要说。

田 涛： 刚才你最前面有一段话对我触动也很深，就是你的前任代表，你讲 eMobile 的时候，虽然他只有三个月，但是他前面打了好的基础。

阎力大： 对呀，他搭上线了。

田 涛： 就这么一句话，我的印象很深。

阎力大： 所以定级这个事情对我触动很大。后来还是等日本做起来了，按照公司的规模要求去卡级别，才升起来。

田 涛： 这个其实是管理学上的一个矛盾，到底是过程导向还是结果导向?而且这个世界永远没有绝对公平的时候。可能在两种选择中，怎么选一个次优选择，不能说既考虑到现在又考虑到未来，一般来说都想照顾到两头。

阎力大： 很难，我也理解。

田 涛： 这个就是“上甘岭上出将军”，打出来了，你就出来了，你的级别就出来了。你打不出来，那么升职就有点难，甚至就是不如越南。

阎力大： 对，就是这样的。

田 涛： 所以王胜利讲得也没有错。但是从开拓者的角度讲，那确实很委屈，这个人在奋斗，奋斗的前三年只奋斗不产粮食，三年后才产粮食，那这三年怎么办?确实是一个问题，大概是一个世界性的问题。

阎力大： 有一次胡总到日本出差，那时日本市场已经做开了。晚上只有我们俩的时候，和他聊天，我把这个事情拿出来说，说了这几年的心路历程，为什么受这么多委屈我还愿意干？因为有愿景，我坚信我的判断是正确的，会做成的，我的价值一定会显现出来。而且我也觉得这个空间很好，我想做，愿意做。委屈点就委屈点吧。

田 涛： 是呀，很不容易。

阎力大： 谢谢你听我这些。

田 涛： 里面有很多故事，很感人，故事背后有很多哲理在里面。很精彩，谢谢！

（结束）

访谈5
吴钦明

访谈时间｜2014年6月6日
访谈地点｜深圳
被访谈人｜吴钦明
访 谈 人｜田 涛

田 涛：吴总你好。你现在负责海外子公司董事会的工作，我们就先聊聊这个话题。

吴钦明：好的。我负责的工作有两部分，第一项工作是海外子公司董事会的建设。公司现在要把海外各个国家子公司的董事会建立起来，目的是在一线建立一个监督机构，因为公司要对一线充分授权，授权的同时，要加强监督。我们公司一直很重视监管体系的建设，逐步建立了审计、稽查、CEC/OEC（道德遵从委员会/道德遵从办公室）等监管组织，我觉得各个监管组织或职能是从不同的角度、不同的方面发挥作用，稽查是业务的自查自纠，侧重事中及时纠正，审计更多的是事后，是系统威慑和冷威慑，而CEC/OEC是自下而上选举出来的，发挥群众监督的作用。子公司董事会的监督是一种抵近监督，选派有经验、有资历的干部担任子公司的董

---

* 吴钦明，1996年加入华为，现任子公司董事资源局副主席。

事，来监督年轻干部，发现问题及时提醒和纠偏，防止小问题演变为大问题，起到预防的作用。当然发现重要问题要及时向公司报告。子公司董事会能够对一线的关键干部、合规及腐败等风险进行有效监督，公司就可以对一线更大胆地授权。

第二项工作是海外子公司的管理。华为公司海外业务装载的实体经历了几个发展阶段，最早是派几个小分队出去，慢慢有了一定的小规模后设立了代表处，不是现在代表处的概念，而是一个很小的派出机构，那时候主要是离岸签约，是不在当地签约的。然后慢慢各个代表处的业务越来越大，开展的业务也越来越多、越来越复杂，代表处不能满足需要了，就设立了分公司，分公司搞了几年，搞到2008、2009年，又进一步变成了在各个国家设立独立经营的子公司。

田 涛：过去代表处与分公司的区别是什么？

吴钦明：代表处是公司派驻的机构，是一个小小的触角，只能做些信息收集、政府沟通等工作，严格来讲是不能开展业务的。分公司是母公司的分支，是可以开展业务的，出现风险，母公司要承担关联责任。分公司需要注册，所有的责任，在法律意义上风险跟母公司是没有隔离的。再后来，我们逐步在全球各个国家和地区成立相对独立的子公司，一般是有限责任公司，把我们在当地的业务装载进去，子公司是独立的，子公司业务运营不好会倒闭，股东以出资额为限承担有限责任。

田 涛：有高管说，虽然华为是有限责任公司，但是集团事实上承担的是无限责任，怎么理解？

吴钦明：我举个例子，拿巴西来讲，我们名义上来讲是有限责任公司，如果资不抵债，亏损了关了就算了，或者破产清算。但是你以后还在不在巴西做生意呀？它毕竟是华为的品牌，不可能换个牌子继续做生意，所以说实际上有些责任是需要华为来背的，那这就大大超越了有限责任公司的责任，实际上不论是有限责任公司还是其他任何公司，华为公司都会背这个责任的，这就给当地客户建立了信心。我觉得是从这个方面来理解的。从法律层面来讲，有限责任公司仅需要以出资额为限度承接责任，但实际上从对客户负责的角度，从做生意的角度，会承担更多的责任。

田 涛： 现在子公司董事会除了起到监管的作用，还有什么作用？

吴钦明： 我刚才讲，虽然我们注册的是子公司，但是按照我们公司的习惯和做法，仍然叫代表处，子公司的维度和管理是长期受到忽视的，存在很多管理问题，也有很多风险暴露出来。比如说，我们在当地发个文，经常以代表处或者母公司的形式来发文，按照当地法律规定，你没有按照子公司的形式发文，这个文件是无效的，甚至还要以当地的文字，用官方的语言来发文，这些在过去大部分是没有做到的，这是一个方面。还比如说，子公司要有相关公司章程，要有自己的基本管理制度，比如人力资源制度、财务制度、员工守则等，这些要符合母公司的规定，也要符合当地的法律，而这些我们基本也没有，我们还是按照母公司的流程、形式来运行。实际上很多很基本的问题，比如印章管理、文档管理，很多子公司都没有的。回过头从子公司的维度来看，还有一个很重要的问题是现在的子公司有两张报表，一个是经营报表，华为公司赚了多少钱，这个是实实在在的，但你在当地运营，装在当地子公司这个法人实体里，子公司还有一个独立的报表。我们绝大多数海外子公司的定位是低风险分销商，主要承接与当地的签约、交付和服务业务，与母公司之间是一种分销或当地集成商的关系，跟母公司有一个转移定价的安排。子公司与母公司之间是相互独立的商业实体，需要通过契约建立商业关系，这个需要做到有效的管理，要合法合规。投资管理部就是要管好海外子公司这些法人实体，尤其要做好合规管理，子公司董事会就是从合规监管开始抓起。

建立子公司董事会有两个目的，一是建立一线的监督平台，二是把子公司的管理全面做好。做好了法人实体的管理，一是可以减少各方面的风险，二是可以改善我们在当地的形象，支撑好我们在当地的业务发展。

田 涛： 专职董事待在子公司所在的国家吗？

吴钦明： 是的，专职董事会常驻他所负责的国家，一般一个董事会负责几个国家，不会长期只在一个国家，在一个国家待一段时间，再去另外一个国家待一段时间，开展监督工作，这叫抵近监督。现在我们先从合规监督开始，把合规监督搞好了，再探索其他的监督，未来逐步走向全面监督：合规监督、财务和运营风险监督、管理层监督、内控风险的监督，等等。

田 涛： 公司有稽查部的过程审查，审计部的结果审查，还有道德遵从委员会，专职董事和其他机构的职能怎么区分？

吴钦明： 开始就发现这个问题了，本来我们要求简化管理，为一线减负，现在多了一层董事会，是不是实际上一线的负担更重了，更复杂了？其实不是，我们是希望用加法达到减法的目的，希望通过董事会的监管协同，让监管工作更简化，为一线减负，在这个方面看到了一些效果。子公司董事会为什么选合规运营切入呢？第一个，前年（2011 年）战略与发展委员会在讨论影响华为未来发展的因素时，认为合规是非常重要的，是排在第一位的，必须做好合规。第二个，我们通过调查发现，合规管理存在很多问题，一是还是代表处维度的管理，不是子公司维度的；二是救火式的管理，不是预防式的，没有合适的方法和流程，责任组织也不健全。

合规跟所有的业务相关，所有的业务都要合规，都要遵从当地的法律法规，包括财务、税务、人力资源、市场、服务等业务，所以是非常好的切入点，我们抓住了一个管理上的薄弱环节，选择了一个很好的切入点。做好子公司层面合规建设的同时，我们还抓法人实体的管理，我们识别出了在法人实体管理方面的一些关键问题，比如基本制度建设、注册资本管理等，一个问题、一个问题地解决，把全球两百多个法人实体管好。

子公司董事履职，我们有一个基本的动作与活动——尽职调查，公司有稽查、审计等部门，那我们的尽职调查是什么呢？我们投资管理部有一些专家跟专职董事一起对这个子公司进行深入了解，像个老中医一样望闻问切，通过调查、了解，给这个子公司做个深入的体检，看看有什么风险，有什么问题，目的不是问责，而是会与管理层沟通一下：我看到你们存在这个问题，需要改进，下次再看有没有改进。我们是建设性地提意见，是为了改进而不是为了问责，所以我们这个尽职调查活动要严格跟审计与稽查分清楚，要不然业务是会有防御心理的。审计去了，大家躲得远远的，有什么话该说不该说，大家心里都很紧张。所以说，我们跟审计的角色，要严格区分开，这个尽职调查报告不是为了审计你，是为了帮助改进你的管理，给你提改进建议的。

尽职调查有几个方面的作用：第一，帮助我们董事履职，现在我们董事在几个国家的子公司担任董事，有些人没在这个国家干过，对基本情况不了解，那就没法实行有效的监督，所以通过尽职调查掌握一手的资料，而不是二手的，不是董事坐在这儿，你们给我汇报一下，发号施令，而是通过尽职调查掌握一手的资料，在充分了解信息、发现问题的基础上，提出改进的建议，这个是董事履职的一个非常重要的手段；第二，专职董事是代表出资人的，通过这个尽职调查让股东、让公司了解子公司的基本情况，让信息透明，对子公司管得怎么样，有什么问题，有什么风险，让公司清楚。不做这个尽职调查，你掌握的信息是不全面的。

田 涛：现在的子公司董事会更多的是监管，会不会影响到子公司作战的积极性？

吴钦明：我们的专职董事履职，特别强调不要干扰业务，我们的监督是有边界的，先从合规监管抓起，一线是很欢迎的，不会影响到一线的积极性。合规监管做好了，再逐渐摸索其他的监督。任总的目的就是向一线充分授权，充分发挥一线的积极性、主动性。但授权的同时，监管必须跟上。子公司董事会就是对一线更有效监管的一种探索，子公司董事会的建设，长期来看是非常有价值的，这个方向是对的，是华为的一个管理创新。

现在公司的业务管理现状，一线只有部分决策权，很多事情都是要上升到深圳机关来决策。我们在很多地方的子公司，咱们举个例子，比如马来西亚，有马来代表处，代表处有七百多人，南太地区部一千多人，还有十几个职能中心、共享中心，这些人各有各的主管部门。现在董事会在一线就把子公司层面的合规管理、子公司法人层面的管理拉通了。这会带来哪些好处呢？我讲一讲。

在马来西亚子公司，总经理对外是子公司的代表，要施行对这个子公司的管辖，这个管辖不是管理子公司装载的这么多业务，而是要管理子公司的制度和平台，以及合规，并落实。比如说，在马来西亚要遵从当地的法律，那总经理要负责牵头梳理出来，要在马来西亚子公司建立哪些制度，所有马来西亚子公司的人必须遵从这些制度。要对装载在子公司的所有职能部门、所有员工进行培训。子公司各职能部门的主管，比如说共享中心有一个财经的主管在那里，业务上他要对上一级财经负责，但是在子公司的层面，他这边的人的聘用关系、薪酬、税，很多的行为规范要遵守子公司的制度，这些制度要在子公司层面拉通建设和管理，这个责任就是子公司总经理的。

田 涛：公司不上市到底是什么原因？

吴钦明：我没有参与过公司上市的事情，我只谈谈我个人的理解和看法。第一个原因，我听说华为公司在 1999 年或者 2000 年曾考虑过上市，当时有一个说法，说华为不是高科技企业，被否了。第二个原因，对上市可以为公司带来什么好处，公司需要权衡。我觉得公司一直在摇摆，主要问题是担心上市之后管理层的压力会很大，股价一会儿涨一会儿跌，使公司很难做长远的规划和战略。公司还是要聚焦于业务，比较关心长远发展和长期战略，而不是为了股价做一些短期的事情。第三个原因，公司是员工持股，股权比较分散，上市之后这个控制权可能还没有找到很好的方案。国内上市公司对股东数量是有限制的，上市要对股权有一个改造，原始股东不能超过两百个。公司有几万员工持股，要想对公司进行股权改造，还是很复杂的。公司的员工持股制度是非常重要的一种激励方式，这个东西一改，对华为公司还是影响蛮大的。所以一直拖拖拖，拖到今天这个规模，公司又觉得没有上市的必要了。

公司这种股权激励模式，需要保证一定的投资回报，要对员工有一定的吸引力和激励作用，如果哪一天华为亏损了，每股净资产下降了，那么华为的风险是很大的。

对于上市公司，资本市场上投资者可以用脚投票，把股票在公开市场卖了就行了。但华为员工离开，公司要拿出钱来回购员工的虚拟受限股，跟上市公司是不一样的，上市公司实际把风险转给资本市场了。华为就要自己承担这个风险，必须保证经营的稳健和一定的投资回报。

公司每年还会增发一定比例的股票，一般是10%，用于给员工配股，既包括老员工，也包括新员工，用来激励在职员工，而退休员工就没有增加持股数的机会了。公司总的虚拟受限股的股数在不断增加，这也需要公司的业务，无论收入还是利润，都要保持持续的增长，才能保证一定的投资回报水平。所以公司更多考虑的是如何把股权激励这个工具用好，更有效地激励员工，激发大家一起奋斗，努力做好业务，把蛋糕做大。

事实上，公司的业务确实一直在不断发展壮大，股票分红，除了2002年，都有不错的回报，2002年确实是个冬天，那一年每股分红只分了两毛钱，其他年份分红都是不错的。

田 涛：大家奉献，为了更长远的目标，工作强度也很大，公司用什么样的方式引导大家？

吴钦明：公司的员工持股制度，使持有公司股票的员工增加了一个身份，就是公司的股东，所以绝大部分华为的员工，既是员工，又是股东，有双重身份。但是员工能配多少股票，是受公司的饱和配股线限制的。饱和配股是什么？就是一定职级的员工，有一个最大配股数。达到职级的最大配股数，就不能再配了。除非你的职级提升了，你的饱和配股线提高了，空间就又打开了。职级的提升跟员工承担的责任和做出的贡献直接相关。这样就激励大家，不断提升自己，为公司业务发展做出更多更大的贡献。

田 涛：并购北电没成，摩托罗拉等也没成，这些你哪些参与了？想听听这个故事。

吴钦明：公司早期资本运作项目我没参与，后来的我基本都参与了，公司做过最早的出售，印象中是出售安圣电器，当时卖了一大笔钱，7.5亿美元，对应是 50 多亿人民币。我觉得这是公司的聚焦战略，剥离非核心业务，当时电源这一块，不是华为的核心业务，把这个业务出售以后，管理层就可以更聚焦了，不会为它分心了，同时获得了一大笔现金，可以投入发展我们的主业。2003 年的时候，拿回来了这笔钱。

田 涛：在硅谷做了并购吗？

吴钦明：2001 年的时候做过一个并购，花了大概 500 万美元，现在在美研所的白博士，就是从那次并购中加入华为的，这个并购使我们获得了一个四五千公里的无中继的波分技术。

这个收购对公司的贡献还是很大的，华为的波分技术通过这个并购一下子领先了，直到今天，光网络给华为赚了很多的钱。这个项目当初对方投了几千万美元，因为互联网泡沫破灭，无法持续投入了，所以寻求被收购。这个并购在今天来看是非常成功的，我们获得了两样东西：第一个是当时的这项技术；第二个是我们获得了一个团队，白博士这个团队。所以说，我觉得并购无非两点，第一是获得关键技术，第二个就是获取人才、团队，你有人，才可以持续开发技术，持续领先。直到今天我们只做这种小的并购，大的并购想做，但是没做成，后来觉得大的并购风险太大，就比较慎重了。

田 涛：再确认一下，硅谷当时就收购了这一个？实际上我们没有通过并购获得更多的技术？

吴钦明：没有。在美国成功的并购我确认只有一个，就这一个，而且发生的时间很早。

田 涛：在 2001 年，除了这个以外，在美国没有做过大的成功的动作？

吴钦明：收购过一些小的技术，花个一两百万美元的技术收购、专利收购，其他的没有。我们在美国的专利收购都是公开的东西，专利收购应该至少有五六家，但并不是企业并购，没收购它的人和业务。

田 涛：华为研发这么多年的技术积累，主要还是自我积累？

吴钦明：华为90%以上的关键技术都是自己积累的，少量是收购的。能列举出来的收购不超过10个，比较重大的包括：2010年，海思在比利时的无线射频的收购，现在保留了大概三四十人的团队在那里；2011年在英国做了一个海思的光电项目收购，那个还可以，我们在光电领域有了一个东西，以前是没有这个能力的，通过收购获得了能力。在比利时收购了一个光模块，在英国收购了一个光器件。我们现在围绕芯片与光器件做了一些并购，其他的领域很少，都是这几年发生的，去年做了一个澳大利亚的，围绕BOSS（业务运营支撑系统）的几个关键模块做了收购。

田 涛：有没有出现收购完了，核心骨干的人才流失了，这种情况？

吴钦明：现在这种情况基本还没有，因为现在做的规模都比较小，团队最多的也就上百人。

田 涛：价格最高的是多少？一亿美元？

吴钦明：最高的是华赛（华为赛门铁克），我们花了5.2亿美元吧，这是一个合资公司，我们把那个百分之四十九的股权拿回来了，这个是我们目前做得最大的收购。

田 涛：你认为华赛是一个成功的交易，还是失败的交易？

吴钦明：这个我觉得是这样的，很难给它一个评价，说它是成功还是失败，我们只能总结有哪些得，有哪些失。

田 涛： 所以说，赛门铁克在这个合资公司运作的过程中并没有输入多少技术过来，我听到的说法。

吴钦明： 是这样，合资的时候，团队主要是华为的，本来人就是我们的，然后我们也注入了一些业务，赛门铁克把它的安全软件，就是防病毒的软件，还有存储的软件授权给华为使用，这就是它的贡献，只是说把防病毒的软件和存储的管理软件、源代码开放给了合资公司，然后发挥了一些作用，这就是它的贡献，它在市场方面基本上没有什么贡献。但是合资最大的好处在哪儿呢？就是说，它成为一个独立的团队，有独立的预算，有独立的人力资源政策，有独立的市场，是一个非常独立的体系，它受到华为本身业务的制约很少，非常少，所以它的发展会快一些。往往是这样，我们选择的合资方基本上没有对合资公司的业务做出太大的贡献。华为3Com也是一样，3Com对合资企业的贡献是非常小的，但是合资的一个好处，是通过合资的方式跟华为保持着相对独立的业务单元，发展得很快。如果没合资的话，这个业务在华为内部可能就得不到好的发展，有可能会闷死。

田 涛： 其实它就是在这个独立的体系中，成长起来了，它的价值从这个角度来看。

吴钦明： 对，我们可能花了比较大的代价，又买回来了，买回来的一个是安全业务，一个是存储业务。

田 涛： 存储业务当时在国内是排在第一吧？

吴钦明： 应该是。

田 涛： 全球应该排在第几？

吴钦明：第五吧。存储未来空间比较大，有很大的潜力。安全这几年的发展受到限制，主要是因为安全这个领域太敏感，华为公司不敢大张旗鼓地做，我们自我限制了，本来它是很有价值的。你看，做安全的上市公司非常值钱，所以这是我们自己的一个取舍吧，我们花五点几亿美元获得了这块业务，现在不能说它非常成功，也不能说失败，要用发展的眼光，在更长的时间内去看。

田 涛：那我们再回头来看华为3Com，当时做的这个事儿是正确的还是错误的？

吴钦明：当时据说也有争议，公司对双方长期合作答应得太仓促，就是因为思科这个事，加速了合资的进程。在2006年、2007年的时候，我们对它的评价是非常正面的，觉得这个合资公司做得是非常成功的。但是后来，2011年的时候，我们要重新进入企业业务，那时候分析，当年要是不做这个合资就好了，因为公司的战略变了，原来公司不做这个业务，现在公司要做这块业务了，做与不做之间，那这个评价肯定会发生变化。

田 涛：但这也是逼出来的，如果当时不跟3Com搞那个合资，思科那个官司可能也很难？

吴钦明：我觉得也不完全是因为那个官司的事儿，因为在和思科打官司之前，我们已经和3Com在谈了，思科知道了这个事儿之后，它就想把这个事儿搅黄，因为它觉得我们合资的话，可能会对它有威胁，所以就起诉我们。没想到，不但没有搅黄，反而加速了我们的进程。

田 涛：但是加速的结果是把很多有利于华为的权利放弃了，是这样吗？

吴钦明：有可能，其实主要还是华为自身的战略决定的。那几年，华为在企业业务上是摇摆不定的，公司觉得企业业务跟运营商业务有非常大的不同，代理商、政府，都不是我们的主流客户，管理层要花这么大的精力去做这个事儿，在运营商方面有很多挑战，能不能活下来还是个问题。当时是基于这样的战略，是取舍的问题，我们决定要把这个业务跟合作伙伴来合作发展，这样我的管理可以更聚焦于核心业务。当时公司出于这样的聚焦战略，才去做了这个合资。我们在历史上有很多类似这样的投资，比如鼎桥，我们没做 TD-SCDMA（时分同步码分多址），但是我们买个保险，做个合资公司，做个备份，战略目的是这个。

田 涛：有一个说法，说鼎桥这个公司里面所拥有的 TD-SCDMA 专利超过大唐，是这样吗？

吴钦明：我不知道这个具体数量有多少，应该是。我的判断以及我的感觉是，华为公司从 2003 年以后就非常重视专利申请，就是思科官司之后，华为专利申请量急剧上升，公司非常重视专利。

田 涛：你接着再说华为 3Com。

吴钦明：华为 3Com 这个事情，是基于我们当时的发展战略，定位成企业业务、非核心业务。后来又把它卖了，是 2006 年卖的。为什么要卖了呢？因为我们当时做了一个判断，这不是我们的核心业务，所以就以 8.82 亿美元卖给了 3Com，还有个四年的非竞争条款，卖了以后华为四年内不能做企业业务。我们还不止四年没做，承诺了四年，实际大概有五六年没做，2006 年卖的嘛，2011 年才做。

田 涛：这个很有意思，这个企业业务最早是让港湾去代理，对吧？

吴钦明：港湾只是我们两个大代理商之一。

田 涛： 另外一家是谁呢？

吴钦明： 广州的一家，名字我不太记得了。

田 涛： 之后港湾成为竞争对手，然后第二次与3Com合作，也就是还想做，这个过程中来回摇摆，到底是什么原因？包括后来下决心要做？

吴钦明： 是这样的，港湾当时出去是创业，作为华为的合作伙伴，帮华为卖产品，公司希望有很多合作伙伴跟华为合作，而不是跟华为竞争，当时是这样设想的。但是后面港湾走着走着战略就变了，开始自己开发产品，跟华为竞争了，包括采取了一些不正当的手段挖人挖技术。这个过程很清楚，公司当时也是为了发展企业业务。

田 涛： 但是你把市场都让给代理商了，自己都不做了？

吴钦明： 我们当时市场力量还很弱，重点放在产品开发上。本来企业业务就是代理体系，就是渠道，就是通过伙伴来销售的，我的理解就是这样。港湾只是当时公司内部创业制度下产生的一个东西。

田 涛： 那时候还是想发展企业网？

吴钦明： 当时的目的并不是发展企业网，而是鼓励一些员工自己出去创业，同时成为华为的伙伴。

田 涛： 内部创业真正的动机是什么？

吴钦明： 这个我还真不清楚，我只看到了那个现象。

田 涛： 谁能把内部创业说明白？

吴钦明： 要去了解一下。2000年到2001年，公司鼓励好多人出去创业，但最后没有一个跟公司合作成功的。所以我觉得公司当时的内部创业机制没有设计好，比如说，内部创业可以，华为人一定的股权，甚至控股，我百分之五十一，你拿百分之四十九，这样大家利益可以更一致。

田 涛：是不是当时有点过于理想主义，有些很能干的人，在公司里都聚在一堆，不见得能合作得好，其中有些人有发展欲望的，我让你出去，然后就形成一个卫星系，对吧？

吴钦明：对，环绕在华为周边的小卫星，都是华为的合作伙伴，不是与公司竞争，应该基于这么一个设想。另外一个方面，对于人性的本质的理解也过于理想化，没想到后来好多都变成了竞争对手，当然这个跟门外的"野蛮人"（外部投资资本）的推动有很大关系。然后我们把 3Com 卖了，当时公司决定，不做企业网，还是要聚焦我们的核心业务——运营商业务。卖了以后，2007 年，北京有一个 PE（Private Equity，私募股权投资）来找华为说，有想法把 3Com 收购了。他知道如果收购 3Com 的业务，华为将来做不做企业网对他来说也是一个风险，所以他就来拉着华为一起做，让华为入点股，16.5%。刚开始他非常自信可以拿到美国政府批准，没什么问题，结果这个项目被美国政府否了。

田 涛：如果这个收购当时做成了，可能对美国其他公司是好事？

吴钦明：好事，华为参与了就会有非竞争限制条款，华为肯定不会再做相关产品和业务。

田 涛：你成了新合资公司的股东嘛，不可能再做。

吴钦明：对，华为又得再承诺不做这一块，对华为来说这相当于捆了一个枷锁。所以说，入股那件事情没做成，现在来看，真的是个好事，卖出华为 3Com 不也就限制四年嘛。

田 涛：所以说现在华为自己干了，对思科的威胁很大。

吴钦明：资本运作这个事情，做成了不等于成功，没做成也不等于失败。

田 涛：包括华赛，公司暂时没想得很长远，美国是想得长远，但是没想到华为的力量这么强悍。

吴钦明：对，但田老师，我再回过头来说说，华为大的并购为什么没有成功，为什么一直走到今天没有做大的并购交易，其实华为是想做的。这个事，第一个，应该是 2003 年，跟摩托罗拉谈，想把公司整个卖了，没卖成，这个我没有参加，但是任总讲了很多次。

田 涛：这个我很早就知道了。

吴钦明：2003 年、2004 年那会儿，就是互联网泡沫破灭以后，大家都在谈来谈去，看合并的可能性和机会。西门子与诺基亚这两家公司合并了，思科和西门子也都见了面，大家都在谈合并的可能性。大部分情况是我们去主动接受别人的试探，看有没有合并的意愿。但一般合并以后，两到三年才能看出结果来，我们看到西门子与诺基亚合并得并不成功，这实际上给我们留下了很好的进攻市场的机会，所以那几年华为的发展是非常快的。

田 涛：对，从 2003 年开始一直到 2008 年这五年，华为海外市场迅速扩张，每年以百分之四十、百分之五十的速度发展。

吴钦明：对，就是这几年，这几家合并之后，产生了很多问题，他们花了三四年的时间，整合效果不好，1 加 1 小于 1，所以华为在这几年的竞合过程中，曾经考虑过大的合并，但后来都没有谈成。

田 涛：华为的大的合并，是被人合并还是合并别人？

吴钦明：都有，大家合并完了以后，双方都想控股，都很强势嘛，但那时候华为还不大，2003 年才 300 亿人民币，五六十亿美元，人家都一两百亿美元，你这么小的块头，来找我合并，那你肯定占小股权，对吧。所以那时候说白了，我们去跟人谈合并，是不占优势的，但我们是主动的。

田 涛：在整个这个行业大整合的趋势中，公司也有很大的危机。

吴钦明：对，怕被落下，怕被排除在外。我们只是想要了解电信这个行业的情况，了解这个行业正在发生什么，要保持这个敏感度。在这个过程中，大家也看到了：第一个，对这个事情了解了，对行业了解了；第二个，其他的合并也不成功，给华为的海外市场的发展造就了机会，使我们在海外快速地发展起来了。

田 涛：这个很有意思，一边很积极地在介入，不落下，但在这个过程中，越来越冷静，是因为合并了的已经出问题了。

吴钦明：是的。我们做资本运作的关键是能不能整合好，运作成功不成功就看整合，百分之五十的不成功是因为整合不成功。所以，我们在做大的并购方面是非常谨慎的。

田 涛：过去二十多年来，通信行业的规模性整合，没有一个成功的？

吴钦明：在通信行业，规模合并的基本上没看到一个成功的，尤其是对等规模合并的。

田 涛： 说说摩托罗拉。

吴钦明： 摩托罗拉是2008、2009年，那个时候它来找我们。摩托罗拉是怎么走下坡路的呢？首先它那个超薄的手机做得非常成功，赚了很多钱，但是呢，它没有后续产品，没有产品，市场就滑落，公司陷入危机，危机来了以后就探讨了分拆的可能性。它的网络业务有几块，一块是移动通信，一块是机顶盒，它就把这两块业务剥离，要重组、出售。华为对这两块都进行了评估，觉得有一定的价值，但是当时我们知道美国政府的批准是非常大的障碍。其实摩托罗拉不仅找了我们，还找了爱立信，找了很多其他的公司，我们就参与了一下，对它的那个GSM（全球移动通信系统）业务报了一个价，我们当时还报了个不错的价，但是它拒绝了，它的胃口很大。中间他们来了多次，我们报了一个价后就没信儿了。过了一段时间，因为它的压力还在，还没卖出去，又来找我们，又继续谈。它启动了一个竞标程序，又来找我们。然后，我们分成了两块业务来谈，一块是通信的业务，一块是机顶盒的业务，我们这两块都往前走了走，给了个出价范围，可能都还没到报价，基本上就终止了。因为我们觉得：第一个风险很大，因为它那一块业务，有价值的不多；第二个是人的问题，几千美国人，我们怎么消化，怎么弄；第三个非常重要的原因是美国政府的批准，摩托罗拉自己的分量大，交易的不确定性非常高，所以我们就主动终止了。我们判断，从无线技术角度没有任何意义，我们看中的是客户，有几个客户是有价值的，但是份额也不高，我们是从市场的角度而不是从技术的角度来评估。它有价值的是CDMA（码分多址），但CDMA最后被爱立信买了。

田 涛： 专利呢？

吴钦明： 专利它不卖，只卖一些非核心的专利，所以说不卖专利，那么它的价值更小了。

田 涛： 爱立信并购摩托罗拉的 CDMA 这一块成功了吗？

吴钦明： 成功了，爱立信收购北电、收购摩托罗拉的 CDMA 这些是成功的。北电的分拆出售我们也参与了，北电是这样的，它走上颓路之后就无法扭转了，最后只能拆分开，一块一块地卖，我们徐总（徐文伟）还去法庭参加了拍卖的程序。我们的报价比诺基亚高了一百万美元，但是北电没有接受。在 2005 年的时候，北电还没有衰落，我们那时候曾经跟北电谈过成立接入网的合资公司，不是整体的合并，北电自己没有有竞争力的接入网产品，它在北美有个非常重要的接入网项目竞标，但后来没有中标，他们就取消了那个合资公司的谈判。北电的那个拍卖，我们当时是跟西门子一起参与的，后来他们也没有谈成，不是价格问题，是因为政府批准的问题。然后 CDMA 的那个竞拍，我们压根儿没参与，它就被爱立信收购了。爱立信实际上把北美的 CDMA 业务整合了，它收购了北电的，又收购了摩托罗拉的，所以整个北美都是它的了。这个交易从财务角度上来说是非常成功的，我听说几年时间就把成本收回了，北美通信设备价格多高呀，所以它这个是赚钱的。

田 涛： 如果华为收购北电成功了，华为有没有这个能力？

吴钦明： 我觉得整合的风险是很高的，当然这个事情没有发生。我们承担的裁人压力会很大，华为去裁加拿大人、美国人，会引起一些问题，会有很大的挑战。你想想，那时候几次交易都被美国否决。所以，我们在美国即使并购成功了，美国政府也会有很多限制，也照样可能会把你赶出来，很有这个可能。他也可能会把你当作美国公司来看待，但他会给你很多限制，比如什么职位只能由美国人担任，华为公司不能什么什么，他会给你画一条线，设定很多条件，这都很难说。过去的事实就是这样，华为在这方面曾经也做过努力，也做了充分的风险和各方面的评估，但是没做成。也没什么，我们的指导思想是：不以做成为目标，也不以不做成为目标，顺其自然。不要过分去追求一定要做成，因为资本运作的风险很大，结果也很难预料，有时候不做成反而是一件好事。

田 涛：现在总结一下，公司成功的并购有哪些特点？

吴钦明：第一个，针对华为缺少的一些关键能力、关键技术，我们自身很难获取的东西；然后规模要适当，不要太大，最好是不超过 100 人，规模以中小型为宜；再一个是整合一定要做好。具备这几个条件，对公司来说风险就不大，过去成功的都是这样的。百十人的规模，有些核心技术，这些团队容易保留，整合起来也容易，我们基本就做成了。中东的 ITS 公司的并购，这个并购是以获取市场为目的，有八九百人，这个整合就不成功，从现在来看，我们不能把它定义为成功的并购。

田 涛：也就是人数、公司的复杂性超出公司的整合能力了。

吴钦明：华赛的整合也是费了很多周折的，现在回过头来看，当时的决策也不一定是对的，比如说，当时我们一定要把华赛的销售体系跟华为企业业务的销售体系合并。

田 涛：也就是说，把整个华赛的队伍打散了？

吴钦明：对，原来的渠道没了，只留下人，现在来看就错了，是有问题的，当时的认识不够。渠道是有专业性的，不是说一个渠道包打天下，你的渠道是专门做存储、安全的，跟做路由器、交换机的渠道不一样，专业不一样，就要有不一样的渠道和能力。当时如果保留了华赛的渠道专门做安全和存储，华为的企业业务聚焦连接领域，也许 1 加 1 要大于 2，现在 1 加 1 是小于 2 的。所以你看，一个并购成不成功关键看整合成功不成功。现在来看，成功的全都是技术类的。国内也做了一些小的，以获取市场地盘为目的的并购，比如 BSS（Business Support System，业务支撑系统）的并购，以前是成功的，但是这几年 BSS 自己的发展战略有问题，相对来看，也不能定位它是成功还是不成功。

田 涛：国内并购多不多？

吴钦明：国内并购挺多的。围绕 BSS 的比较多，我们曾经收购过五六家 BSS 的公司。

田 涛：这些并购目标，是谁去发现的？

吴钦明：识别合适的并购目标，也是公司学习和实践的一个过程，我们当时请了顾问公司帮我们梳理资本运作的流程与体系，建立了资本运作组合管理的制度。组合管理就包括刚才你说的，怎么发现和识别合适的并购目标的问题。搜索并购目标进行资本运作，要跟公司的战略需求结合起来。

公司每年会做一个资本运作的组合管理，也就是收集各个业务单元的需求，比如说无线，我需要关注哪些关键领域、关键核心技术，我希望在这些方面搜索一些公司能够收购过来，所有东西收集起来做一个排序，业务单元自己有一个排序，然后公司有一个排序。

有了这个东西，业务部门自己会先搜索，比如说针对光器件，把所有的业内公司都筛选一遍，把符合要求的十几个都拿出来，分别考察：第一，规模适当；第二，它的技术能符合我的要求；第三，它要有出售的意愿，它不愿意卖，你也买不到。

所以从几个方面来看，按照公司战略的重要性与可获得性排序，画出一个四象限，我们重点关注第一个象限里面战略价值高、可获得性高的公司，大概每年有十几个需求，这样下来，你的并购就对准你的战略了。

田 涛： 像华为这样的，差不多同等层面的竞争对手，有没有像华为这样的做法?

吴钦明： 其实华为公司的市场、研发，主要是靠自我积累发展起来的，其他的竞争对手没有完全靠自我发展积累起来，思科靠并购，爱立信也是靠大量的并购，像华为这样主要靠内生增长发展的不多。以前的西门子、北电，历史上也有很多并购的，国外的大公司并购很活跃，很多公司都有上百个并购的规模，华为呢，只有几十个小的并购，相对来说不那么活跃，重点还是依靠我们自己。

田 涛： 你觉得这是一个战略能力的挑战呢，还是因为你的并购能力不够?

吴钦明： 我觉得还是一个战略能力的挑战，因为并购的内部能力是可以发展的，你找这些并购专家还是可以找得到，对吧。

田 涛： 但是整合不容易。

吴钦明： 但是只要你去做了，整合能力就培养起来了，我觉得最重要的还是战略问题。我自己也在想这个问题：第一个，华为是一个强研发的公司，研发占比非常大，公司的很多东西都是靠自己研发起来的，历史上，公司的很多产品，都是刚开始做一个原型产品，然后追赶先进，华为很多产品都是在不断追赶，很少有一上来就做到了世界领先。我们的市场也是从中国起步，然后走向全球市场，也是一个追随、追赶型的，而且是立足于中国市场的，这是一个因素。还有一个，华为的研发力量太强大，啥东西都有人做，都能做出来，我们现在有七八万的研发人员，全球应该是最大的。相对于开发来说，并购要花公司很多的成本和精力。

田 涛：以你来判断，华为研发的核心领域、核心技术的领头人，是外国人多，还是中国人多？

吴钦明：现在结构不一样了。因为这两年，应该是从 2008 年之后，我们加大了海外高端人员的招聘，在一些关键领域引入了很多高端的人才，做一些架构设计，做一些关键的、核心的设计。当然我们自己培养的架构专家也是比较多的，这是一个比例的问题，我觉得现在还是中国人多，包括在海外也有很多华人，比如说白博士也是华人，其实还是以我们为核心。

田 涛：我们再回过头来说说你的经历，在华为的经历。

吴钦明：我的经历有三段。第一段是从毕业到 2003 年，在研发，从软件工程师做起。我是北大（北京大学）计算机专业，1996 年本科毕业就加入华为了，在公司 18 年，做毕业设计就在华为北京研究所（北研所），做数据通信领域，北研所当时定位就是做数据通信。

我刚开始是做通信协议，参与了公司第一款路由器的开发，然后做路由器的软件版本，工程师做得还不错，很快就升到版本经理了，负责路由器软件的一个版本。我们第一款路由器做出来之后，没人卖，我们当时那个产品经理就去市场部卖路由器去了，我就接替他做了产品经理。两年就做到这个位置，升得很快，现在年轻人进来哪有这个机会。

1998 年那会儿我带的团队加起来将近二十个人吧，因为我当时技术能力还不错，能够把整个路由器版本维护起来，解决问题，相对来说在我们那个团队，我的技术能力、软件方面水平都不错，能够把这个东西做出来，主动性还比较好一点，自然而然就成为版本经理，出事儿的时候找我，有问题的时候找我，都是我在组织大家解决问题。

当时我们开发的其实就是一个路由器的原型机，这个东西跟华为的主流市场是不一样的，它能卖到企业网去。但在卖的过程中发现，我们没有长远的规划，做出来这个东西以后才发现，哦，人家思科有这个系列的，中端系列、高端系列，我们只是做了一个最简单的东西，根本不是一个产品。

后来就规划把路由器产品系列化，从低端到中端规划出四五款出来，开始做系列的路由器，并不断增加和完善路由器的功能和性能，我们的人数就迅速扩张了，1999 年，我就从产品经理变成总经理了，差别就是管一个产品与管一系列的产品，发展到管上百人了。其实就是三年做到了总经理，带领团队从一个产品系列发展到十几个产品系列，从士兵到将军只用了三年。那时是数据通信业务的初创时期，现在不可能了。回头来看，自己当时还是很幼稚的，只懂研发，不懂市场，也不懂生产，当时做的那些东西，产品化比较差。

田 涛：你当总经理的时候，既要管设计又要管产品、规划、销售，都要管吧？

吴钦明：销售不管，销售有市场部，有市场代表。我下面有几个 PDT（Product Development Team，产品开发团队），产品有低端系列、中端系列、高端系列，变成了三个系列，一百多人。

我觉得我对公司最大的贡献，除了路由器的研发之外，还有 IP（Internet Protocol，互联网协议）的平台，就是公司内现在还在用的一个软件平台，是在路由器上诞生的。当时我们路由器系列化之后，人数不够，当时人手很少，软件只有三四十号人，我们又要做这么多产品的开发和维护，根本做不过来。因为当时的主流产品是接入服务器，ATM（Asynchronous Transfer Mode，异步传输模式）交换机，路由器当时还不是主流，公司投入不够。人很少，但是又要支持系列化的路由器，我们就做了一个统一的 IP 软件平台，这样就可以用一个软件在多个产品上跑，硬件型号不一样，但软件都一样，我们给它取了一个名字叫 VRP（Versatile Routing Platform，通用路由平台）。我们在这个平台上实现了从低端产品扩展到中端，再扩展到高端，不断地增加功能，真正地发展成为一个平台。我在研发的时候从 V1 版本做到了 V5 版本，VRP 支持的产品也从路由器系列，发展到支持局域网交换机（LAN switch）、无线的 GGSN（Gateway GPRS Support Node，网关 GPRS 支撑节点）等。

2003 年就到了跟 3Com 合资的那一段，我就是那时候跟郭总（郭平）认识的。

再后来我就转行了，调到深圳来了，在光网络做 marketing（营销），光网络当时有个 IP 加光的研究项目，就牵头研究公司 IP 加光的战略，把光与 IP 融合起来，IP 加光的战略就是那时候起来的。

在光网络工作了八个月以后，郭总成立策略合作部，就给我打电话问我愿不愿意过来，我就加入了策略合作部，后来改名为企业发展部，就是专门负责资本运作的。从 2004 年到 2012 年下半年，做资本运作八年，就是我刚才讲的这些与大公司的谈判、跟 3Com 的合资企业、华赛，一些小并购等，建立资本运作体系，包括后来知识产权收购。

当时有一个背景，我们认为华为发展到今天这个规模了，所有的东西如果都是自己从头来做，太慢！公司这么大一个平台，管道修好了，如果把现成的产品和团队买进来，成熟的东西一下子就可以放大得更快点。比如说你需要车，就去买车，不可能自己去造车，太慢了。

并购其实是对华为能力的一个补充，华为应该建立这个能力。当时我们花了一年半的时间，把这个资本运作的体系建立起来，也是对过去成功的经验和不成功的经验做了一次总结，然后也看了看业界是怎么做的，根据华为的实际情况，把这个体系建立起来。

田 涛：你为什么学校一毕业就加入了华为?

吴钦明：就是阴差阳错，那时候大家都在面试，我一个同学说去一个公司面试，我问去什么公司，他说华为，我说我陪你去。我当时 23 岁，就陪他去华为的北研所面试，北研所有个人认为我也是去面试的，也给我安排了面试，我想反正来了，就试试吧。面试我的人可能也不会面试，他当时是怎么面试我的呢？他找了一本英文的说明书手册说，你把这一段翻译一下，我就翻译了，其他啥问题都没问。我那个同学，面试他的是特别认真的一个人，给他的考题非常难，他答得不好，结果他没面试上。你看就这样阴差阳错，我就进来了。

当时北研所的气氛非常好，像一个学校，工作环境也不错。了解到华为总部在深圳，这也是吸引我的地方，想着能来改革开放的前沿深圳看一看。当时北研所也就不到二十个人，大家吃饭时围着一个桌子，只要登记一下名字就行了，又不用出钱，气氛不错。当时我也考了研究生了，想先来华为试试，先保留两年学籍，过两年看不行再回去读书，也是抱着试试的心态。

那时华为没什么名气，可能在通信领域还有点名气，但在北大没什么名气，而且我跟华为签了以后，同学问:"华为是什么公司呀，比上海贝尔厉害吗?"那时候华为跟上海贝尔比还是有差距的。当时北大毕业生选华为的人很少，我们系就我一个，毕业就直接来了的非常少。我来了以后就招了很多师弟，北大的学生选华为的非常少，反正计算机系肯定我是第一个。

田 涛： 进来以后公司对你有什么特殊待遇?

吴钦明： 没有，华为从来不会论资排辈，你一进来就要忘记自己是哪个学校毕业的，忘记是学什么专业的，就是看你的工作表现，我们刚到公司干的事都是很初级的，从最基层的程序员干起。

田 涛： 你现在在你同班同学里面发展得怎么样?

吴钦明： 我们那个年级有 60 多人，一多半在美国和加拿大，大家发展都可以，大部分人都过上了自己想要的生活。在美国、加拿大的同学基本上是基层的工程师，少数做到了小团队的负责人。年薪二三十万美元，有房有车，拿个美国绿卡，可能过十几二十几年还是那样，基本一眼可以看到头。我在班里头算是发展最好的之一，但是我的学习成绩在班里不是最好的，60 多个人我排名第二十八。我的同学大部分在西方大公司，比如惠普、IBM、思科、谷歌、亚马逊等，但多数都是工程师，没有高管。

田 涛： 你认为是能力问题还是西方的文化问题?

吴钦明： 我觉得是文化问题。第一个它本身的体系很稳定了，没有那么快速的成长期，机会是有限的。再一个，你是中国人，如果你是第一代移民，你的语言，你对西方文化的理解，跟别人比肯定还是不行，所以说他们在发展上有天花板，就是在硅谷做基层的开发代码，但是印度人要做得好一些，印度人有语言的优势。

田 涛： 这几年你在行业见过哪些大人物? 有哪些让你印象深刻的事情?

吴钦明： 那几年跟随任总、郭总见过爱立信的 CEO、摩托罗拉的 CEO、思科的 CEO、北电的 CEO 等。基本上，律师、投行体系、投资领域的高管也都见过，包括一些经济学家。一般人很少有这样的机会，对整个行业，眼界也比较开阔了，也建立了很多联系。

田 涛：爱立信的CEO、摩托罗拉的CEO是怎样看华为的？

吴钦明：认为华为前途非常好，有非常大的发展潜力，对西方公司是一个潜在的很大的威胁。当时华为对他们来说也很神秘，因为华为没有上市，不透明，所以大家觉得华为很神秘，也不知道华为为什么这么神秘，可能对华为缺乏了解，过去一直这样认为。

田 涛：现在也这样看吗？

吴钦明：现在了解得多了，华为的信息也越来越公开了，而且市场地位也不一样了。以前华为是一个小公司，快速追赶、上升，毕竟现在华为的地位，包括我们的客户、运营商对华为的评价也都不一样了，我们从一个仰视别人的状态，到了跟别人平视的状态，别人对我们的看法肯定是不一样的。

（结束）

访谈6

易翔

访谈时间｜2015年7月15日

访谈地点｜深圳

被访谈人｜易 翔

访 谈 人｜田 涛

田 涛：看你的经历很全面。

易 翔：是的，您当初写了《下一个倒下的会不会是华为》，我就对徐总（徐文伟）他们说，实际上华为有很多故事，田总下一个可以写故事去，采访我们。然后您果然就写故事了。华为就是有很多感人的故事激励着我们前进，我讲的不是我本人的故事，当时我就说我可以讲老板的故事。

田 涛：本人的当然也可以讲。

易 翔：当然是融入其中。我跟老板之间的交往比较少，就是少数的几次印象就非常深刻。

田 涛：把你跟他之间几个印象深刻的故事讲一讲。

---

* 易翔，1998 年加入华为，现任中东非洲片区总裁、中东地区部总裁。

易 翔：好，我就直入主题。2006 年 8 月我们巴基斯坦代表处拿下了一个全球最大的项目——Ufone 项目，那一个项目是 5.24 亿美元，15 个月交付，关键那个是 Turnkey（交钥匙）项目，我们没做过，什么都不懂。

田 涛：Turnkey 项目具体谁负责？

易 翔：2006 年公司层面的 Turnkey 管理部的负责人是王诚，我记得拿下这个项目后还没签合同，老板就过去了。当时我是在亚太（片区），之前我在巴基斯坦，我们在一个会议室向他汇报，老板当时就提出项目管理的核心三要素——计划、预算、核算，然后他说项目组没有汇报清楚。老板有一句话我记得，甚至他现在有时候在会议中也提，他说："看你们汇报了怎么做，我看水平都不行。"然后他加了一句话说："水平不行，但华为也是这帮水平不行的人干起来的。"老板的意思是要我们不断加强学习。当时我们公司没干过这种大型的 Turnkey 项目，紧接着过了几个月，应该是李杰负责公司 Turnkey 管理部，Turnkey 管理部和 GTS（全球技术服务部）合并了。我认为这个项目到目前为止，是华为公司在这么短的时间内交付的难度最大的项目之一，因为我们以前签的十个亿、几个亿的项目都是框架，分好多年执行，这个项目就是要 15 个月交付完，包括站点获取、电力引入、土建等以前没有干过的范围。

田 涛：15 个月一下子交付这么多？

易 翔：对，2007 年初，中国春节的时候，老板就收到一封投诉邮件，老板经常举例说的大年三十收到投诉就是指这个项目。

田 涛：巴基斯坦投诉的？

易 翔：是巴基斯坦客户集团的主席写的投诉信，我们当时确实不知道怎么交付，项目开始几个月，都不能按计划交付，这个过程一直持续到 2007 年下半年，巴基斯坦 2007—2008 年相当困难。

田 涛：是巴基斯坦电信投诉的？

易 翔：是阿联酋电信（Etisalat）集团主席。

田 涛：阿联酋是投资方。

易 翔：对，投资方。阿联酋电信的主席、董事会主席给老板发了封信，说这个项目做得很差。项目从 2006 年 9 月份开始，合同是在公司谈的，我们没有经验，很快就签了，最后验收就很难。那个项目非常难，而且 2007—2008 年巴基斯坦环境非常恶劣，发生了多次爆炸，我们交付项目办公室有一次被周围的爆炸弄得全部玻璃都碎了，幸好没有员工在办公室，当时是晚饭时间，大家去吃饭了。我跟我家属住的别墅也两次被炸，门都被炸开了。

田 涛：两次被炸开是什么样的炸开法？

易 翔：第一次是挪威大使馆爆炸，我住的别墅刚好在它旁边，周边的玻璃、门全部都炸开了，幸好家里没人。我们在伊斯兰堡全是住别墅。

田 涛：就是你住的房子？

易 翔：对，就是我跟大家一起租的，我们那个别墅住了六个同事。

田 涛：玻璃什么的都碎了？

易 翔：玻璃全碎了，锁着的门被炸开了。第二次是 2008 年万豪酒店爆炸，9 月份爆炸以后，10 月份老板要去，我要讲的就是这个故事。2008 年 9

月份万豪酒店爆炸，死了几百人。Ufone 项目签下来之前老板就去看过，是跟巴基斯坦的总理一起监签的那个项目。当时巴基斯坦天天发生爆炸，还是非常危险的。再往前追溯，2007 年发生红色清真寺事件，到处打仗，办公室旁边也打仗，我们的 Ufone 交付队伍一百多号人被困在战区里面，困了两个星期，就是出不来。

田 涛：一百多号都是中国员工？

易 翔：都是中国员工。万豪酒店爆炸以后，很多外资公司都撤离了，都不敢待在巴基斯坦，老板说要来巴基斯坦看看兄弟们，大家就邮件来回说了很多理由，从各个角度劝老板不要来巴基斯坦，因为确实很危险。最后他就写了一个邮件，别人就不敢说话了。

田 涛：你的邮件还在不在？

易 翔：可能在，要在历史邮件中查一下。他写的什么呢？我一直记得原话，老板去了以后，我还把原话念给同事们听，他写的是："兄弟们能去的地方，我为什么不能去？谁阻挡，谁下课。任正非。"

田 涛：精彩。

易 翔：这句话说完以后，谁也不敢阻拦他了，他自己就来到了巴基斯坦。然后还要到阿富汗喀布尔去，阿富汗也经常发生爆炸，条件非常差，非常危险，他说要看兄弟们。他说去，那就得去，没办法阻拦了。

田 涛：去就是看员工？

易 翔：主要看员工，也拜访客户了。老板到巴基斯坦以后才知道，形势确实很严峻，街道上隔几步就是障碍物，沿路的警察一个个查过往的车辆。

到了阿富汗喀布尔以后，去 Serena 酒店，进去以后就是像紫禁城那么高的墙，然后警察就检查一遍，拦着查车、查人。老板一看那架势确实不一样，里面住的全是美国大兵。老板吃早餐的时候，可能是跟太太还是谁打电话说“我现在跟美国大兵在一起”，他想照相，但是我们又不敢。

田 涛：那是酒店，对吧？

易 翔：酒店。在阿富汗，有一天早晨老板说：“易翔，我要出去转转。”把我们吓一跳。后来我们还是搞了两部车，每部车上左右两边坐着保安，他不干，把我骂了一顿，说不要保安。我说：“老板，这个我们不能听你的，我也不敢保证路上的安全，你不同意有保安，我们就不出去了。”结果我们就到郊区去，到郊区去以后他就知道了，每隔一百多米就是美军悍马车在巡逻，一直到一个湖边，基本没有什么人或者车辆，都是美军的车跑来跑去的。

田 涛：这一段我听他说过，在阿富汗一个湖边。

易 翔：我们在一个帐篷下面喝茶，我现在还有他的照片呢。老板坐在那边说：“阿富汗就只搞首都喀布尔算了，首都外面你们别搞了，人身安全第一，我们首先是讲安全，弟兄们的安全。”我觉得这就是他，老板首先想到的是兄弟们的安全，因为他刚开始不知道，要感受一下。当时郊外没有什么人，全是美军悍马车在荒漠的道路上跑来跑去。

田 涛：你们跑到离喀布尔多远的郊外？

易 翔：大概有三十公里，哪有什么外国人去？当地人都很少有在郊外活动的，劫持是很正常的事情。

田 涛： 全世界五百强的老板，像这样的，就他一个吧？不会有第二个。

易 翔： 是，不可能有。2008 年 10 月份，老板到那儿去以后，把家属都请过去座谈，还请大家吃烤全羊，我当时就给他们念了一下老板的那封邮件，大家都非常感动。这就是老板，以身作则，这就是教育人，这就是华为文化。

田 涛： 很精彩，我应该早一点跟你访谈。

易 翔： 无独有偶，我在中东地区部当总裁以后，有一次陪老板到伊拉克去，半夜三点钟的时候接到电话，是“茉莉花革命”带来的一系列国家的动乱，影响到了巴林。中东地区部的总部在巴林，当时大使馆召集各个公司开会，说巴林不安全，要大家制订撤离计划。第二天吃早餐的时候，我跟老板汇报了一下，老板说：“你怎么想？”我说：“现在我们肯定不能撤离，我要赶紧回到巴林现场，搞清楚情况再说。”实际上经过巴基斯坦的事情以后，再处理类似事情就非常从容了。

田 涛： 你在巴基斯坦那段那么危险，员工情绪怎么样？

易 翔： 这个我要多讲一点，从头开始讲。我是 2002 年底到巴基斯坦的，当时我在中国区武汉办事处工作了三年半，我是大学毕业以后进入华为的，1998 年毕业。

田 涛： 哪个学校的？

易 翔： 武汉大学。毕业以后就进华为，先在 GTS 干了几个月，然后就到客户线，在武汉工作了三年半，也是自己申请到的海外。

田 涛： 你自己申请去的？

易 翔： 对，因为当时自己业绩不错，那时还是季度打考评，好像是连续四五个季度都打 A，考评很好。公司刚开始要推荐我去中东北非片区的一个大 T（大运营商）系统部当副部长，因为我在国内也是一个电信系统部的副主任。我没去，选择到巴基斯坦，从高级客户经理做起。我当时说我的英语不好，当什么副部长，下面也不会听我的。那时候巴基斯坦还归亚太片区管，我记得是 2002 年的 10 月份北展的时候，他们安排丁少华面试我，丁少华是中东北非片区的总裁，我到巴基斯坦以后才知道，2001 年的时候，听当时代表说，代表处几乎都要从巴基斯坦撤离了，主要是因为阿富汗战争，巴基斯坦是反恐前沿阵地，几乎所有外国公司都撤离了。那时候资讯没这么发达，我也不知道这个事情，去了以后才知道。刚去巴基斯坦，巴基斯坦国内形势还比较稳定。2005 年公司就把我提拔到亚太片区，到王胜利手下管整个亚太的销售。

田 涛： 你这三年提拔得那么快，什么原因？

易 翔： 还是“多打胜仗”。

田 涛： 讲讲你印象深刻的。

易 翔： 2003 年的时候海外没多少单。那时候巴基斯坦属于大代表处，2002 年做了两千多万美元，2003 年的时候我就做了一个 CDMA 的单，八百多万美元，是大单。那时候我们只有三个客户经理。

田 涛： 当时八百多万美元是很大的单？

易 翔： 对。2004 年又做了两个单，一个多亿美元，其中一个 CDMA 项目就八千多万美元。那时华为的 CDMA 和友商相比没有明显优势，但最后我们拿了大份额的，我们拿了八千多万美元。另外签了一个终端合同，两千多万美元，加起来一个多亿美元，那时候是相当大的项目了，而且是Turnkey项目。两个项目拿下以后，加上我本人在国内业绩就比较好，在那边做得也不错，2003年底2004年初公司就把我提拔成巴基斯坦的销售副代表，2005年的时候，公司就说要我到亚太去管销售管理部。

田 涛：现在英文怎么样？

易 翔：和客户交流没什么大问题了。

田 涛：原来怎么解决的？

易 翔：刚开始不行，我记得很清楚。因为人少，我们就两栋别墅，一个是食堂，我住的地方和食堂在一栋，我那栋别墅住六个人，另外一栋别墅，我们代表王伟军那儿大概住十几个人。2003年元月，王伟军带我去见客户，要我记会议纪要，我哪能记下来，一句话都听不懂还记会议纪要，压力非常大。我记得有几次睡觉的时候就用头撞床，说国内这么好，出来干吗，太受罪了。后来就学英语，看报纸，跟老外交流，硬着头皮学，看合同、标书，一个个看，一个个读，去和客户谈判。

田 涛：谈判你就不怕语言不行，谈出问题？

易 翔：不怕，熟悉了。我当时号召大家一定要看标书、看合同，看标书、看合同当作学英语也好，都是这么厚的，要啃。

田 涛：这倒是一个挺有趣的学习英语的办法。

易 翔：我记得在2004年、2005年投标的时候，亚太片区的一些马来西亚员工，投标经理，说我怎么对这个标书这么熟，他们不知道我读了。一般来说客户经理不用读，有相关的投标经理、产品经理，每人读一块，这个与他有关，是他的范围内的就读，各人读各人的，但是我喜欢读全部。

田涛：一个标书读多少遍？

易翔：至少五六遍，读了以后你就知道里面有没有陷阱，有哪些问题我们要澄清。

田涛：我觉得有意思在哪呢，你英文不行，然后你读英文标书，其实这个也很不容易。

易翔：刚开始有点困难，但是因为在那个环境下面没办法，我们还负责其他几个小客户群。

田涛：你们有没有翻译呢？

易翔：没有。

田涛：在海外都这样吗？

易翔：都这样，我们现在中东地区部的总裁，刚开始学的时候，每天六点钟起来学英语，学两个小时，学到八点钟。逼出来的，你要靠这个吃饭，实际上老外还是比较尊重人的，你英语讲得差一点，但是你讲就行了，知道你啥意思，通过翻译就可能漏掉东西。

田涛：这个非常有意思，全球化都要过这一关。你判断你和你的员工一般经过多长时间就能够比较自如地讲英文？

易翔：有些天赋好的两三个月就行，像我们天赋差的，那就花多一点的时间。邹志磊都知道，我在中东地区部当总裁的时候，上飞机都天天学英语。

田 涛：邹志磊英文怎么样?

易 翔：他也学，他应该没有问题了，都没有问题了。老外知道你英文会差一点，没关系，但是你要敢于去交流，你话说不清楚，就用几个单词说，因为人与人之间除了语言，还可以感应你想说什么，你想表达什么，你什么意思，慢慢地就熟了。

田 涛：很有意思。这些细节恰恰是很多中国企业在国际化中所忽视的问题。

易 翔：对，公司给我们的主要是一个宽松的环境。

田 涛：你觉得是怎么样一个宽松的环境呢?

易 翔：给你时间，半年、一年，给你时间慢慢去努力，如果时间长了还不能当工作语言，还不能交流，那肯定是你不行。

田 涛：有没有人待了一年之后还不能用英语去工作交流的?

易 翔：那蛮少，除非年纪很大，又不想学。我们在国外没办法，又没有国内电视看，天天看 BBC（英国广播公司），反正刚开始听不懂，慢慢听，能够听懂一些单词，慢慢就知道什么意思了。

田 涛：好，接着说。

易 翔：我到亚太片区以后，2006 年 Ufone 项目签下来，公司就要选代表过去。但大家都不敢去，因为一个五六亿的项目拿下来以后，其他人再想超越就很难了，那时候我们还是以销售为中心，巴基斯坦代表处 2006 年整个订货达到七八个亿美元，2007 年、2008 年就很难超过八个亿美元。我就申请到巴基斯坦，我跟王胜利说："你们万一选不到人，干脆派我去算了。”因为我在巴基斯坦待过两年，我比较了解巴基斯坦，我也不怕吃苦。

田 涛： 从亚太又到巴基斯坦去？

易 翔： 对，我申请去。王总说：“你就别去了，你在巴基斯坦也待过，艰苦地方，以后有机会可以去泰国、澳大利亚当代表。”我说：“可以，听领导安排，你们找不到人，我就去，我是愿意去的。”结果公司跟几个人谈都不去，找不到人，然后王胜利就问我是不是真想去，我说是。现在时间过去了可以讲，地区部一个副总裁说：“易翔，你就不要去巴基斯坦了，打个比方，现在别人已经这么高了，你再去永远跳不到这个高度，那你的职业生涯就完了。”我当时没有这么想过，我很感恩这个国家，我第一次出国去的国家，艰苦是艰苦，但老百姓对我们还挺好，没人愿意去我就去。当时刘江峰对我说：“你选择去了，如果你做得好，你在华为的职业生涯会发展得好，你做不好也就完了。为什么做得好会发展得好呢？因为这个 Ufone 项目没人搞得定，没人干过这么大的全 Turnkey 项目，这个项目就是老板项目。”我当时也没想这么多，就觉得我在巴基斯坦干过，对这个国家有感情，确实想得很简单，没想过这么难，就去了。当时我的太太和女儿都在马来西亚陪我，马来西亚的条件很好，实际上她们也就去了不到一年，我就又重回巴基斯坦。

田 涛： 她们也跟你去巴基斯坦吗？

易 翔： 她们后来也跟我去了巴基斯坦，是晚了几个月去的。我是 2006 年 9 月份去的，但是任命是在 2007 年，现在我觉得巴基斯坦这个项目最大的意义，是给公司输送和培养了无数的干部以及总结出来如何交付 Turnkey 项目的流程和管理办法。华为的 Turnkey 大项目的交付能力就是从 Ufone

等几个海外项目开始培养的，那时候Ufone项目基本上把公司所有能拿得出的资源都投进去了，最高峰我们有两三千人。后来GTS很多干部都来自Ufone交付项目组。

田 涛：之前没有大规模的Turnkey项目？

易 翔：没有，全球我们没搞过，全网的大规模Turnkey项目没干过。而且Ufone项目被投诉以后，紧接着三月份，Ufone的主席、Etisalat的副主席又带队到公司来见老板。和客户开会的过程中，我记得最后老板拍桌子就走了，当时他右边坐的是胡厚崑，左边坐的是梁华，还有李杰，那时候梁华是集团CFO，胡厚崑是销服的总裁，老板跟客户说这个项目我们如果交付不了，交付不好，不能让你满意，我就先把这两个人的头砍掉，老板说完起身就离开会场了。

田 涛：一个是胡厚崑，一个李杰？

易 翔：一个是胡厚崑，一个梁华。说完这句话就走了，翻译一翻译完，客户也大吃一惊。

田 涛：是直译，kill？

易 翔：他做了比喻的，老板用手比画着，在他们两个人的头上砍了一下，然后起身就离开。客户一听吓一跳，不作声了，觉得华为确实是认真的。从那以后，每个月胡总（胡厚崑）、梁华、李杰都要跟客户开一次会，有时候在阿联酋开，有时候在巴基斯坦开，有时候在北京开，有时候在深圳开。那时候压力很大，特别是2007年4月29日，Ufone项目的图片被人发到网上，现在网上都可以查，因为当时我们站点没搞过，不知道方法，站点管理比较混乱，对手拍照后，就攻击我们。我们签这么大的项目，在巴基斯坦很多人也嫉妒，对手也嫉妒。

田 涛： 是多少亿美元？

易 翔： 2006 年 5.24 亿美元，一个单要求十五个月交付完，开信用证，开预付款都开的是一亿多美元的预付款。当时沃达丰的客户经理还给我打电话、发邮件，问网上传的这些是不是真的，就是站点管理混乱的样子，图片搞到网上去了。

田 涛： 负面的？

易 翔： 负面的，本地有个媒体炒作我们的事。因为这个客户群有百分之六十几的股份是巴基斯坦政府的，另外百分之二十几是阿联酋电信的，然后政府就说当时决策错了，不应该选独家，要把那个项目分掉，分一部分给诺西或者爱立信。

田 涛： 已经成为新闻事件了。

易 翔： 对，本地客户压力也非常大，紧接着四月份客户就把胡总、李杰、梁博（梁华）叫过去，说我们 Ufone 开董事会，要你们列席。列席完了，他们的董事会主席说还要找胡总、梁博单独谈。谈完以后，梁博就跟我说，客户说要我们开一亿美元的履约保函，这个项目要求 2007 年底交付完，如果没交付完，没按照合同履行，直接把一亿美元的履约保函兑现后把钱拿走。一亿美元啊，当时我们压力非常大，加上媒体炒作，政府又要分一部分份额给西方对手，然后客户又要我们开保函，压力非常大。

田 涛： 最后开保函定下来没有？

易 翔： 当时决策，我们肯定不同意，我们肯定要顶住。我们那次项目经理换了很多。

田 涛：这个项目是王海暾去的是不是？

易 翔：王海暾没有去，他是去埃及三牌了。埃及三牌跟 Ufone 项目几乎是同时签的，都是阿联酋电信的子网，而且条款都一模一样的。但是到最后，大家只记得埃及三牌。巴基斯坦这个项目比埃及三牌项目大多了，有很多故事，可歌可泣的。Ufone 项目的验收条款在 2008 年我们就通过重新谈判，彻底改过来了，将整网验收改为按照 20 个站一个 cluster 小网验收，验收和回款在 2008 年就解决了，结果非常好。

田 涛：把这个故事讲细一点，很有意思。

易 翔：可以。这个项目对我个人来说，是作为代表最大的挑战。当时还有一个挑战，2006 年巴基斯坦代表处签下这个项目以后，就从亚太划到中东北非了，这对我个人和我整个团队而言都是一个很大的挑战，为什么呢？巴基斯坦原来在亚太属于条件比较差的国家，但是业绩非常好，是仅次于泰国的第二大代表处。而亚太很多国家都比较好，所以大家在巴基斯坦待一段时间以后都有一个希望，以后可以去马来西亚、泰国。因此当时划到中东北非片区以后，巴基斯坦代表处只要是骨干，都人心惶惶，都要回亚太，不愿意留在巴基斯坦，因为把巴基斯坦代表处划给中东北非片区以后，以后内部调动，在中东北非片区调动的概率就大一些，谁愿意去？当时对我个人而言最大的挑战是这个。我下面的主管好多都回亚太了，我就从下面提干部，那时候提起来的干部现在都是非常出名的，像史耀宏，后来接替我当中东地区部总裁。我当巴基斯坦代表的时候，史耀宏连 Ufone CTO 级别的客户都见不到的，因为客户要见华为级别高一些的主管。

田 涛： 他级别低。

易 翔： 级别低，那时候他进公司才一年多，当时才 13 级。他是 2005 年进华为的，进华为以后就直接到了巴基斯坦，那时候的代表见客户都不带他。我接手以后压力非常大，他们这些干部太年轻了，都还没有做过客户线主管。同时 Ufone 那个项目，确实好多也不懂，什么站点获取、电力引入、土建……真的不懂。

田 涛： 就是过去这方面都不懂，也没有经过任何培训？

易 翔： 没经过培训，都是在干中学的，在干中总结和积累。那时候李杰管 Turnkey，他就直接到那里（巴基斯坦）去。

田 涛： 管 Turnkey，李杰也不懂吧？

易 翔： 他也不懂，就是在那里学的。那时候李杰到巴基斯坦去，他什么时候来的，到哪里去，我都不知道，到了我也不会给他安排单独的办公室，他一直也找不到办公室，就是在项目组的办公室和兄弟们一块工作。我们总共是几千个站，每次承诺这个月交一百个站，到月底的时候只交了两三个站，每次承诺都兑现不了，几个月下来，客户就不相信我们的承诺了。

田 涛： 这个问题主要是因为不懂业务，还是站点获取困难？还是其他原因？

易 翔： 那时候我们不懂如何交付端到端的交钥匙工程，也没有那么多专家。当时见客户，李杰坐这里，我坐这里，史耀宏坐那里，因为我们没有按照计划交付，问题一堆，客户一上来就开始训我们，吐沫都溅到李杰的脸上，会上李杰也不讲，开会开到下午四点多结束，李杰说："走，我们回去开会。”回去的路上，李杰说：“我在华为这么多年，没哪个客户把吐沫都搞到我脸上的，我们太无能了。”然后他就组织项目组开会，在一个封闭会议室，从下午四点多开到晚上十二点多，晚饭都忘记吃了。当时会议气氛很紧张，那个会上，李杰相当于这个项目的负责人，给我们与会人员一个个安排活，我印象很深刻，当时李杰跟我说：“易翔，你负责电力引入。电力引入很难，你搞不懂，就去找电力局。”

田 涛：电力局？

易 翔：对。我说：“杰总，这个我不懂啊。”他说：“你不懂，怎么当上代表的？”那时候确实搞不懂。当时就是这样，大家都不懂，但大家都努力去学和去干，就是在这种情况下打出来的。那个项目每天晚上大家都搞到凌晨两三点、三四点，甚至就搞通宵，很多人坚持一个月就不行了。为什么这个项目这么多人？为什么两三千个中国人？没办法，就是一个月换一次，整个网络覆盖全巴基斯坦，分区域，南一区、南二区、中一区、中二区，有区域经理，区域经理就是冲一个月，冲完了，赶快回去再换一批人上。

田 涛：刚刚有经验，为什么要换掉呢？

易 翔：他身体搞不动啊！

田 涛：一天干多长时间？

易 翔：举个例子吧，当时 Turnkey 项目管理专家秦华每天凌晨两三点开始对站，一个个站点核对准备情况，一个个汇报，每天凌晨两三点开始打电话核对。这之前是在搞割接，割接以后再看明天的站点什么情况，物料什么情况。

田涛： 割接完大概都两三点了。

易翔： 有时候割接不完，都是搞到凌晨五六点，不成功就倒回去。那时候一是身体受不了，二是压力大，客户催啊。因为这个客户的现网是运行着的，是北电的设备，我们每开一些站，就要把北电的用户割接到我们的网络上，这样北电的设备就退网了，但割接又不能白天干，因为担心割接失败，客户打不了电话，就影响客户满意度，所以每次都是凌晨两点以后才能开始做割接，到天亮，如果不成功，就倒回去。当时胡总、梁博、李杰都在巴基斯坦现场参加过割接，割接的时候，很紧张的，因为担心不成功。

田涛： 每批大概换多少人？

易翔： 每批总的我忘了，我们分几个区，每区轮换，有些人能坚持，一直坚持下来的也有。

田涛： 大致能有多少人？一个月一换？

易翔： 一个月一换，至少换掉一两百号人。

田涛： 真是跟战场上打仗一样，冲上山头，然后一批顶上去，再换一批。

易翔： 那是高峰期，大概搞了几个月，本地员工就上了，慢慢起来了，刚开始搞不清楚。我们都有照片，那时候是巴基斯坦的雨季，通过马和驴子拉板车把站点设备拖过去的。

田涛： 几十公里、上百公里的。

易翔： 拖过去的，拖到山上。2007 年红色清真寺爆炸的时候，人心不稳，很多友商都撤走了，就我们没撤，当时我们有一些主管其实也坚持不下去。

我每天早晨八点钟就开始组织大家开会，分析安全形势。那时候战斗机经常在天上盘旋，我们的一个客户在办公室，腿都被流弹打中了。因为红色清真寺就在伊斯兰堡的中心地带，很多员工，当时都在那里面住的，在战区里面出不来。那时候有些主管就说“每天晚上换个宾馆，换个招待所去住”。

田 涛：每个晚上换一个宾馆？

易 翔：是的。别人告诉我以后，我打电话去把他们骂了一顿，你们还是主管呢，你们不敢回宿舍去住，下面谁敢回去住？当时大家压力大，睡不着觉，也是没办法。

田 涛：你当时在哪儿？

易 翔：我都是在现场，在伊斯兰堡，我家人都在那里。Ufone 项目负责采购的周宇，从 Ufone 项目办公室出来加油，加完油刚走两分钟，加油站爆炸，爆炸把 Ufone 项目组办公室的玻璃全部都震碎了，挨得太近了，我们办公室的人也是刚离开办公室去食堂吃晚饭，如果当时在办公室，肯定会受伤的。那时候一爆炸，胡总、杰总神经都很紧张，害怕巴基斯坦爆炸，因为我们人多。

田 涛：那是 2007 年？

易 翔：2007 年。

田 涛：当时这些信息每天都给公司报告？

易 翔：只要一爆炸，公司领导就会打电话过来问情况，我也马上第一时间发邮件，发给公司领导，第一时间告诉他们我们的安全情况。万学军当时是 Ufone 项目南一区还是南二区的项目经理，后来到南太当交付副总裁，现在在 GTS 当干部部部长。老万当时离开项目组的时候写了一篇文章，非常感人。

田 涛：那文章呢？

易 翔：我不知道还在不在，我可以打电话问他文章还在不在那里，非常感人，当时就说太惨了，太艰苦了，不敢发表。那时候杰总是每两个月到巴基斯坦去一次，现在交付的好多干部都是 Ufone 项目走出来的。我很感恩的是 2012 年回国以后，在公司 A8 食堂（华为深圳坂田基地食堂之一）吃饭，经常有人拦住我，跟我打招呼，我说好像不认识你，他们说我是 Ufone 项目组中一区的哪个人，然后就说还很怀念那个时候，感觉就像是一起战斗过的战友情谊。

田 涛：前前后后有两三千人？

易 翔：是滚动的，有两三千人投入进去。每次遇到一个人，他就说自己是哪一区负责什么的谁谁。

田 涛：有没有可能把 Ufone 那个项目，你认为有代表性的人找在一起聊聊天呢？

易 翔：那可以，你可以采访一下万学军、秦华、周宇、张东旭、周青巍、孙虎、周小华、李鸥等，好多人。

田 涛：当年那可以算是场战役了，有两三千人卷进去，把这一段复盘一下，因为它是第一个大的 Turnkey 项目，另外又是处在一个很严酷的战争环境下，把当年怎么去谈合同的，合同获取后怎么去履行合同的，履行合同过程中怎么去勘探的，怎么去获取站点的，怎么去铺设管道的，怎么去安装设备的，过程中怎么跟客户去谈判的都复盘一下。

易 翔：复盘的话要好多人啊，而且会很精彩。

田 涛：对啊，这本身就是个案例，一个公司全球化的案例，我们把这个单独做一个项目。

易 翔：这里面还有好多精彩的事情。

田 涛：我都可以去巴基斯坦跟他们交流。

易 翔：现在还在巴基斯坦的不多了，现在巴基斯坦的交付副代表张东旭就是原来 Ufone 项目组的。他以前是华为大学搞培训的，当时是去写案例的，因为项目缺人，就把他抓来，说你来负责项目的计划管理。

田 涛：这跟打仗一样，本来是上面搞宣传的人，结果到了战场以后，战场上紧急缺人，把搞宣传的就抓了去。

易 翔：是的，就是您说的这个情况，他搞计划，人很认真，原来搞培训，慢慢地跟着项目组学习，成长很快，后来他就当项目经理了。后来把他派到沙特阿拉伯去支持，最后又让他回巴基斯坦做交付的副代表。他和他的老婆是在项目组的时候结的婚，他老婆也是华为的，后来到巴基斯坦去陪他了，不知道现在是不是从华为辞职了。这些都很感人，他是当时的见证人之一。

还有好多故事。大家压力太大了，有一次秦华和几个人开车跑到巴基斯坦的北部去了，开了十六个小时。北部山区没有站点，联系不上。第二天客户发现人不见了，我和史耀宏也不知道他们跑哪儿去了，客户就开始一个个基站跟踪，最后客户就判断他们跑到北部去了，靠近中国边境的山区。原来他们是去放松一下，压力大嘛。他们回来以后，我还是该处理就处理，全部通报批评，抄送给公司高层领导，纪律上要求很严的。下去的那批人，到 Ufone 项目组的时候级别比我高，但是到那里了全部归我管，归代表管。那时候像秦华和公司的几个五级专家，除了王海暾到埃及三牌，其他的都在 Ufone 项目组，只要能抓到的，五级、四级的都在 Ufone 项目组。这个项目因为前期跟 Etisalat 签的条款不行，也不能怪客户，要怪我们自己不行，我们自己谈判水平不行。我们那时候不知道什么叫全网验收，以为很容易的，全网几千个站验收，你想几千个点遍布全国，一个点验收完以后，过了两天东西被偷，又坏了，再去的时候就说你这个又坏了，全网验收同时通过理论上完全不可能的。2008 年的时候，我把史耀宏、秦华召集过来，我说 Ufone 这个项目，我们必须推动客户修改合同条款，给我拿到 PAC（Preliminary Acceptance Certificate，初验证书），必须给我回款，必须给我按照一二十个站验一次，小批量验收，必须给我改合同。他们刚开始都不作声，我知道他们心里怎么想的，就是修改合同太难了，客户董事会也不会同意。我交代下去了，一个月没动静。然后我拍了桌子，说我们必须搞定，到时候出现什么问题，我带头跟客户去谈。我说如果 Ufone 项目是我自己开的公司做的项目，我早就破产了。你把它作为自己公司考虑的时候，跟客户将心比心地谈，客户他会认可。刚开始客户强烈反对，最后我就对客户说，我们没有钱付分包商了，分包商不干活，不给站点加油，我们就不得不停站了，要分包商撤走，我谈完后就出差飞走了。但是我也不敢报公司，因为停客户的站点，是非常严重的事情。

田 涛：就不做了？

易 翔：当时我要陪另外的客户回国。走之前我和客户谈了，客户最后一看，分包商确实走了，不给油机加油了，那时候巴基斯坦隔两个小时停一次电，天气又热，没法搞。客户说你来真的？其实我们关系比较好，我们付出很大代价，他知道我们的人在健康、精力、安全方面付出了很多，巴基斯坦发生打砸抢的时候，其他公司都撤走了，我们还在那里给他坚守做工程，在全国宵禁的时候还在跟他们干活。然后Ufone客户就说这个事情我们还要报政府，还要报Etisalat总部决策。我说我不管，我就要收回项目的款，不然破产了。我们几方做工作，结果硬是把几千个站的全网验收合同改成二十个站一个组验收，验收完了，Etisalat该接管就接管，二十个站有什么问题很容易整改，这样就容易拿到验收证书，拿到验收证书，就可以拿到回款。

田 涛： 如果出问题你再付我维修费？前面验收过的。

易 翔： 那就维修呀。关键是拿了PAC我可以确认收入了，要给我钱了。Ufone的董事，以前每次见面都说，在巴基斯坦外部环境最困难的时候，华为从来没离开，所以Ufone从2006年到现在我们都是百分之百的市场份额，做了二三十个亿美元了。

田 涛： 通过这件事情跟Ufone的关系搞得更好了？

易 翔： 搞得更好了，我们的应收账款有几年都是负的，负的是什么意思，是客户先把钱给你了。所以这个客户全网一直是我们做，对手一点机会都没有。

田 涛： 后面做的也都是Turnkey？

易 翔： 只要新增的都是Turnkey，那就容易了。

作为一个主管，在关键时候的担当相当重要。2007年12月27日，巴基斯坦总理贝布托去世，那天我在哪里呢？我在拉哈尔。下午我就坐飞机从拉哈尔回伊斯兰堡。司机去接我，正常情况下从机场到宿舍就半个小时，但那天堵车，车不动了，而且好像在放鞭炮。我问司机："怎么在放鞭炮？"他说："不是鞭炮，前面是枪击，在打仗。"我说："是谁打谁？"他说："不知道。"司机带着我从小路走，两个小时才回到我的宿舍。我是提前一个多月就订好那天晚上的机票飞北京，因为十二月底、元月份要回公司开会，我想请几天假。那天晚上我到宿舍收拾了一下东西，怕堵车就马上到机场来。我换好登机牌，进候机厅以后看电视，就看到贝布托遇袭身亡的新闻。我马上把登机牌退掉，回去。当天晚上，整个巴基斯坦都开始发生打砸抢事件。我回去后，第二天就开始上班。那时候有一个小伙子，他现在应该是在意大利或者我们总部上班，他说了一句话让我印象很深刻，他说又听到我爽朗的笑声了。我要回来振奋军心。

田 涛：真不容易。

易 翔：又待了几天，等全国局势平稳后，我才走。大家都知道我提前一个多月订票要走。在这种情况下，作为主管你一定要带着你的团队，能够以身作则。当时巴基斯坦很乱。

田 涛：非常严酷。

易 翔：非常严酷。万豪酒店爆炸那天，没记错的话，姚福海那天本来要入住万豪酒店的。他从新疆过去，新疆的客户请他吃饭，喝醉了，晚了一天到，本来该那天到的，都订房了。晚上七点多钟就爆炸了，而且是开斋的时候爆炸。我们有两名员工，一男一女，可能在谈朋友，他们从拉哈尔回来，在那里吃日本餐，爆炸以后跟着别人跑出来的。跑出来以后第一时间给我打电话，我一听吓坏了，马上说："放你们一个月假，两个人赶快买机票回去，否则心静不下来。”

田 涛：一方面要大家冲锋，另一方面遇到危险了就让他们去休息一下。

易 翔：我们命大，是老天保佑，也是老板的福气好，老板造德，解决这么多人就业，功德很大，我们在那么艰苦的地方没出事，爆炸就在我们身边。万豪酒店爆炸的时候我的女儿在洗澡，一爆炸，那个声音很大，玻璃都震碎了，我女儿吓得跑出来，问发生什么事了。真正打起仗来还是非常可怕的。

田 涛：你小孩现在回来了？

易 翔：回来了。再说回业务，回想起来，在合同更改这方面，史耀宏应该是感受最深刻的，他们被我压着，说必须给我搞定，不搞定我们就不干了，跟客户谈了一整晚。这个项目最经典的方面是条款能够谈回来，在那种艰苦的情况下能够验收回款。

田 涛：再聊聊你后面的经历。

易 翔：从巴基斯坦出来以后，我就到中东去了，在中东地区部当总裁，待了几年，然后再到财经，在财经还待了两年多。

田 涛：在中东那边有些什么印象深刻的事情？

易 翔：中东地区部刚开始的经营很差，压力还是比较大的。我到中东以后，重点就抓几件事情，一个是战略方向，一个是战略格局，另外就是客户群系统部的建设。我当总裁都是跟一个个客户群的主管直接沟通，越过代表的，直接让客户群主管向我汇报，代表也可以参加。我不强求代表参加，代表处好多事情，代表有空就参加。他们向我汇报经营、收入、客户关系，一个一个来，坚持了两年，整个经营打下了坚实的基础。打下了坚实的基础以后，利润好了，也出了不少干部。

田 涛：你走了之后是彭中阳?

易 翔：我跟彭中阳是同期，他是北非地区部总裁，我是中东地区部总裁。

田 涛：那时候分中东和北非地区部了?

易 翔：那时候片区已经拆了。我走了以后，Ufone 的客户群主管接替我当地区部总裁，他以前在我手下当过下属，Ufone 全流程的项目他都参与了，把中东的整个格局打开了。我在中东的时候，中东那几年做得比较好，包括这两年都做得比较好。我一直有一句话，我们作为主管、一把手，就是要思考，要学会十八个月做十二个月的事。

田 涛：为什么要十八个月做十二个月的事呢?

易 翔：这就是我们中东地区部成功的一个原因，是最近好多年业绩都比较好的原因。现在来讲，如果说一个主管、一个地区部总裁、一个代表处代表，到七月份还在思考今年能不能完成今年的任务的话，已经晚了，你一定要思考明年你的粮食在哪里，开始为明年布局你的资源投入，为明年的市场机会去拓展，提前半年。

田 涛：那就是十二个月思考十八个月的事?

易 翔：十八个月思考怎么把十二个月的事情做好，如果我今年七月份还是当地总，我思考的是 2016 年全年中东能够做多少？该从哪些地方拓展？目前还有哪些问题？我多半年去布局，布干部的局，布机会点的局，布客户拓展的局，因为如果从一二月份开完公司市场大会以后再去搞，你今年很多单子都落不到地了。

田 涛：对，其实 7 月份就要开始布局。

易 翔：7 月份就已经布局了。我经常跟他们讲，一个代表如果在当年的 7 月份还在告诉我他今年的任务能不能完成，明年都还没开始思考，那我相信他不但今年完成难，明年也够呛，我一直要求他们把这个传统继承下去。

田 涛：这是你总结的？

易 翔：是的。很多地区部一想到中东就觉得中东人有钱，一句话总结：中东石油多、有钱。这一总结使得大部分兄弟们的努力就没有被注意到。别人有钱怎么不给竞争对手，为什么给你啊？为什么要多给你钱？那真是掘地三尺，真正把客户的需求挖掘出来，每次都是提前半年去挖掘机会的。我每年的七月底八月初就跟大家讨论明年有哪些机会点，别跟我讨论今年，讨论明年的机会点的时候，你该找哪些？现在就给我找，现在就要开始找合适的人去拓展，现在就要开始排兵布阵，构建能力。有哪些困难？既然你看到困难，现在就动手，不要到明年你业绩起不来才跟我讲困难，你半年前干吗去了。

田 涛：客户需求的机会点是客户已经有这个需求了，还是你们去发现的？

易 翔：那是两种，一种是客户有需求，第二种是客户没有。

田 涛：重点听听第二个，你怎么激发客户的潜在需求，把它变成机会点？

易 翔：我举个例子，2009 年 7 月份的时候，丁少华在中东北非当片总（片区总裁），他参加了我们中东地区部的那次主管会议。当时我们在酒店开会，说要搞代维，那时候代维还只是个方向，现在公司的要求是代维我们要赚钱。我记得当时沙特的代表刘琦说不可能有这个机会，因为代维以后，沙特电信是国有大企业，都要裁员啦，裁员国家就有压力。他自己在那里想，首先把自己封闭起来了，不开放。我当时很生气，以前在亚太片区刘琦还是我的领导，我拍着桌子说如果自己都不敢想，自己首先就关着门，那就看不到机会，代维现在是趋势。其次，现在客户网络的设备变化太快，客户是跟不上的，他没法自己管理网络，只能依靠厂家。我们以前在国内的客户，懂贝尔 1240 机器，懂朗讯、爱立信的机器，客户的工程师虽然参加了培训，但他可能一辈子就只懂这一个。现在客户的网络设备变化这么快，我们厂家不努力学习，都不一定搞得懂，客户能搞得懂吗？现在客户已经没办法，只能依赖你，而且在技术上是个趋势，不可能阻挡。结果第二年，从沙特电信就拿了八千万美元的代维项目，原来没想到。

田 涛： 这本来是没有的需求，表面没有这个需求。

易 翔： 对，表面没有这个需求，实际上有时候客户有潜在需求，你要去挖掘，你要去引导他，告诉他大的发展趋势。去年中东地区的服务的订货已经超过中国区，你可以去问梁博，他说中国区要向中东学习，中国这么大一个国家服务收入赶不上中东，而且中东的服务年利润是最好的。我一直强调一定要提前去策划，我们公司每年的任务都是很重的，要有战略眼光。我到区域管理部后发现，总是做得磕磕绊绊的地区部，总是增长不起来的地区部，往往是战略做得不好，没有战略方向。我在中东和巴基斯坦的时候，给他们讲“九点一线”的案例，让他们连一下，很多人连不出来。那个题目给大家的感触，就是你一定要打破框框，不能把自己框住，自己把自己框住就不行。中东这几年，我认为通过几代人的努力还是做得不错的。

田 涛：然后你从中东就到财经了，哪一年到财经的？

易 翔：2012 年。

田 涛：为什么要调你回财经呢？你的专业是什么？

易 翔：我的专业是计算机。

田 涛：你是学计算机的，又不懂财经。

易 翔：这里面有个事情，我们在巴基斯坦有一个客户，签单的钱一直没给我们，欠我一亿多美元。我第一个提出来要跟他打官司，当时梁博是CFO，徐总（徐文伟）管全球市场，梁博都感觉很惊讶，因为一般的地总、代表为了市场竞争都不敢跟客户打官司，打官司得罪了客户就很麻烦。客户最大的股东是阿联酋的高教部长，是皇室成员，他同时也是我们在阿联酋做生意的保人。但是我就坚持要打官司，不打官司他不给我们钱，不给我们签融资协议。我去找各种客户，找政府官员，找 Etisalat 问这种情况能不能打官司。然后在巴基斯坦就真的打了。我去找他们的高教部长要钱，部长每天四点钟前会见人，一个个跟他握个手就走了，我那天握完手就坐在他旁边。

田 涛：高教部长，相当于教育部长？

易 翔：相当于教育部长，他是董事长，也是皇室成员。他的 CEO 给老板写了封信，说我见他们皇室成员态度很傲慢，在这么重要的场合下还谈要钱，还坐在部长旁边不走。老板就交给胡总去处理，胡总打我电话，我把前因后果跟他讲了，这个客户欠我这么多钱，我要钱啊。这个我们也开过会的，还有梁博、徐总都参加了的。胡总说那我跟老板解释一下，你准备下看怎么跟老板及客户回复。因为这个事情梁博还说请我吃饭，梁博说他很少见到地总敢主动跟这样的客户打官司。到最后，这钱一步步在给我们了。

田 涛：而且找到皇室的成员。

易 翔：对啊，皇室成员，他是大股东，他给老板写信说不再给我们担保什么的，我都不后退，我们做生意就要用做生意的观点来看。这个事情是2010年，梁博，包括徐总都参加了，我想这个事情应该给公司领导留下了很深的印象。

田 涛：有原则，有立场。

易 翔：很多人不敢打啊，打了以后我们阿联酋的生意可能会停下来，友商就进去了。我们在阿联酋的生意也可能没法做，他不给你做保人了，公司马上要关门了，但是我们还是要讲道理。我想可能是这个事情，控制管理的风险意识等几个方面的原因，促使公司调我到财经。

田 涛：现在跟那个保人的关系呢？

易 翔：打官司也是正常的，其实还能赢得客户的尊敬，关系还是维持得不错。

田 涛：你到财经是担任二把手还是三把手？

易 翔：做区域财经管理部总裁。

田 涛：你在财经主要是管什么？

易 翔：分管区域财经，管全球的地区部的、国家的 CFO，包括中国区。在那儿做的两三件事情我认为是有价值的，第一件事情是把全球项目财务做起来。那时候我自己想把项目财务做起来，实际上后来老板也加上这一块了，我也没有提前向老板汇报，但是我想当时必须做，因为我做过 Ufone 项目，知道项目财务的重要性。如果每个项目的财务能做到合格，那么国家 CFO 就有一个很大的干部池子，而且每一个项目的经营搞好了，整个经营就起来了，有很多好处。我接手的时候项目财务的离职率都是百分之三四十，因为没感觉，最后在老板的支持下，把项目财务的职级等都提起来了。

田 涛：项目财务这样的观点是你自己想的，还是实践中得出来的？还是你向西方学习的？

易 翔：公司也有这方面的要求，但落实得一直不太好，结合在一线的实践需求，实际上是非常重要的。因为我们的经营要求很严，最后直到项目层级，如果项目的预算、核算都搞不清楚，整个就不行。

田 涛：过去就是按照一个国家、代表处总的管理，现在是项目核算？

易 翔：对，项目核算。

田 涛：这个是你到了财经以后开始的？

易 翔：之前他们就在搞，但队伍不稳定，因为项目财务需要各方面的支持工具，与业务也有关系。如果项目经理只管进度、客户满意度，不管成本，不管经营，CFO 做很多事情就没有支撑，自己单独玩不行，还是要跟业务在一起，这是个大气候。我们强调项目经营，就一定要把项目财务这个队伍建起来。

田 涛： 项目财务你是专门有人，还是每个地区、代表处或者是国家的人？
易 翔： 我们要自己招人、培养。

田 涛： 直接就是做项目财务？
易 翔： 对，专职的，有几百人的队伍。

田 涛： 全球有几百个人？
易 翔： 对，那时候只要地区部 CFO 向我汇报，我就会问“你项目财务配了没有”，那时候很多区域的业务部门都不愿意配人。

田 涛： 项目财务直归集团财经？
易 翔： 归地区部 CFO 管，但是地区部 CFO 归集团财经管。那时候，每次地区部 CFO 汇报，或者地区部总裁汇报，我都问项目财务配了没有，天天问这句话，哪个场合都问这句话。2013 年做破格提拔的时候，我一下子破格提拔了五十个人，就用郭总（郭平）、杰总、孟总（孟晚舟）的指标，他们每个人都有破格提拔的指标，我就找他们要。项目财务破格提拔了五十个人，有些提两级，有些提一级，再把工资提起来。另外我们把他们的职业生涯管起来，凡是要做国家 CFO，必须要有相关 PFC（项目财务经理）经验，逼着财经很多其他部门的人从这条路走，大家都来就好干了。现在搞项目的获取分享制，在去年、前年的时候，很多地区部项目经理分钱，就不给项目财务分奖金，担心万一项目财务概算、预算做假，跟业务一条裤子，给他分钱就不公平了。当时我就说必须要分，他是参与了项目，产生价值了，而且概算、预算也不是项目财务一个人说了算，是项目经理，是一个评审团队给评审的。

田涛：他们融为一体了。

易翔：参与项目分钱。还有的地区部是这么解决的，把钱拿出来，由 CFO 去给项目财务，那也可以。只有他们真正参与这个，他们才会去改进，去挤水分，去降成本，去优化方案，不能不让他参与进去。

田涛：项目财务管控，促进发展。

易翔：要是总想着有人会怎么搞假，从这个角度考虑，事情就没法搞了。任何事情都有利有弊，你怎么不看它有利的一端呢？

田涛：变革的理念问题。

易翔：到最后，现在项目财务有些人一年从项目中能拿个一二十万，以前从来没想过，所以有些人就愿意当项目财务。

田涛：他们在项目上获取奖金，但是在平台上的呢？

易翔：在平台上也获取一部分，这样他干起来就有劲了。

田涛：谢谢易总，讲得很精彩。

易翔：我上次还跟徐总（徐直军）讲，我说怎么没采访我，我只有一个很简单的想法，想把老板那句话让大家知道，就是：兄弟们能去的地方，我为什么不能去？谁阻挡，谁下课。任正非。那个印象非常深刻。这些是老板在言传身教，什么叫华为文化。

田涛：讲讲大胆使用干部的事。

易翔：大胆使用干部的案例蛮多的。巴基斯坦代表处从亚太片区划出来，划给中东北非片区的时候，很多干部走了，很多担子就要压给年轻的干部。

我记得史耀宏，他自己也记得，那时候 CTO 这些中上层客户不见他，因为他很年轻，客户都只找代表，找我。当时我管巴基斯坦和阿富汗两个国家，有一二十个大小客户，我跟史耀宏这样说："我一个月不见这个客户，我不见，我敢于不见，我不见就你见，找我就找你。"只有这样客户才跟他去谈。他有一次真是顶不住了，说："我们一起去。"我把西服都穿好了准备出发，最后问他："史耀宏，你再想想，这次是不是要我去？如果出问题了我来承担责任。"史耀宏说："你干脆别去，还是让我去吧。"那件事情挺过去了，从此以后客户就主要找他，除非事情再上升到我这里来，否则如果客户总是什么大小事情都找我，第一是兄弟们没感觉，第二，我的精力全贴上去，整个组织也有问题。客户为此还投诉到梁博那里去了，我记得是 2007 年元月份，他到阿联酋去见客户董事。董事说："你们巴基斯坦那个总经理不重视我们 Ufone 项目，有时候也不去见我们。"梁博马上给我打电话，我就跟他讲了："你看我下面就这些人，这些人如果不成长起来，他们项目经理天天找我这个代表，我如果整天陷进去，怎么管其他那么多客户群，怎么看前面的方向？"梁博说有道理，然后他也没有跟公司其他人商量，这件事情就继续，结果史耀宏就成长起来了，客户就信任他了。史耀宏他们拍的板，我说搞错了我来承担责任，他们很快就成长起来了。这件事情给梁博的印象很深刻，那时候他打电话给我说客户投诉你，不过也说那几次你如果去了，下面这个干部就成长不起来，客户就会觉得还是要找易翔，客户群主管说了不算，这样客户群主管永远成长不起来。

田涛：他中间跟客户就隔了几层。

易翔：对，我到了中东以后抓客户群的建设，通过电话会议、视频会议，要那些客户群的主管向我汇报，现在客户群主管大部分都已经升为代表了。我发现跟我汇报有种好处，一是他们确实转身了，从只关注冲锋，不关注周边团队建设、不关注经营转身了。同时通过这种方式我可以看干部，现在这些客户群主管在国内就有很多当代表的，在亚太、在其他各个地方都有。

田涛：以前在你手下的现在做到中层以上的有多少人？

易翔：没统计过，太多了。

田涛：他们平均年龄多少？

易翔：有些年龄大一点，四十岁左右，有些年龄小。

田涛：你是哪一年出生的？

易翔：我是1975年的。

田涛：四十岁。

易翔：我当时到中东去的时候挺搞笑，沙特的代表刘琦是我原来在亚太的领导，是商务副总裁，有好多老同志，但大家都相处得还不错。

田涛：所以华为还是敢于用人，然后人都是在打仗中成长的。

易翔：史耀宏，他就是客户群主管，是我做巴基斯坦代表时的手下。他Ufone做得好，就让他去做Ufone，上面的母公司是阿联酋电信。他是1979年的，2008年去做阿联酋电信系统部部长，才29岁，代表都没当过。刚开始半年压力非常大，晚上有时候他都在办公室睡。后来领导找我谈过几次，公司领导也有，片区领导也有，问史耀宏是不是搞不定？Etisalat的客户不好搞。但关键时候我还是给他打气，我对公司反馈说，客户高层都没让他做，要完全交给他并信任他，慢慢让他全部承担起责任来，大概过了八九个月，他做得很好，越来越好。

田 涛： 现在他是阿联酋的一把手?

易 翔： 后来接我做中东总裁。

田 涛： 中东总裁 37 岁。

易 翔： 他是 2012 年接替我当中东总裁的，那时候才 33 岁。

田 涛： 1979 年，现在是 36 岁。

易 翔： 是的。

田 涛： 33 岁做中东总裁，相当于中层偏上的高级干部了，他做中东总裁的时候中东地区部一年销售额是多少?

易 翔： 中东的销售去年做到收入是三十几个亿美元，订货都是四十几个亿了。

田 涛： 才三十出头。现在北非的总裁也很年轻。

易 翔： 对，北非总裁是 1982 年的。

田 涛： 就是接邹志磊的那个?

易 翔： 对。

田 涛： 北非也是一年几十亿美元销售额对吧?

易 翔： 今年可以搞到二十几个亿，去年十六个亿，北非稍微困难一点。

田 涛： 他也是从北非成长起来的？

易翔： 他是从西非的尼日利亚成长起来的。

田 涛： 应该是破格提了多少级吧？

易翔： 应该是破格提了。这些年轻人给他们机会，给他们信任，不要犯贪污腐败、怠惰等错误，帮助他们正确地成长，他们都会给你惊喜。

（结束）

访谈 7 叶晓闻

访谈时间｜2017年3月2日/2022年6月15日
访谈地点｜新加坡/中国深圳
被访谈人｜叶晓闻
访 谈 人｜田涛 殷志峰

访谈人： 你做了 5 个部门的 CFO，涵盖了研发、市场、产业，你是最全面的，讲讲过去你在这几个领域干的时候印象最深刻的事情。

叶晓闻： 接到你要访谈我的消息时我正在开车，感觉一下子把我拉到了倒车模式。确实像我这样干过研发、代表处、地区部、产业子公司的 CFO，在华为应该为数不多。以史为镜，可以知兴替，我还真是好好地想了想这 5 个 CFO 的异同。

我是海思的第一任 CFO，海思的关键词是花钱。财务第一门课，也是最重要的一门课，应该就是怎么花钱。钱花不出去，就不可能挣得回来。

后来我去了海外第一大代表处印度尼西亚代表处（印尼代表处），那一年多日思夜想的，就是怎么挣钱。我交了一张答卷，贡献利润率一年提升了 15 个点，摘掉了大而不强的帽子，想想还是有点小骄傲的。

* 叶晓闻，2005 年加入华为，现任数字能源公司 CFO。

我在两个区域担任过地区部 CFO，一个是海外最大的发展中区域——南太平洋地区部（南太地区部），一个是最大的发达区域，也是运营商的高地——西欧地区部，这两个地区部的经营管理在我看来也有着天壤之别。南太地区部当时发展的势头很好，现在也是华为海外最稳定、体量最大的粮仓。那段时间我思考的是怎么高质量、持续有效地扩张。到了西欧地区部以后，外部环境发生了重大的变化，华为已经进入了实体清单，我脑中的弦是如何防范风险，做能做的生意，在生存的底线上求发展。

现在到了数字能源公司，这是公司第一个产业型子公司，怎么做完全没有先例可循。我有次开玩笑说，创业难，在一个公司内部创业更难，在一个大公司转型时内部创业难上加难。按照公司的要求，我既得琢磨怎么花好钱，更要思考怎么挣钱多打粮食，要在扩张和控制的平衡中追求效率和效益。以前只需要管好公司里的某个业务单元，现在是在一个独立运营的法人实体边界里，需要通盘考虑各个维度，真正做一个有价值的公司。

访谈人： 5 个 CFO，5 个关键词：花钱、挣钱、扩张、避险、均衡，都是为了公司价值。你展开讲讲这 5 段经历。

一、海思 CFO：怎么花钱

叶晓闻： 我是第一个被正式任命的海思 CFO，想想十几年前真的是无知者无畏，就这么开启了一段激情燃烧的岁月。刚上任就被安排述职，具体讲什么不记得了，但是当时孟总（孟晚舟）讲的一句话我印象特别深刻：海思是公司的未来，你不能想着节约费用，而是要搞清楚怎么能更好地支持业务大发展。

刚去海思时我有小半年没敢说话，虽说我以前干过研发、做过 PDT 经理，但是芯片领域很多东西不懂。华为的财务，首先要求的是懂业务，尤其作为一个 BP（business partner，业务伙伴）组织的 CFO，如果都搞不明白业务，哪儿谈得上怎么支持呢？

2011—2012 年，海思已经完成了近二十年的积累，但是一出门，遇到的对手就是全球最优秀的芯片设计公司，我们那个时候并没有多少底气去跟人家叫板。我到海思以后，第一次列席公司的 EMT 会议，领导们就激烈地争吵起来了。原因是当时海思有一部分的研发经费让终端公司买单，相当于终端出钱养海思来自研手机芯片。"金主爸爸"（终端公司）认为，为了保证手机的技术优势，高端和中端用的是全球最优秀的公司的芯片，我们还是要瞄准低端，这是当时 CBG（消费者业务）给海思的定位。确实那时候海思还不是很成熟，做出来的芯片还是有些差距的。但大家当时对海思的策略和定位是不一样的。

后来一位高层出来镇场了，说看着是海思给手机做配套芯片，其实是终端在给海思做配套手机。芯片的成熟，一是需要很长的周期，持续投入、持续迭代；二是需要海量验证，只有大规模量产才能实现经济循环和螺旋改进。手机芯片的场景是最复杂的，对功耗、效率、工艺的要求也是最高的，只有掌握了芯片，才会有手机、基站、服务器的真正领先……这位高层的表达很激进，要求海思一定要瞄准高端。

那天走出会议室的时候我有种醍醐灌顶的感觉，任务变得清晰起来：怎么给海思去找到更多、更好的弹药，让它能从珠穆朗玛峰的北坡爬上去。

芯片产业被誉为实业界的明珠。做端到端的芯片产业，不能靠着怎么省钱，也不完全是考虑怎么赚钱，主要是看怎么花钱。现在回想起来，我认为国内很多企业尤其是芯片企业不知道怎么花钱，不知道自己的定位是什么，不知道面临的挑战是什么。烧钱其实是一门大学问。如果只是做技术替代，那很简单，但是做出一颗芯片以后如果不能实现经济批量、实现良性循环，那不可能赶得上节奏。如果不能坚定信心，坚持在核心技术、底层逻辑、关键材料上的投入和预研，也只能是邯郸学步、东施效颦。如果没有数十年如一日聚焦在一个赛道上，培养出一支有梯队、有挑战的开放型团队，芯片投资也绝不可能长久持续下去。

我当时提了个观点，产品开发的财经跟技术预研的财经完全不同。那时候公司刚成立2012实验室，大家都不知道预研该不该管、该怎么管。公司对IPD流程里面的财务代表要干什么是很清楚的，但不知道预研的财经该管什么。财经人员去2012实验室、海思这些业务单元，技术上听不懂，去管费用也不太合适，就很尴尬。

访谈人： 相当于怎么做贝尔实验室的预算。

叶晓闻： 对。先把预算给到科学家，这是个态度。怎么能花好这笔预算，怎么保证钱花了之后能有研究成果，这是门学问。

研发本质上是投资，投资就看4件事情：方向、节奏、组合、效率。第一是方向要大致正确，预研最怕的是方向错了，茫茫星空，至少得大概知道往哪个方向是在朝着火星飞，才能有机会着陆。“研”可以犯小错误，但不能押错宝，要清楚从哪儿开始演进。第二是节奏，产品开发的项目按照IPD流程有明确的业务计划，但是预研早一点晚一点、快一点慢一点，很讲究，既不能领先三步拖死公司，也不能贻误战机被人颠覆。第三是组合，投资应该是高低错落、几边都下注，既投高风险高收益的，也应该投一些低风险低收益的，最优化产品组合的本质是平衡收益和风险。最后是效率，多角色协同，持续优化能力，对商业成功负责。预研和开发分别侧重于关注投资四要素中的两个要素：预研财经应该关注方向和节奏，开发财经则关注后两者，组合和效率。我们的研发投资，应该可以套用这个模型来开展。

当时海思的核心团队，包括何总，非常认可这个总结。只要有了框架和抓手，财经跟业务之间就会有纽带可以连接起来。老板要求我们财经要懂业务，但如果一个财务人员只是下站点、看展厅，跑马观花，是很难看出个究竟的，那不叫懂业务。一个好的CFO，他更要知道的是芯片、盒子、微波背后的商业逻辑，要知道财经能起到独特价值的领域。

比如，"方向"上我可能没有发言权，但研究财报是我熟悉的领域。芯片大拿都是上市公司，一份份财报读过来、一个个分析师观点研究透，我就能大概知道这些公司的投资方向。他们是要卖股票给投资人的，必须把这个道理说明白，否则别人不买它的股票。如果这些公司能跟投资人说明白，那我应该也能看明白。我在海思的几年，团队工作和能力提升的一个主要方向，就是认真研究友商的投资方向和节奏。功不唐捐，慢慢地我跟艾伟就有沟通的点了：你看它是这么琢磨的，它是这么发布的，咱们是怎么考虑的呀？艾伟当时就跟我说："哎，挺好的。"终于有了一个"反方"可以去跟他拧麻花了，我起了一个很微小的作用，给了他一个校验器。至少大家去火星的路，在同一个方向上了。

节奏上，我们当年投资手机芯片，从一开始就确定要有短、中、长的投资组合。当时海思的研发投资一部分由公司给，一部分由各个产品线出。公司给的钱相当于投"原子弹"，不计回报；但终端出的钱是要支撑手机盈利的，芯片本身要有竞争力，不能老搞"暖宝宝"。所以说我们在投资上要讲究节奏和组合，短线满足性能、质量、成本要求，长远的要坚定去领先半步。在这个过程中，财经逐步对怎么花钱有了想法和能力，就知道怎么样区分和锁定中远期、中近期的各类项目，也知道该怎么匹配对应的财经服务和支持了。

原来海思投入预算也和别的产品线一样，都是按年度商业计划，12

月 31 号全盘清零，1 月 1 号重来一遍。我说不能这么做。海思的业务分为两类，一类是战略攻关，技术驱动追求先进性，关注突破问题；一类是商业芯片，围绕客户需求做好给各个产品线的配套，对准商业价值。匹配对应的投入，战略攻关应该以 SP（战略规划）来看投入预算，而不是 BP（年度商业计划）。要基于一个完整的商业和产品周期的节奏，找准方向后稳定地保持这个灶里面持续有柴火，不能因为短期经营业绩不好就决定把这个柴火给撤了。我就推动向公司 EMT 汇报，明确海思战略攻关类芯片的商业计划、预算投入逻辑，以 SP 为周期给了一笔钱，这就是战略攻关预算。另一类，商业芯片要保证产品线的投入能慢慢见到收益，保证整个产出跟投入的节拍基本一致，使得各个产品线愿意给海思投入，逐步实现正向循环。从 10 年的长周期看，海思就形成了自洽的、良性的投资组合。

这是我觉得做得比较好的一个事，把这两类业务投入的逻辑理顺了，学会了怎么花钱。

访谈人： 把刚才你讲的东西放到我们整个公司大的发展框架里面，会发现这个逻辑不是偶然的。我们公司能够在 CT（通信技术）领域做到第一，我们是两次弯道超车。

第一次是互联网泡沫破灭以后别人缩减投资，我们加大投资，基本上进入了第一阵营，开始了我们的全球化。第二次弯道超车是 2008、2009 年那次金融危机以后，别人缩减，我们加大，就走到了行业第一。

我记得当时徐总（徐直军）讲过一次，他说我们的标杆就是爱立信，我们有三个目标，分三步走。第一步是华为公司的收入超过它，第二步是我们的运营商设备业务超过它，第三步是无线超过爱立信。当时我们正好处在那个阶段，经过 2009 年的金融危机以后，我们第二次弯道超车，已经走在了行业第一的位置。

老板可能是 2011 年看了《2012》那部电影，就成立了 2012 实验室。老板是一个非常现实主义的人，当你还没有领先的需求的时候，他是不会去做相应的投资的。那时候华为公司就开始要准备做一个技术上的领先者了。

你去的时候很重要，那时候正好公司的发展战略开始发生变化，海思开始成为华为的一个战略竞争力。你解决了一个很重要的命题，就是在你之前可能大家不会去思考花钱的问题。你刚才讲的东西，把整个逻辑打通了。

叶晓闻：我刚去海思时，业务有六七千人，财经队伍，那时还叫海思财务部，只有三个人，一个管预算，一个管费用，再加一个财务经理。日常就是简单做个汇总统计，开会的时候有个人在那儿，财经并没有找到自己的存在点。

有了这四象限以后，我们才慢慢开始做起来。后来在 IPMT（集成产品管理团队）会议上，跟芯片的行家开会，财经就开始有点话语权了，业务也会重视财经提出的专业建议。后来何总主动提出来要给我加人，她当时说："认可一块，建设一块，发展一块。"后来部门升格成海思财经管理部，我离开时已经有五六十个人了。看似简单的人数增加，背后是业务对财经的不断认可，财经发挥了专业价值，匹配了业务发展。回头看还挺有感触，觉得学了点东西、做了点事情。

访谈人：你落实老板的思想，以业务为主导，以财务为监督，在海思体现得特别强烈。

二、印尼代表处 CFO：怎么赚钱

叶晓闻：在海思待了几年，被公司盯上了，说我还没去过海外。时任区域财经管理部总裁的李大丰找我说，你自己有什么意向？可以考虑去地区部。我说我要去代表处，要去国家。他说你的职级不好去代表处。我说我可以去个大一点的。他说区域最大的代表处是广州代表处（广办）和印尼代表处。

访谈人：印尼代表处当时在华为是“宇宙第一大代”。

叶晓闻：对，广办也不算出国。我记得，大丰总抬眼看了我一下，说印尼代表处这么难，你去了不一定能搞定。我说那我先去试试，这么着就去了。

去的时候义无反顾，把老婆孩子都带去了。那时候孩子还很小，只有三岁，到了印尼一下飞机，司机都诧异了，说从来没有见过带着孩子一起来上任的。我说我准备在这好好干，结果说完豪言壮语，连着加了两个月的班，掉了快5斤肉，瘦得不成人形。我就开始琢磨为什么一线这么累。

印尼代表处当时是除中国外，单国业务规模最大的代表处，号称“宇宙第一大代”，13亿美元收入，规模超过了整个中亚地区部。但是典型的大而不强，我去的前一年利润不到1亿美元。印尼、印度、巴西……都是当年华为在海外的缩影——高速扩张抢了地盘，合同签完就觉得红旗打下来了，但增量不增收，叫好不叫座，普遍都挣不到钱，当时全球盈利的七八成都在中国区。公司2003年开始进入印尼，到2013年花了10年攻城略地，但是并没有做“经营”，十几亿美元的规模才挣了1个亿美元的利润。

再往深了看，盈利低跟市场特点和业务设计有关。印尼是千岛之国，市场非常分散，运营商的数量是亚太地区各国之最。一牌和二牌运营商的交易水平比我们还专业，合同条款很苛刻；小运营商我们又不舍得丢，为了要规模，签了一堆质量更差的合同，这是大而不强的症结。这里面的重要问题是，究竟什么是好客户？

10 年前，全球运营商有 1 000 多家，3G 到 4G 转型死了一半，4G 到 5G 转型时又没了一部分，现在 5G 运营商全球只剩下 200 家左右。早年我们的选择是快速做大，四处出击，没有聚焦价值客户，接了很多中小型运营商的单，蹚了太多的坑，比如运营商买了我们的设备，最后破产了，钱收不回来。我认为当时在海外挣钱的两个核心难题是，什么叫以客户为中心，怎么提升合同质量。我们在印尼就从这两方面着手。

我在印尼推的第一件事，是找一牌和二牌客户讨论怎样通过框架提升合同质量，同时把客户分类，敢于放弃不挣钱的项目。这在以前是不可想象的，华为以客户为中心，客户都是至高无上的。但事实上，能形成长远合作、能形成双赢局面的才是真客户，才是好客户。我给您一个数据，当时印尼代表处一共有 2 400 多人做 100 多个项目，其中 700 人做了 28 个项目，挣了 1.6 亿美元，剩下 1 700 人做了 98 个项目，亏损了 6 000 万美元。优质资源要真正集中到我们的优质客户上去，要回归到商业本质，让这 1 700 人能够慢慢撤出来，真正投入给优质客户，这才是真正的以客户为中心。华为走到今天，要通过帮助客户真正找到解题方法来赢得生意，而不是一味靠牺牲商务来换取合同。这样对内看，经营质量会提升，我们能更好地服务客户；对外看，客户也会认可交易质量，不是简单的价格战，对行业而言也是正向循环。

“生好”以后要考虑怎么“养好”，做端到端的项目经营。过去我们的队伍一直向外扩张，没有考虑精细化经营，但不能因为跑得太快而忘记了为什么出发。举个例子，我在代表处把淤积在销售管道里长期没人管的东西，比如超长期存货、超期发票，都清理了一遍。您猜清出来多少钱？ 6 000 万美元的利润！很多超长期存货超过一年以上，有的是为了开实验局留下的，有的是为了提前囤货找机关要来的。仗打完了，将士们匆忙赶去下一个战场，剩下的“炮弹”就这么被扔在战场上，经年累月，“炮弹”越来越多，却没人打扫。这是当时经营的“老大难”，总要有人跳出来管。于是我成立了一个“挖土豆项目组”，八九个人，把几千单合同全找出来，一单一单地匹配站点编码、内部发货、箱单信息，对得上的找客户签收，对不上的申请决策打包清理。四个月，超长期存货余额下降了 50%，这转出来的全是利润。

当时财经抓的一个重点工作，叫财报内控。以前我们讲内控，更多的是基于业务流，有 PO（流程责任人）、有 PC（流程控制人）。但控制跟结果有没有必然关系？IBM 的老师们并没有解题。一个公司的内部控制很好，最后能不能保证这个公司经营业绩一定好？不一定。我们当时推的财报内控，就是从三张报表出发，收入、利润、成本，每一个指标都可以对应到一个个业务行为。比如说收入的确认，是有指标可以对应和衡量相应的业务动作的，基于这些指标，可以审视整个控制体系是不是健康。CFO 看似是管报表的，但是这套体系可以把财务到业务的全流程打通，报表的每个指标跟业务的每个动作建立起了勾稽关系，这样就可以保证在每个业务行为的前端是控制有效的，流进去的水是干净的，管道整体是受控的，最后流出来的结果自然是真实可靠的。

这样的内控没有让流程变慢，反倒变快了，因为控制者跟流程里跑的人是在同一个信息、同一个框架下决策的，是同样的节点。老板讲的东京火车站，就是一个很好的模型，服务过程中完成了监督。传统的财务是最后发现收入或者利润不行了，再反过头去找问题、踢屁股。而财报内控不需要专门去抠最后跑出来的结果，从源头上就业财深度融合，你没有什么机会去犯大错，CFO 也不再是最后被动地接受报表结果。

我在印尼代表处干了一年多，通过合同质量、客户选择和项目经营打了一套组合拳。在一线最大的感受是，管经营应该是细水长流、润物无声，并没有什么惊天动地，一个一个合同如果管好了，一个一个存货能清得掉，一个一个项目能红字接单、白字出单，最后就会发现经营结果很好。印尼代表第二年回国时，大会上老板问他挣钱了吗？他很骄傲地说，经过业财联动，印尼代表处终于挣钱了！我记得那年收入只提升了 5 000 万美元，但是盈利改善了 6 000 万美元，就是多挣了 6 000 万美元。

类似印尼代表处的故事，在全球都发生过，一场接着一场仗打，占领了阵地，却没有做好“守城”。回想起来我们倒也没有做什么太复杂的事情，就是结硬寨、打呆仗，围绕客户经营和项目经营一点点地改善盈利。后来我在南太地区部做 CFO 时还管印尼代表处，规模一直没有发生太大变化，但是盈利能力大幅提升了。这些年华为运营商业务的地盘和份额相对稳定，但盈利水平一直都在稳步提升，印尼代表处就是一个小缩影。

访谈人： 你讲得非常好。这种一下子把自己吃成胖子，但是却没什么肌肉的情况，是不是和当时的考核和激励方案也有关系？

叶晓闻： 是的，以前主要考规模。海外流传个说法，2000 年前到海外做业务，三年任期，第一年是找到客户，第二年是进到客户办公室，第三年是签第一单合同，带客户回国。华为在海外前十年都属于野蛮扩张，红旗插满全球，但是并没有看盈利来自哪里。我们只有收入地图，并没有盈利地图。我们应该要找到愿意跟华为一起发展的客户，签高质量的合同，做高水平的交易，增量又增收、叫好又叫座，这才是个良性的互动，要让客户、我们自己都能够活下去、活得好。

访谈人： 你经历了几年，是不是我们的 KPI 权重就开始有些变化了？

叶晓闻： 几个改变在同时发生，第一是 KPI 从强调规模转变为规模和盈利并重，第二是我们把客户分成了战略客户、价值客户、商业客户、风险客户等。我们和战略客户坚定不移地一起走，对商业客户就是在商言商。我们在海外的同事很有奋斗精神，天天在加班，但更重要的是，要跳出来回归商业本质、回到我们的初心。现在华为运营商业务的人员规模在不断优化，业务规模基本稳定，运营商投资就这么大，但盈利能力大幅提升，同时也帮助客户成功了。

访谈人： 我们的战略选择，关于做大还是做强，这两个是相互有关系的。我理解有两种方式，一种方式我先做大，就先吃成个胖子，再锻炼，把肌肉练出来；一种是从一开始就有肌肉锻炼，再逐步地做大，比如说爱立信可能是第二种。凭你对区域的感觉，你觉得这两条路都可以，还是根据自己的 DNA 来定?

叶晓闻： 我认为还是看环境、看大势。爱立信、阿朗、华为进入通信行业的时间点和面临的行业阶段不一样。选择先做个胖子还是一开始就锻炼身体稳扎稳打，要随势而行，要顺势而为。前 10 年，运营商希望有一个来自东方的厂商来平衡西方的厂商是大势。运营商设备更新换代的竞赛是华为挑起来的，通信行业制式转换有自己的产业规律，华为和中兴事实上加速了转换过程，因为只有加速、只有换赛道才会有机会。我理解，华为选择先吃成一个胖子再锻炼身体，这是符合当时的历史阶段的，因为处在 3G 到 4G 的井喷时期，没抢到空间、占好格局就没有机会了。从现在的眼光往回看，此一时彼一时，都是对的，只是一代人要干一代人的事情。

访谈人： 你讲得很好，我们和老板思想挂钩一下，他以业务为先导，还是强调先发展，“深淘滩，低作堰”这种锻炼肌肉的事情是跟上扩张的步伐。

叶晓闻： 是的，海外 CFO，包括 PFC（项目财务经理），逐步在经营管理里发挥了越来越大的作用，也是这个道理。

三、南太地区部 CFO：有序扩张

叶晓闻： 紧接着我就去了南太地区部做 CFO。南太地区部是华为海外最大的发展中地区，地域范围很大。我到了南太地区部以后，前半年基本上全在出差。

访谈人： 你是不是就是那时候被毒蜘蛛咬的?

叶晓闻： 就是那时候被咬的。我是在巴布亚新几内亚（以下简称“巴新”）被毒蜘蛛咬的，是六类艰苦国家。南太地域很大，西向整个马来半岛，东向海域已经快到拉美了，北临日本海，南到澳大利亚、新西兰。正因为大，所以这个区域特别多元化，既有澳大利亚、新西兰这样的发达国家，也有巴新等艰苦岛国，还有“亚洲四小龙”新加坡这种高速发展的国家。每个国家潜力都非常大，哪怕是澳新，跟美英比较起来，也还在发展。

南太地区部的核心命题，就是怎么高质量地扩张。刚才说印尼代表处是海外的一个缩影，放大到这七个代表处的时候，你会明显感觉到华为的格局已经很好了。如果要从 30% 的市场份额扩张到 60%，势必在当时不太盈利的基础上继续牺牲商务，去扩大份额。怎么样有质量地扩张，怎么能够选择你说的第二个路径，是给我的命题。印尼代表处像是一个胖子去锻炼身体，到了南太地区部，是怎么在锻炼身体的过程中长肌肉，就像健身的人天天都要吃蛋白粉一样。

在南太地区部期间有好几件事令我印象深刻。一个是说“不”。举个例子，之前我们在新加坡代表处、印尼代表处做的管理服务合同，本质上是为了扩大规模。后来我们主动做了业务选择，并促进公司做了决策——管理服务不是我们的生意。有质量的扩张首先要克制自己的冲动，帮客户加油、建铁塔未必是华为公司的生意，我们的成本已经不低了，没办法去做这些生意。

我曾否决过一个管理服务的合同。当时代表处SDT（销售决策团队）已经同意，上升到地区部来决策，我综合考虑后给否决了。我写了一个超长的邮件，详细列了10条否决的原因。我还告诉他们，以过去的经验，我们吃亏的点会是什么、历史包袱带给我们哪些教训。同时我建议要规避什么，应该往哪个方向去谈……虽然我否决了项目，但是业务主管是服气的，因为我除了说“不”，讲清楚了为什么“不”，还告诉了他们应该走的“行”的方向是什么。最后我和他们一起与客户回谈了条款、签订了合同，一起做到了“行”。合同商务部审视过区域的决策，我应该是当时说“不”和“有条件同意”最多的一个CFO，有“略”才有“战”，有“克制”才有“质量”。聚焦清理历史合同、清完“淤”后，我就建议调那些做过回谈、做过历史清理的人来做系统部CFO、系统部长，去攻山头。当年他们填过坑，今后就不会再去挖坑，这样在前头就把合同质量规范好了。坚持一段时间，整个管道就越来越干净了。

其实说起来都简单，一听都能懂，关键在实干。CFO一个很重要的作用，就是做好“狈”，与“狼”互补，同流但不合污，寓监督于服务。为什么老板总说要配PFC，短期看项目组是增加一个人头，但他只要把项目的损益真正捏碎了、抠细了，把“狈”这个工作做好了，是能产生极大收益的。

我一直说，最好的CFO合作模型是狙击手和观察员。如果说CEO、PD是狙击手，CFO、PFC就是观察员，躺在一个战壕里同呼吸共命运。他们的伙伴关系可以从四个方面来说：首先，狙击手用的是高度聚焦镜，紧盯目标，观察员用的是广角镜，观察整个战场，从售前、交付、合同、回款，端到端看全局，形成互补；其次，狙击手训练最重要的是枪感，而观察员有一整套专业工具，测风速、温度、弹道、着力点，保证精准打击，一个好的 PFC 就是通过四算（概算、预算、核算、决算）、PFM2.0（华为项目经营一站式工作平台）等工具，给予专业意见，帮助业务成功；再次，狙击手一开枪就暴露了位置，需要马上转移，顾不得看子弹打到哪儿了，而观察员需要核实是不是打中脑袋了，核算就是指挥权，他要确认经营结果，究竟回来能不能领大红花；最后，观察员还会带一把冲锋枪，做好风险防范，别被人包抄了，财务的重要职责之一就是风险的提示、应对、预警。CFO 必须是最后一个确认好消息的人，也必须是第一个宣布坏消息的人。

当年我们在南太培养了一支 PFC 队伍，深入售前、交付、回谈等各个领域，给狙击手们配上了专业的“狈”，这基本构筑了业财联动经营的基石。这些人经过历练，慢慢成长为大大小小的 CFO，也成为“财经懂业务、业务懂财务”的混凝土架构。

第二个我认为很重要的事情，是第一次思考如何做局。最早去海外时，KPI 主要看市场份额，看谁分了多少蛋糕。但是当年在南太，我们的管理团队开始去考虑怎么把一个区域、国家的 ICT（信息和通信技术）蛋糕共同做大，这也是一个巨大的转变，公司开始了从运营商业务到多业务的转移。

在一个国家既要卖运营商设备，也要同步考虑企业、终端、云，就涉及对一个国家整个 ICT、数字化的全盘规划。如果一个卖手机的人到一个国家去，不看网络建设程度、应用软件环境，不考虑用户为什么需要买个 P50，就一门心思卖手机，那是很难的。要解决卖手机的问题，首先要从一个国家的战略顶层设计上入手。一旦整个网络放量了，也就有相应的软件、游戏了，那卖手机不就很容易了嘛。

那时候整个管理团队在地区部总裁（地总）的带领下，开始在一些国家尝试协助建立未来 5 年的数字化规划，以我们的知识、经验、能力真正去帮助这些国家开展数字化转型。南太地区部可能是第一个这样转型的区域，以前只是单点看蛋糕要分多少，现在是合作共赢、有效扩张。从经营结果上看，亚太区域现在是华为公司最稳定的产粮区，增量的同时也增收了，同时，多业务发展也是很好的，没有明显的偏科。第三个，华为在亚太区域保持了非常好的合作关系和营商环境，为什么？因为这些国家正在按照和华为当年一起做的规划，去实现数字化和它们的梦想。这可能就是有效、良性的扩张。

访谈人： 你的意思是我们真正帮当地创造价值？

叶晓闻： 对，是去帮助一个国家取得成功，我们在帮广大的发展中国家去做数字化顶层设计，在顶层设计中会知道国家的运营商网络应该怎么去建，企业网络应该怎么去建，云应该怎么去建，消费者应该用什么制式的手机。真正帮一个国家去设计未来的数字化建设，这才是真正的以客户为中心，我们一起分享发展的红利。

访谈人： 多打了粮食，还增加了土地肥力。

叶晓闻： 我们就是把多打粮食、增加土地肥力这两个方向，从业务形态、预算生成、资源投放都分开了。对代表处土地肥力的考核，不是看短期，也不仅仅看数字，这就是战略到执行的落地。咱们在亚太区域就进入了一个良性互动。

四、西欧地区部 CFO：防范风险

叶晓闻： 2018 年我去了欧洲。老板老说欧洲在喝非洲兄弟的血，欧洲作为最大的发达区域，我们的盈利水平还低于全球平均水平。领导说你要不去欧洲再干一段时间，我就去了。

刚去第一个感觉就是太难了。在南太天天跟客户回谈，红字接单、白字出单，把合同质量谈回来，通过项目运营把盈利要回来。这在欧洲根本不可能，欧洲特别讲究契约精神，全球大 T 是华为在运营商领域的“祖师爷”，合同条款、商务谈判的水平那高到不知道哪里去了，你签完合同以后，该是怎么着就怎么着。当时就感觉找不到突破口，该怎么做生意？

2019 年我们开始被制裁，风起于青萍之末，国内大多是看头条上说美国怎么样怎么样了，我们在欧洲的感受更直截了当。客户在给我们合同的时候特别谨慎，一夜间几乎所有的客户都开始问：你们后面怎么看？你们会不会长远在这里发展？华为会不会哪天就走了？我就觉得特别奇怪，以前从来没有客户问过这种问题，我这刚来，就问我明年走不走。我就在思考客户这些问题的背后是什么，客户说你看我们全是“四美”。“四美”是什么？欧洲有些国家口音还是挺不容易懂的，后来弄明白了，美国元素包括这几样：第一，股权主要是美国人；第二，在美国有很大的生意比重；第三，核心高管里面有美国人；第四，企业融资基本来源于美国。欧洲大部分电信运营商、企业战略客户都是“四美”，所以我们最重要的事反倒不是提升盈利了，而是欧洲现有的几十亿美元的盘子，怎么能够去洞察环境、防范风险，能够合法合规地保证颗粒归仓，在生存的底线上求发展。

以前一线财经基本上没有太多的风险洞察，都是埋头做生意，没有抬头看世界，但是那时我们在欧洲必须要生产自救了，做鸵鸟绝对不可能了。所以在老杜（杜延新）的支持下，我开始尝试在欧洲建立起全面风险管理的机制和网络。应该带你们去看看我在西欧的办公室，一面墙全是屏幕，地总当时还笑话我，辐射这么大，不想要老三了。

这些大屏上都能看到什么呢？首先是 outside-in（由外向内）的外部

信息，包括5G立法动态、疫情影响、客户投资并购、监管环境变化等。在互联网时代，信息不是少了，而是太多了。我们分析了全球TOP 50智库、各类关键新闻、政府网页，锁定了高度相关的信息渠道和例行扫描的风险主线，获取客户、行业和银行的公开数据。去伪存真、去粗取精，才能有的放矢。

更为重要的是，我们真正地“走出去”了。比如邀请欧洲知名银行经济分析师分享对欧洲经济前景的看法及对华为的建议，与研究欧洲的智库学者共同探讨《“后默克尔时代”的德国与欧洲》，与意大利中央税局沟通探讨华为对数字经济税的看法，与德勤、安永等伙伴沟通疫情对西班牙行业和客户的影响……这些与利益相关人的直接沟通，更具前瞻性地获取了对风险预判和管理建议的一手信息。

在地总的支持下，我们建立起了一支精干的战财分析师团队，将这些会在经营或遵从层面产生影响的风险及时预警，支撑代表处快速响应、建立预案并采取行动。2020年一年时间里，我们向地区部及代表处两级管理团队预警次数超过20次，如BCM（业务连续性管理）和疫情下交付延迟影响、5G频谱推迟分析、子公司业务连续性下的会计估计分析等。这样在西欧，我们有序应对了多波次的疫情，有效跟进了脱欧相关影响、英国5G禁令场景、多重压力下存货决策等风险。

其次大屏上显示的是风控数字化工具。外部的压力和关注，会极大地放大我们内部的一点点问题。风险探针能够深入每个业务流程，尽早发现风险信号，“从早从小，快速处突”，既能精细化管理、无接触监管、实现颗粒归仓，也能解决信息不对称、多头管理的问题。西欧从2019年就开始探索风控数字化，也首个与集团财经共建了欧盟税务场景的风险探针。随着一个个探针模型上线，各个管理团队对齐一张屏展开讨论，明确管理任务令，通过探针晾晒风险管理结果，推动在客户侧合同、分包商侧PO

（采购订单）开展事前、事中管理。

大屏上显示的第三部分是中长期战略规划中的风险地图。以前我们与客户之间的关系建立在双方的商业价值上，但是2018年后面临价值观分歧、地缘政治冲突，欧洲的中长期战略规划成了系统性的大工程，关系着下一个10年华为在欧洲的定位及战略。忘记历史就意味着背叛，我们从过去20年的经营数据出发，综合审视中欧经济依存度、国家画像、投资环境等，访谈关键利益相关人的期望/态度，了解友商在欧洲的布局策略和份额变化，明确政府及监管组织对华为的约束，对标标杆企业如何在当地构建生态等。一方面从宏观层面理解了可能的战略方向及财务目标，识别潜在的经营风险；另一方面，我们也重新审视在各国家/子公司的产业布局，梳理出财经视角需通盘考虑的资金通路、税务筹划等，前瞻性地进行规划。

风狂雨急时立得定，方见脚跟。即使外部环境仍然艰巨，但2020年西欧地区部极大地缩小了与其他地区部的差距，2021年西欧地区部的经营团队首次站上了公司领奖台。风险管理也是CFO的应有之义，富贵从来都是险中求。

访谈人：大的框架和逻辑都清楚了，控制也是为了向前。

五、数字能源：基于法人的价值管理

叶晓闻：刚才我说的花钱、挣钱、扩张、控制，其实都是经营的手段。老板说的价值创造、评价和分配，首先得解读什么是企业价值。企业价值的长期有效增长，本质上是通过扩张与控制的不断平衡，来实现效率和效益的过程。

在这个过程中的两对矛盾，一个是扩张和控制，扩张就是业务的选择和投资，控制就是战略、运营、财务、风险的管理。从企业边界和交易成本的角度看这个，实际上是个空间问题。第二个是效率和效益。公司作为一个法人，得有个时间向量。短期效益最优，可能会影响长期效率。效率必须长期维持在一个相对最优解上，才能追求效益的长期有效增长。短期的效率、长期的效益就构成了企业价值的评价要素。

想想也是挺穿越的，10年前我参加财经管理纲要的研讨，当时提炼了这些看似文绉绉的观点。这十几年干的5个CFO，发现一直是在探索这个结论。纸上得来终觉浅，绝知此事要躬行。

这些体会，到了数字能源以后都融汇在了一起。数字能源是公司的第一个产业型子公司，既不是一个纯粹的产品线，也不是一个一线经营单元。我就在琢磨为什么会有产业型子公司，可能是因为华为的边界，不管是空间上还是时间上，都已经到了一定的程度。公司有类似事业部的BG（business group）/BU（business unit），也有合同审结这样的授权成功实践，当然也有些生产关系没能匹配上生产力发展的教训。公司的经营管理，已经进入了一个深水区。随着单一产业向多产业发展，现阶段需要考虑如何降低内部交易成本、激活负熵、延续企业周期，实现公司整体价值。产业子公司就是在这样背景下的一种尝试。

现在干了一年多，当然有很多问题还在解决。第一，设计产业子公司的本意是充分授权，实际上感觉汇报却更多了，加大授权的同时更要考虑如何控制得住，这确实需要一点时间。第二，以一个真正意义上的经营主体来看，财报和管报的关系需要明确，关联交易的价格应该涵盖对手方的全部成本费用，还是要立足于一个公允的市场价位，这个也需要形成共识。第三，对内的责任边界，亲兄弟明算账的同时，更要形成合力，而不是天天吵架、内卷外行。

这些都是新课题，虽然可能现在面对的冲突矛盾、沟通成本急剧上升，但是对于华为整体，我认为这样的尝试是有益的，也很可能是必经之路。

访谈人：你觉得现在数字能源和 ICT 之间的关系，有没有达到消费者业务这种独立的程度？

叶晓闻：消费者业务在业务形态上是相对独立的，数字能源跟运营商业务、企业业务的业务是高度重叠的，上面还有个 ICT 管委会。业界对一个集团内部的关联交易定义非常清楚，一般是三个阶段。第一个阶段，父子关系。我儿子现在 10 岁，基本还是听我的，让他干啥就干啥。一般母公司对子公司都是这个模式，从战略到运营的实际控制。第二个阶段是兄弟，就像现在我们跟 ICT 的关系。ICT 承担了全球区域的管理职责，但不能长兄若父，双方的界面还是要尽可能清晰。地区部应该是华为公司的地区部，而不是 ICT 业务的地区部。片区联席会组织撤销以后，区域的很多职能都在 ICT 管理和考核。这里面很多关系都要理顺，尤其是面向多业务形态。既要保证各块业务形成合力、利出一孔，又不能给新业务加上重重的负担，孵化不起来。

访谈人：向未来看，代表处、地区部应该向公司平台汇报。

叶晓闻：是的，不能长兄若父。第三个阶段是好友，各个产业在同一个股东下自主经营，产业之间的合作实际上是市场机制、互通有无。我单独是个公司，你单独也是个法人，通过市场可比价格来进行关联交易往来，把双方的关系慢慢走向货币化、市场化。

在这三个阶段演进过程中，首先要明确治理架构下的经营管理责任。IBM 当年教我们责任中心的概念，责任中心是什么很重要。一个经营单元应负什么责任，是作为儿子应尽的责任，还是作为三弟应尽的责任，还是作为一个交易对手方，我们双方各自去负责什么，这就会渐渐明晰起来。这也可能是很多大公司不能成功转型、不能持续创新的经济学原因。

我认为未来不同的业务单元都要考虑价值管理。老板说数字能源要做个有价值的公司，很多人理解价值就是把盘子做大，有些人说有价值就是有利润，都不一定对。从成立数字能源公司的那一天起，我就在推动我们团队思考，究竟什么是"公司价值"。价值不等于市值，也不简单是规模和盈利。另外，谁代表公司？什么是一个公司？这也是灵魂拷问。

访谈人：对，两个核心问题，价值是什么，公司是什么。

叶晓闻：价值其实业界已经有很多定义，有 DCF（自由现金流贴现法）、MM 理论等一大堆，但如果太过复杂、太理论化，就很难具象地管理。我给能源团队介绍了一个模型。

短期看指标。财务指标的三张表，能从各个维度看出来业务本身好不好。订收、利润、现金流，如果是一个经营好的单元，指标表现肯定会比较好，更会比较均衡。

中期看能力。某个指标好的背后，一定是因为你有些能力有比较优势，比方说增长一直很快，那一定是销售队伍强或者产品特别好。指标能不能持续好，那就要看一个公司的某几项核心能力是否能持续比别人强，一直能获得竞争优势。

长期看格局。要看产业与赛道、战略和执行是不是匹配，有点像之前我在南太地区部的经历，要在一个大局里考虑怎么让企业与产业链、利益相关者、股东、市场、客户形成一个比较和谐的状态，既有良性竞争也有多维互动，这才能持续提升前面的指标和能力。

所以说，一个企业的价值，短期看指标，中期看能力，长期看格局。你把业界估值的模型打开看，无非也是这些要素的组合。有人说我要先做大规模再提升盈利，有人说我们要不计短期盈利坚持加大投入，这些观点都是某一个角度，无所谓对错高低。只要你以公司价值为纲，就会慢慢摸到经营管理的牛鼻子。

访谈人：刚才给我最大的一个启发，是我们在企业里面最本质的关系是投资者和代理人的关系。你刚才用的价值视角其实是股东真正应该思考的，如果他们把自己定义为一家公司的永久股东，股权无法退出，他们的立场就自然站在你刚才讲的长期有效增长上。什么样的人会关心长期有效增长？那显然不是炒一把就走了的人。他应该是和公司共命运、坚持长期主义的，这样的话他才能够真正去综合权衡好你刚刚讲的短中长的问题。

叶晓闻：你说的是核心，经营管理只是手段，企业价值才是目的。从公司史上看，要么是美国模式的股东价值最大化，要么是日德的利益相关者利益最大化，但是波特和马利克都提出了公司本身的利益最大化，也就是公司自成立之日起，它就作为一个独立法人，有它自己的价值主张。只有它自己的价值能够持续有效增长，才能使得股东、利益相关者，包括公司自身的发展诉求得到一个共同解。用什么治理架构、选择什么业务、找什么样的管理层，也是要基于公司价值来不断地适应和调整。

如果基于这个来看产业法人，它其实也是个治理架构的问题。坂田（华为机关办公所在地）的领导全是有成功业务经验的，没有成功经验的都死在路上了，或者早待不下去了。但是，这些成功经验是在创造价值的过程中体现出来的，得有一些人始终站在公司价值的角度上，不断地去实现各个产业的价值创造、评价、分配的良性互动。得有人能代表“公司”价值，也得有人能干出来新的“价值”。

每一块业务有它自己的逻辑，也有特定的规律。一个经营管理的主管不可能这也懂、那也懂，领导们也不能老说这个我干过、你们必须听我的。

这样容易发生股东和管理层的错位，也可能是大公司病、互相不信任的症结。未来我们的董事会、监事会、核心精英群体真正扮演好股东的角色，各个产业按照运营控制、战略控制、财务控制三个阶段形成一个梯队和层次，踏踏实实地回归业务本质，找准发展规律，企业的价值就会更好地发展。只有“利出一孔”，才能“力出一孔”，这是我现在的一点小体会。

访谈人： 你到了产业子公司，不仅仅是综合了前四段重点的挣钱、花钱、扩张、控制，而且进一步统一到公司价值、公司治理的框架下，格局很清楚。

（结束）

访谈 8

苏立清

访谈时间 | 2019年7月17日/2021年9月11日

访谈地点 | 深圳

被访谈人 | 苏立清

访 谈 人 | 田 涛

田 涛：苏总你好，非常高兴今天能有机会访谈你，你应该是很早就来到华为的了。

苏立清：到今年 2019 年，我在公司 23 年了（当时访谈时间为 2019 年）。

田 涛：就从你当时怎么加入华为开始讲你的故事吧。

苏立清：我是 1996 年 6 月加入华为的。工作了近十年后，也算是机缘，加入了华为。

田 涛：1996 年，那时候跳槽也不常见啊？

苏立清：当时我在航空部下设的一个研究所，在北京，原本想去美国，工

---

* 苏立清，1996 年加入华为，现任华为云计算咨询与客户服务部部长。

作也辞了，但是后来没去成。

田 涛：你还没有出国，就把工作就辞了吗？

苏立清：对，那时候没什么社会阅历，因为出国要先办护照，单位说你私人出国不给办，所以我就辞职了。也没问美国那边的工作，以为没任何问题的。没想到，美国公司后来倒闭了，就没法去了。

田 涛：那家美国公司也是搞技术的吗？

苏立清：对，是我同学的同学在那家公司，都是熟人。美国没去成，他们一直觉得挺对不住我的，后来他们去了另外一家比较大一点的公司，就又介绍我过去，这已经是一年以后了，大概 1997 年，我工作签证都拿到了。那时候美国工作签证很难拿的，但是那个时候我已经加入华为，而且发现华为很好，就主动放弃了。

田 涛：当时是怎么发现华为的？

苏立清：美国去不了，在北京也没工作了，如果再回原单位，也觉得不好意思，那就在外面找吧。俗话说“树挪死，人挪活”，但是我这好比原来国企单位的根一下子被拔出来了，人就飘起来了，实话说心里挺慌的。毕竟原单位是国营单位，有房子等各种福利待遇，突然间这些基础保障都没有了，一家子在北京的生活就变得很有压力。

当时我也不知道华为，优先想去外企，因为外企待遇要高些。我当时面试了两家，一家是华为，另一家是惠普。

那时华为刚刚成立北京研究所不久，在《计算机世界》上登了个招聘广告，我是看着广告过来应聘的。北研所当时的所长是周磊，他面试了我，面试很快通过了。我问什么时候上班，他说明天就可以。我又问待遇多少，他说看你有工作经验，给 4 000。我原来只有 300 元，现在 4 000 元，当然合适啦。一拍即合，过了七天我就上班了，当时北研所总工是刘平。

又过了一个月，惠普那边也告诉我被录用了。我说我已经在华为上班了，觉得华为挺好，我就没去惠普。

田 涛： 1997 年你已经在华为一年多了。

苏立清： 一年了，我当时做的产品是 C&C08① STP②（Signaling Transfer Point，信号转接点），我从工程师做起，不久就做了产品经理。

田 涛： 一进来就做这个吗?

苏立清： 对，我来公司不到三个月就当硬件项目经理了，当时招我进来的项目经理离职出国，就临时提拔我做了项目经理，所以我没转正就当了硬件经理，再后来又做了产品经理。STP 产品做得非常成功，也是华为最早进入高端的一个产品，原来华为都是农村包围城市，这一次不一样，进入了电信核心网，STP 对公司品牌提升贡献很大。

田 涛： 当时我记得说这个产品是通信网的神经中枢?

苏立清： 是的。如果说，1997 年之前，公司在电信设备领域基本在县/地市一级部署，那么 STP 的研制，可以说是一举进入了号称通信网络“神经系统”的制高点，直接部署在省局一级节点，意义特别重大。当时研发团队也就 25 个人，把这个产品做出来，还是挺不容易的，由于起点比较

---

① C&C08 是华为自主研发的第一台数字程控交换机。

② STP：若某信令点既非信令源点又非目的点，其作用仅是将从一条信令链路上接收的消息转发至另一条信令链路去，则称该信令点为 STP，信令转接点。C&C08 STP 是华为自主研发的我国第一代具有国际先进水平的信令网产品。

高，华为 STP 一经推出，就处于业界领先水平，是当时世界上容量最大、性能最好的产品，而且之后历经二十余年的历史考验，更证明了其可靠性也非常好。

田 涛：当时你加入的时候是不是公司已经在开发了？

苏立清：对，我加入前，已经开发近一年的时间了。

田 涛：当时开发到什么程度？

苏立清：当时还是个雏形，记得我入职三个多月以后就到深圳进行联调，不过没想到，这一去前前后后在深圳待了两年多。记得在当时的《华为人》报上还有我们搞开发的珍贵照片，那大概是 1996 年、1997 年的时候。

田 涛：那时候产品开发的过程应该是挺难的吧？

苏立清：其实是非常难，但是我们并没觉得，那时候大家都特别有激情，有点“初生牛犊不怕虎”的精神。当时我们在技术上是有一些积累的，但是产品化并不容易，因为 STP 是高端产品，质量可靠性要求非常高，性能要求也很高，当时国内电信网络的 STP 设备选型全部依赖国外厂商，国内厂商在该领域还是空白。

产品开发基本完成后，1997 年 5 月，我们在银川开第一个实验局，我当时在现场负责开局，在银川待了六个月，其间老板还去过两次。后来在现场验收的同时，还召开了发布会，去了十几个管局。发布会当天晚上，兰州代表给我打电话，问我产品能不能卖。我说可以卖，他说发布之前甘肃管局想签，我说可以。于是这边开发布会，他们那边合同就签了。银川是实验局，第一个商用局在甘肃省。

田　涛：能讲讲当时的一些具体情况吗?

苏立清：记得开局时，在现场遇到了这样或那样信令方面的诸多问题，例如不同电信交换机协议兼容性的问题，当时我们有很多专家，比如七号信令专家任茂林等，但都将问题一一解决了，因此局方对我们的能力非常认可。当时每天夜里12点，局方会开车接我们去现场进行调测，每天的联调都是要半夜12点以后，早晨7点之前再恢复，这样可以避免对话务的影响。

当时在银川开局的机房——那可能是华为当时成立以来进入的最高端的一个机房，原来我们的客户基本上都在地市以下，而银川是省局。机房里清一色全是蓝色的机柜，都是国外或合资厂家的，全是进口的，恰好我们的C&C08 STP设备也是蓝色的，跟他们的机柜排在一起。当时我就在想，我们公司产品终于也可以立在这里了，心里特自豪。

我记得有一次，银川市电信运维中心主任孙元平把我带到机房一个友商的交换机机柜旁，那个机柜几乎是正方形的，孙主任告诉我，这台交换机非常稳定，几乎不出故障，给我留下深刻印象。当时我就想，我们的STP未来也要做这么稳定。多年过去，就在前段时间，有一位公司老同事跟我讲，他去局方机房，局方领导介绍说，那一排华为STP设备，几乎从来不出问题，十多年都不用管，质量非常的好。我想这也算是一个轮回吧。

从我们第一批产品团队一直到2018年底STP产品正式退网，产品持续保持成功，团队一直表现非常优秀，也锻炼了一大批优秀骨干，后面的一个STP产品经理总结说："这个团队有激情、有理想、有担当、有能力。"在服役20余载之后，华为在北京联通核心网的最后一套STP成功完成退网割接，STP发了一个20年退网纪念币，给所有参加过STP研发的老同事都送了一个留作纪念。

再分享一个故事，STP产品在1998年进入了移动网络市场，承担了信令网的 B 平面。这之后发生的一个事件，改变了这一格局。当时某发达省局，手机的用户很多，信令负荷大，作为 STP A 平面的友商产品因为业务量大承受不了，整个 A 平面就宕掉了，所有的流量全部切到华为这边，而且华为 STP 独立地支撑了一个星期，为局方网络的连续性发挥了重大作用。也因此华为 STP 产品的品质得到了市场的普遍认可，后来华为的 STP 就直接作为 A 平面真正发挥价值。

田 涛：原厂商设备一个星期都没恢复吗？

苏立清：没有，主要原因还是产品性能不够。与之相对比，我们 STP 设计起点高、容量大、性能好，关键是质量非常过硬。

可以说一战成名，STP 产品名声大振，市场占有率后来一直很高，成为公司引以为傲的一款产品，也为公司带来了丰厚的回报，当然这就是后话了。

田 涛：这个产品开发出来质量本身就比较好、比较过硬，是吧？

苏立清：是的，我们 STP 产品设计起点高，采用了一个先进的分组交换机架构，实现了世界上容量最大的 1 152 条链路，链路数是当时世界上最多、性能也是最好的，可以满负荷运行。特别是在产品走向市场的过程中，也是一步一个脚印地打出来的。一个关键举措是我们在实验室把整个系统架构都做了全负荷的测试，即满负载地把 1 152 条链路全部仿真出来，做了全量测试，也就是性能 100% 满负荷测试，所以在客户现场，当友商 A 平面的业务全部都切到我们的 B 平面以后，我们就能够全部支撑。当时客户也很吃惊，说你们这个产品性能与可靠性是真的稳定，让人放心。

当时我们在产品软硬件开发时严格要求，比如我负责硬件，会把所有设计的逻辑波形了解得非常清楚，做得非常细致，而且测试非常充分，可以说在技术上绝不马虎。“工夫在诗外”，我们做了大量的准备工作、测试工作。

记得1996年10月北京电信展的时候，展出了华为两个核心的支撑网产品，一个是信令转接点STP，还有一个是时钟同步系统BITS。在展会现场和老板一起合影，感觉很受鼓舞，我至今保留着那张照片，都20多年了。

我们当时有个项目成员，他在《华为人》报上撰文说，在实验室调试的时候，STP还只是一个样机，在电信展上看到一个崭新漂亮的整机，一下子有了一种当父亲的感觉。就是从那时候起，大家都习惯把产品当成自己的孩子，真是有这种切身感觉。

田 涛：那个架构的思想来源是什么？

苏立清：当时友商一般都是在综合交换机上进行改造，而华为STP采用了全新的分组交换机架构。具体来说，我们采用了系统的双总线架构，业务处理单板一个核心CPU（中央处理器）带了多颗高性能的通信处理器，实现了这种高可靠性和高处理性。因为单板非常复杂，所以单板尺寸也非常大。当时华为有两块单板，生产线的贴片机一次生产不了，都需要在贴片机上生产改变工艺，贴两次才行，一个是我们这个STP主处理板，还有一个是C&C08交换机的交换机网板。这个产品的技术含量还是非常高的。

田 涛：那就是你们在架构等方面的一些创新，实际上当时业界是没有的，对吗？

苏立清：是的，STP技术也得益于在北京。在北京设立研究所的一个好处是人才来源非常丰富，记得当时我们也找了很多专家和人才来取经。有这样的一个技术积累，再加上在华为这个平台上，团队一起作战就把它做起来了。

可靠性方面，我们也做了大量的工作，记得在西乡做测试的时候要做高低温测试，我和李贺军两个人蹲守了好几个晚上，观察设备的稳定性。一到晚上蚊子很多，把我们咬得很厉害。

田 涛： 开局的日期大概是什么时候，还记得吗？这么难的一个产品，你们只有二三十个人，怎么能这么快把它搞出来？

苏立清： 银川实验局是在1997年5月份到9月份。华为是崇尚成功的，从我们那个团队走出来一批技术人才和管理人才，很多都成了公司的骨干。

STP开发上线后，1998年这个产品就移交给下一任了，我们就回到北京研究所。STP项目组成员包括北研所和深圳七号信令组成员，一共25个人，效率很高，同时技术上我们也借助了C&C08交换机平台的技术积累。

田 涛： 你当时成家了没？从北京过来有没有影响家庭？

苏立清： 当时我小孩才一岁多，我爱人带他在北京，我就一直在深圳，虽然当时也没觉得有什么问题，但现在回想起来，夫人一个人在北京带孩子也挺不容易的。1997年春节的时候，在深圳大学粤海门那里，公司特意把宿舍腾出了一套，同时住了三家，我们的夫人们也都过来了。

田 涛： 一个套间里面有三家吗？

苏立清： 对，与STP项目组的崔勇男、王文嘉一起，三家人住在一个套间，当时感觉还挺好的，夫人们春节过来看我们。

田 涛： 那时候宿舍是不是不要钱？

苏立清： 公司宿舍当时是不收钱的，我们在深圳出差待了两年多。当时我们去客户现场出差的时候都还想着省钱，STP项目组在银川开局时，我们一个大屋子大概住六七个人，其实那时候出差标准也还可以的，但是一是想省钱，二是都是孤身在外，在一起比较热闹。那个时候确实体现了创业精神，大家彼此特别配合、特别团结，像同学、像兄弟一样，现在其中的很多人都退休了。

说到这，个人的一个感悟是，在华为平台上一定要做成功的产品，对公司做出贡献，大家相聚也有美好的回忆。

田 涛：当时的 25 个人都是从北京过来的吗？

苏立清：不是，是北京的团队和深圳七号信令组协同的。早期北研所有两个非常成功的产品，一个是 STP 产品，还有一个就是 8010 接入服务器产品。后来北研所确定数据通信作为主业务方向，北研所有一支做路由器的团队，从 2501 路由器做起，以及构建 VRP（通用路由平台），与 8010 产品一起，开创了数据通信产业的基础。

田 涛：那时候北研所有多少人？

苏立清：我刚进北研所的时候，1996 年大概也就三十多人，到 1998 年从深圳回去的时候，估计已有两三百人。STP 大概有二十余人，8010 大概有四五十人，路由器几十人，ATM 几十人。前不久有位同事分享了一份那时候北研所的通讯录给我，每个人都在上面，因为人少，都能数出来，记忆也很深刻。

北京研究所其实是公司在数据通信方面的发源地，北研所很早就布局做数据通信，刘平看到了这个方向，从低端的 2501 路由器开发做起的。后来大概在 1999 年或者 2000 年，孙业林做北研所所长期间，在北京宽沟政府招待所召开了一个"宽沟会议"，组织了对业务方向的研讨，会上确定了北研所以数据通信为主的方向。当时已经意识到从窄带到宽带发展是一个大的方向，认为数据通信是一个重要的方向，所以北研所就全力围绕数据通信来打造。除了数据通信主要产品的路由器、ATM、以太网交换机外，我们也有意把公司的 GGSN（Gateway GPRS Support Node，网关GPRS支撑节点）产品、UMG8900（Uniform Media Gateway，统一媒体网关）等与数通IP相关的产品都接过来。同时成立了一个VRP路由平台项目，这个平台对公司后来的宽带转型也起了非常大的作用。数据通信产品以系列路由器为核心，包括2501、8040、8070、NE40/80系列，从低端、中端到高端的核心路由器系列。

田 涛：当时做这个决定，是研究所就能定吗？还是由公司这边决定？

苏立清：那个时候研究所和产品线差不多就是一回事，跟现在还不一样，现在的研究所是通用研发平台。当时有一个争论，说研究所到底是资源所还是业务所，其实我们也不完全希望是做资源，我们希望做业务，所以我们有意地去寻找这种业务。基本上可以理解成，北京研究所就是数据通信的大本营，所长也就代表数据通信。我个人认为，北研所成就了数据通信业务，也为公司宽带转型做了很大的基础性贡献。

田 涛：那是不是意味着，在当时只要你们愿意做某块业务，就先开始，先做了，公司也就认了？公司会审批还是怎么处理？

苏立清：业务的大方向还是要公司决策，在业务下做什么产品，业务线可以有决策权。后来公司与3Com合资，北研所数通800人，分出去了一半，400人到了合资公司，就是华三。

田 涛：是哪一年分出去的？

苏立清：2002年吧。成立华三正值华为的冬天，为公司经营获取一部分资金，是一件小棉袄。可以说，北研所在宽带转型、宽带接入，以及无线用到的IP、VRP等领域都做了很重要的支撑，所以北研所称得上数据通信业务的发动机。

田 涛： 从业务和人员上看，北研所也是一个比较大的研究所吧。

苏立清： 对，其实当时就属北研所和上研所（上海研究所）最大，其他研究所都是后来逐步发展起来的，早期的北研所和上研所，其中上研所做无线，北研所做数通。

田 涛： 当时研究所和产品线差不多是平行的？

苏立清： 对，可以这么理解，当时北研所就是在管数据通信产品线，后来逐步发展成为数据通信产品线以北京为基础，加上深圳和南京。产品形态是以路由器为核心的 IP 类产品和 ATM 产品，其中 ATM 产品开发在北京和深圳两地。

田 涛： ATM 好像北研所也有一点？

苏立清： 有，ATM 有挺大一块，因为当时 ATM 和 IP 之争谁也看不清楚，所以我们只能两个方面都做，ATM 产品团队包括北京与深圳两部分。

田 涛： 都属于数据通信这个大的部门吗？

苏立清： 对。周代琪老师负责 ATM 产品开发，我们当时是一个战线的。数据通信 IP 类产品开发以北研所为中心，包括 NE40、NE80 高端路由器，8070 中端路由器，还有 8040 中低端的路由器等一系列产品。当时做新兴业务就直接面临强大的竞争，能够坚持着做下来，而且最终做成功的，其实都是非常非常不容易的。

田 涛： 你那时候在北研所管了这么多领域，每一块都分别讲一讲吧。

苏立清： 我从 1996 年入职到 2006 年去了存储及网络安全产品线，我在北研所有 10 年的时间，大致分为四个阶段。第一阶段，1996—1998 年，负责STP产品开发；第二阶段，1998年回到北京后，作为副所长负责北研所管理和数据通信产品；第三阶段，2000年我离开数通业务，负责北研所无线分部和核心网分部的管理；第四段，2005年4月起担任北研所所长，兼管北京手机分部。

田 涛：VRP是什么?

苏立清：VRP是路由器的核心软件平台，原来有个说法“大平台小产品”，就是把平台做起来以后，产品的系列化以平台为基础，再进行各产品的个性化开发，这样研发投资才是最节省的。

田 涛：这个产品发展得顺不顺利?

苏立清：数据通信产品其实不顺利，一方面技术难度比较大，竞争也激烈；另一方面，不同于运营商市场，数据通信产品需要构建一个强大的渠道，而华为当时对渠道市场非常不熟悉，而且前期的销售预期等各方面压力都非常大，公司进入一个新的产业都不容易。

除了技术和市场竞争，中间还发生了思科官司、港湾等事件，就不展开讲了。

田 涛：那时候跟业界竞争，我们处于什么样的水平?

苏立清：其实数通业界也只有几个厂家、像思科、3Com，还有Juniper等，我们是新进入者。

田 涛：就这三四家?

苏立清：主要这几家。即便是从零起步，我们也有弯道超车的故事，例如8010接入服务器产品，符合了运营商数据通信的运营需求，具备大容量、端口批发等关键特征，从而一举占领市场。高峰时，在中国的市场占有率曾经达到百分之七八十以上，取得了巨大的商业成功，这也是公司进入数据通信方向的一个重要信心来源。

田 涛：它是窄带接入，但是未来趋势不是宽带吗？

苏立清：数据通信从 8010 窄带接入，后面数据通信走向宽带，技术架构也采用了新的平台。

田 涛：8010 更适合运营商的需求？

苏立清：对，更满足运营商客户的需求。8010 既取得了商业成功，也培养了一批数据通信的专家人才，比如像闫师傅（闫俊青）这样的老同志，至今还一直奋斗在数据通信的第一线。数据通信的专业人才，主要来自路由器、ATM 和 8010 接入服务器产品。数据通信产品是一大批专家一行一行代码，从头写出来的，是一个个单板做出来的。特别是还有一批专家，二十多年如一日，为了数据通信这个产业，至今仍奋斗在岗位上，非常令人钦佩。

田 涛：我看你在数通也做了很多事情，为什么又离开了？

苏立清：1998 年从深圳回到北研所，主抓数据通信产品；两年之后，2000 年左右，我分管北研所的无线分部和核心网分部。

北研所的无线分部最早是李英涛负责建立的，承担无线标准和关键技术研究，后来他调到欧洲去了。当时北研所无线分部有一个产品叫测试 UE，是给 3G WCDMA 做配套支持的，负责仿真手机终端，配合 WCDMA 系统开发。

田 涛：关于去无线分部，能不能具体说说当时的背景？

苏立清：2000年左右，公司3G WCDMA总裁是余总（余承东），开发主体在上海研究所，北研所测试UE团队大概有120人，当时都在上研所上海金茂大厦出差，业务本身压力大，又出差在外，遇到了很多困难。在这个情况下，有一天所长舒俊跟我说，你来抓抓北研所无线部门，于是我就从数通转到了无线。

田 涛：无线对于你来说，是一个全新的业务吗？

苏立清：从数通出来，其实面临着几道坎，一是跨了专业，面对新方向，的确是有不小的压力；二是虽然无线在公司是个大方向，但在北研所无线只是个小部门，而数通才是主战场，让我到一个小战场上，心里还是有落差的。其实大家都说"能上能下"，但当你真往下走的时候，心里也会产生落差，我很快进行了自我调整。

还记得上任后，我第一次到上海出差，那天晚上下了飞机，宾馆正好在黄浦江附近，我在那儿坐了很久，也思考了很多。第二天我到工作现场，去看了他们的宿舍，跟他们聊天，一下就找到了感觉。

正好，手里有一本《道德经》，里面提到"上善若水"，我领悟到，水往低处流，往下走，到基层，就更有力量。

田 涛：你跟他们聊了些什么东西？怎么就找到感觉了？

苏立清：就是了解团队的工作情况。一方面，现场的项目经理也好，员工也好，都非常年轻；另一方面，其实在困难的境遇里，出现了各种各样的问题，而这些方面都是我擅长的，毕竟我是在基层带团队出来的，自己过往的经验就发挥了作用。还有，因为我当时人在上海现场，与无线及上研所的干部也都很熟悉，协调工作更容易，于是由我出面解决了诸多问题。

当时我们在上海有两个团队参加 3G 系统的联调会战，一个是测试 UE 的团队，另一个是 GGSN 的团队。

其实 GGSN 这个团队是最不容易的，经历了下马又上马，团队开发主体从北研所到杭研所，又转回北研所，挺折腾的。当时产品下马的背景是，公司从整体投资策略看，GGSN 市场空间当时不大，研发投入还不小。在开发进行一个阶段以后，公司准备停止自研，采用第三方合作的方式来配套整体解决方案，然而跟其他公司的合作都没有谈成，最终还是自主开发。

至今还清晰地记得宣布产品下马决议的那一幕，当时舒俊和我在跟团队座谈，无线的领导来宣布产品终止开发，开发经理当场就哭了，因为对产品有很深的感情。当时产品终止的时候，我也感触很深。因为干部、员工对公司很能理解，即使觉得很委屈，但是对公司也没有任何抱怨。

后来 GGSN 开发从北研所迁移到杭研所的时候，产品经理严旭东他们还在西湖边上请我吃西湖醋鱼，感谢我对他们的支持，我至今都记忆犹新。

田 涛： GGSN 也是属于你下面的一个团队？

苏立清： 对，2000 年我在北研所分管无线以后，数通以外的部门，包括测试 UE、GGSN，以及核心网的 UMG 8900 产品都是我兼管，还有北研所的无线标准部，那段时间也由我分管。UMG 8900 产品作为软交换的核心产品，质量非常好，取得了很大的商业成功，也培养了一批干部。这个阶段，差不多有 5 年的时间，我就管北研所非数通部门。这个时期我深入基层，干劲很高，就像前面我提过的，我看《道德经》领悟到的“上善若水”，放下包袱深入团队，当时做了好多事情。其中经历了 GGSN 产品下马，但我预感可能还要做，所以即便后来我把所有人都释放了，但还留了严旭东没释放，就放在我手下，在北研所项目管理处下面。

田 涛：后来果然又做了？

苏立清：是的，没过多久，因为合作不成，公司决定还是要自己开发，我让严旭东重新把这个团队集结起来。GGSN 产品作为无线分组业务，现已成为关键产品。而 GGSN 从下马到上马，开发团队主体转战深圳、上海、杭州、北京，经历了无数的磨难，历尽艰辛，但大家无怨无悔，我觉得这个团队体现了华为人坚韧不拔的精神品质，非常值得肯定。

田 涛：而且这个产品现在是必不可少的。

苏立清：那当然了，GGSN 产品现在是非常关键的一个产品，微信等增值业务都要经过这个设备。

田 涛：他们第二次重新组合起来以后，用了多久就做出产品了？

苏立清：不到一年，因为那个产品资料都归档了，人也在（虽然我把他们一个个都分到别的产品线了），很快就集结起来。我必须说这个团队的员工都值得赞赏，这些人不是消极应对，而是回过头马上进入状态，然后又毫无怨言、充满激情地去干，这种精神我特别欣赏，这也是我带的团队中最不容易的一支团队。这一批人都特别老实，虽然后来也没能成长为大干部，但是对公司发展至关重要，我认为不要忘了他们。

这都是 15 年前的事情，华为有许许多多默默无闻、全心全意付出的英雄，我认为每一位奉献者都是英雄。

田 涛：再说说测试 UE 吧？

苏立清：北研所测试 UE 团队其实是华为手机的前身。测试 UE 是无线 3G WCDMA 的一个产品，是配合 WCDMA 3G 系统的，它的目的是支持 3G 系统开发，在没有 3G 商用手机之前，测试 UE 承担了手机测无线协议的对接测试功能。所以测试 UE 并不对外销售，因此产品配套功能完成以后，它的使命就完成了。因为不对外销售，产品后期就没有可持续的发展方向，找到新的方向成为当务之急。

当时，无线产品线有计划让测试 UE 团队承担无线的相关产品，曾经考虑过开发微基站，就是做室内增强覆盖，等等。

田 涛：但那个产品不属于终端。

苏立清：是的，不属于。是基站的延伸，在业务方向的选择上，正常情况是顺着无线基站、核心网相关的方向来找。但由于测试 UE 团队在手机终端上有了一定的技术积累，后来团队有人就提出，我们是不是考虑往手机方向发展。

做手机？在当时是不可想象的，因为公司在此之前明确不进入手机领域。

当时我在上海金茂大厦，组织了团队的几个主管探讨测试 UE 未来的业务方向，我提出了三个约束条件：第一，部门利益不能高于公司利益，新方向一定要符合公司的战略方向；第二，要有野心做大事，业务方向要有足够的市场空间；第三，业务需具备一定的技术相关性，并且要有技术门槛。

基于这几点假设，我们开始选方向，手机似乎最符合。

第一点，对于 3G 业务来说，3G 其实不是为了打电话，打电话 2G（第二代移动通信技术）就够了，3G 可能要做很多的增值业务，现在叫移动互联网。很多运营商，以及包括华为在内的设备供应商都在研究新的商业模式，比如日本运营商 NTT Docomo 当时在 3G 手机未来的商业模式上做了很多分析，未来手机可以实现很多的场景，包括买车票等，也就是现在的移动支付。当时北研所无线标准部的一位博士，他就经常给我讲 3G 未来的商业模式，他说，3G 到来之后，未来会是拇指文化，用手指可以在手机上操作完成各种事。虽然我也半信半疑，但是如果这个假设成立的话，未来很多的业务要承载在手机上，那么手机就应该是公司未来的一个战略方向，不是一个简单的跟主业无关的业务。

第二点，手机市场空间大。记得当时报纸上写，在 2002 年中国手机市场大概为 3 000 亿元。那时候就 3 000 亿了，未来可期，市场空间足够大。

第三点，业务要有连续性，有一定技术的积累。我们那个测试终端恰好是和手机技术相关的产品，如果把当时那么大的盒子做小，不就是手机了吗。我们这个团队和手机技术是最相关的。

当时国内有生产许可牌照的手机厂家，大概 CDMA 有 18 家，GSM 有 39 家，然而很多拿到牌照的厂家研发投入不够，当时流行的模式是，厂家委托 Design House（第三方独立设计室）来进行设计。但我们认为手机是有技术含量的，特别是步入 3G 以后，手机的技术含量会更高，有技术门槛的产品是适合华为去做的。

基于以上合理分析，我们认为要向手机终端业务上发展。

田 涛：当时手机技术都有了?

苏立清：不是都有了，是有一些技术积累，但怎么做手机，还有相当大跨度。一个是公司政策问题，公司当时是不同意进入手机自主开发领域的；另一个是手机产品技术本身的问题。

公司怎么样才能同意做手机呢？我当时整天在思考这个问题，有一天，我看到报纸上的一篇报道：一家公司推出了某款工程样机，其实就是手机。“对呀，就做工程样机！”我灵机一动，我们可以做手机关键技术预研，公司在关键技术预研上的投入还是鼓励的。

于是，我们以工程样机的名义在无线产品线正式立项做预研，无线产品线的主管都支持，因此项目立项很快就通过了，然后就启动这个工程样机项目，不到一年我们就把工程样机做出来了，这是华为自主开发的第一款手机原型。

手机原型机做出来以后，有一次老板到北京，当时舒俊是所长，我们几个北研所干部给老板汇报工作，我就利用这次机会，把这款手机原型机拿给老板看，这件事我想应该对公司同意进入手机领域发挥了一定的作用。

田 涛：（苏立清现场展示了当时的工程样机）就是这个吗？

苏立清：对，就这个工程样机。这个工程机是个 3G 手机，当时中国还没有 3G 网，我在去见老板之前，买了一个 2G 卡插到手机里面，确保可以打电话，因为手机是 2G/3G 双模的，虽然当时还没有 3G 网，用 2G 网也可以打电话。

田 涛：这个样机很新，你保存得真好。讲讲当天的故事。

苏立清：这个故事我记得很清楚。当时是在北京饭店二楼，那天老板心情挺好的，北研所的主要工作汇报完以后，老板还特意开了一瓶红酒。能跟老板吃饭、喝酒是很难得的，然后我就跟老板碰杯，把红酒干了。老板开玩笑说，你看你喝红酒，人家喝红酒都抿一下、抿一下，你一下子就干了，没有风度。然后，我把这个工程样机掏出来了，我说，"老板，这是咱们做的 3G 手机"。我这个举动，其实风险还挺大的，因为在此之前，公司从来没有说有人要做手机。

田 涛：开发手机样机这件事，当时只有无线知道吗？

苏立清：是的，是在无线产品线立项的，不过因为是个预研项目，所以我贸然把手机样机给老板看，还是存在一定风险的。但是，当时情况也挺出乎我的意料，老板拿起手机就开始打电话，他高兴地说："我们3G手机做出来了，我觉得很好！"

紧接着，我看老板对手机认可了，原本下午老板要见电信的领导，我就进一步说："老板，这手机要不要给客户展示一下？"老板说可以，于是我就带着手机与老板一起见了客户。

田涛：能不能分享一下见客户的情景？

苏立清：记得那天下午，老板让我带着华为手机原型机，跟着见客户。那次老板见到客户，立刻就拿给他看，说我们这手机做出来了。其实我不知道那天要汇报啥，就坐在那儿，后来说啥我都不记得了，反正就是把手机放在他们面前，我坐在旁边，他们就谈，我也挺紧张的。

田涛：后来的情况呢？

苏立清：这次会面之后，没过多久，手机产品线就成立了，由彭智平负责组建，徐总（徐直军）分管，当时徐总是无线产品线总裁。所以我想，我前期的工作应该也起了一定的作用。

田涛：是2003年的时候？

苏立清：大概是2003年的时候。

田涛：我们第一款商用手机叫什么名字？

苏立清：刚才讲的是通过预研开发出来的3G工程样机。第一款华为正式商用手机是U626和U636。

田涛：是3G的？

苏立清：对，是 3G 的。因为当时中国还没有发 3G 牌照，我们早期的 3G 手机主要是卖给海外。

田 涛：那个时候市场上都是哪些品牌的手机？

苏立清：当时的国外主流品牌是诺基亚、摩托罗拉，还有 LG、三星、NEC、松下、索尼等，另外还有一些中国手机厂家。记得我们 U626 第一个商用的客户是新加坡电信，测试环节我们比拼掉两三家，几乎是在最后一天，我们的测试才通过，最终成功入围，非常有挑战。

田 涛：这些厂家和华为的都是 3G 手机吗？

苏立清：是的，我们是从 3G 手机开始做起，事实上，从 3G 手机开始，也逐步成为手机产业的分水岭，刚开始，3G 手机还都是功能型，后来，随着移动互联网的普及，苹果也进入市场，智能手机成为行业的主流，开放的安卓平台成为众多智能手机的主流选择，摩托罗拉、诺基亚在功能机时的领导地位，从此走下了历史舞台，国内手机市场也重新洗牌，包括华为在内的新的智能手机厂家开始兴起。现在看来，华为从 3G 手机切入市场的时机是一个非常好的时机。

我的感想是，一个新产业到来的时候，有一些朦胧的迹象，要有人或团队，脚踏实地地往前探索，即便不能完全看清楚，正如老板说的，“方向大致正确，组织充满活力”地去奋斗，来赢取产业的机会。

但是一个新的产业是非常艰难的，华为做手机无品牌、无渠道，都要从头开始，所以早期，在华为手机没有形成品牌优势和市场地位的时候，固定台产品和数据卡产品为手机业务的现金流做出了很大贡献。运营商早期作为华为主要渠道也发挥了重要作用。

田 涛： 你刚才提到了固定台和数据卡，能不能分享一下当时开发的具体情形？

苏立清： 大体有了方向以后，我认为做新产品是要分节奏的，短期、长期利益要兼顾，正所谓“吃着碗里，看着锅里”。当时无线产品线正在开发CDMA 450系统，由于中国电信没有拿到移动牌照，就用这个产品在农村市场覆盖。无线产品线开发了CDMA 450M系统，但是终端侧的450M固定台和话机，业界没有相应的产品。当时CDMA的主流频段是800M，业界做固定台的厂商主要有两家：韩国LG和另外一家公司，都是800M的固定台。最开始固定台产品公司想去OEM，但我们谈的合作伙伴看不清楚450M的市场，因此没有达成合作。我听到这个消息以后，觉得这是我们北京团队的机会，因为这是一个终端产品，可以带来比较大的销售收入。

与无线CDMA产品线沟通，450M固定台就交给我们这个团队来开发。固定台产品与CDMA 450系统一起，获得了极大的市场成功。2006年我离开北研所组建存储与网络安全产品线的时候，他们就几十个人，但固定台一年的销售额已经达到35亿元。后来又抓住了3G数据卡的商业机会，固定台和数据卡早期为终端业务积累了大量的现金流。

田 涛： 当时固定台都是卖到偏远地区吗？

苏立清： 主要在山区，当时农民、牧民们在山里都背着它，像电话机一样在山里打电话，后来还卖给了很多中亚地区的客户……

田 涛： 我记得当时领导们接待客户经常会说牧民把设备放在马背上，然后放羊的时候就可以打电话。

苏立清： 当时徐总很支持做这个方向，这个产品为无线产品线获取了很大的商业价值。

田 涛：如果说固定台、数据卡是配套产品，手机是真正的全新业务领域，你有没有想过，万一没做成，或者是公司问责，后果会很严重？

苏立清：哪想那么多，说实话，那段时间，满脑子都想着做手机，但也要有方法，我们是从预研开始做起，公司一直在前沿方向上做技术研究，也就是预研。预研相对于产品来说，只聚焦关键技术，不涉及规模生产，因此投入相对小。对于工程样机这个预研项目来说，即便后来不做手机产品，这部分的投入损失也不大。

田 涛：任总曾说 3G 的时候，我们缺手机，搞测试别人不卖给我们，我们才被迫做手机。

苏立清：是的，由于解决手机系统配套问题很困难，公司最先想到的解决方法是通过合作来解决，因此华为曾与 NEC、松下成立合资公司叫宇梦，就是在这个背景下成立的，目的就是解决手机配套问题。

我们 3G 手机出来的时候，也是在这个大背景下，当时我们做预研，正好与公司的诉求契合了，因此后面的工作就很顺利，客观上讲，我们走在了前面，提前做了技术储备。

田 涛：那么手机开发过程中，遇到什么困难了吗？

苏立清：进入新业务有非常多的困难，如技术、人才、团队等。我再给你讲个故事。这个手机样机，你看有什么缺陷没有？手机刚出来那会儿，大家都很喜欢。记得在半夜，现场团队给我打电话说，手机组装出来了，大家都激动不已，弄得我那天晚上一直没睡着。我天天拿这个手机显摆，给大家看。后来我有一个同学，直截了当地与我说，这个手机还是有很大的差距。这给我提了一个醒，我们虽然有热情，也把原型机做出来了，但是我们要做有竞争力的产品，还得靠懂行的人，我意识到要从外面寻找懂行的资源。那时候正是2003年非典时期，我打听到有位手机设计高手，水平很高，就约他在北京亚运村的街心公园里面试。为什么记得是非典时期呢？因为那时候外部的人不让进公司，所以只能在外面找地方，最后我们约在了街心公园。那兄弟说华为的规矩太多，我们这些人会不会水土不服。我说没问题，我们会给你营造一个宽松的环境。就这样把他给招进来了，这位专家后来一直在公司，发展很好，贡献也很大，一晃都十几年了。后续又陆续招了很多专业人才，那个阶段，我花大量时间在招聘专业人才上。

田 涛：样机出来以后，还做了哪些？

苏立清：手机预研出了原型机之后，下一步就是商用化。早期第一款商用手机是U626、U636。同时我们也抓住市场需求，开发了固定台和数据卡产品，特别是数据卡在欧洲取得了非常大的商业成功，为早期手机业务赢得了宝贵的现金流。

其实任何一个新的产业、新的产品，并不是轻松取得，需要付出一代人的努力。还记得，数据卡进入欧洲的第一站是沃达丰，遇到的第一关是测试关，沃达丰企业标准比较高，华为作为后进入者，都要进行全量的测试。但是我们数据卡的一项技术指标迟迟没有通过，这时距离最后入围的截止时间仅剩20天。我组织进行技术攻关，数据卡团队硬是在最后那天攻关下来了，最后一天测试通过，入围了沃达丰，这是一个敢打硬仗的队伍。

当时很多人都以为我们要失败了，但最后一刻还是成功拿下！现在回想起来，那时候真的是把脑袋别在裤腰带上，最后一天硬攻下来的，在最后一刻搞定了。沃达丰是重要的客户，华为数据卡入围沃达丰意义重大，这大概是在2004、2005年。

除了技术和人才的困难，手机生产牌照也是个大问题。公司确定进入手机领域之后，首先要解决手机生产许可牌照的问题。公司由政府关系部牵头，我在北京，与政府关系部的同事一起，为获取牌照做了大量推动工作。大约半年以后的2005年，国家手机制造牌照重新开始发放，这个时候是郭平总负责手机业务，安排我代表华为向专家评委做汇报，第一批有五家提交申请，我代表华为是第一个汇报的。

田涛： 在手机业务方向选择上，有没有什么故事？

苏立清： 在选择业务方向上，到底是先做手机还是先做芯片，团队内部有分歧。有人主张先做芯片，因为测试UE在终端技术上积累了算法、逻辑等方面的深厚技术，可以在此基础上演变成芯片。但我想，“皮之不存，毛将焉附”，不做产品，只做芯片，客户选择也会有很大的问题，虽然可以对外销售，但是商业模式确实不一样，华为早期做芯片，都是光网络、交换机、数通等为了自己产品使用的，所以我就坚持，要做产品，当时海思正好也想开发手机芯片，于是我就把我们做芯片相关的技术和开发骨干，包括代码全部都给了海思，这也是麒麟芯片的基础，这又是另一个故事，这里就不展开了。

田涛： 手机公司一直不做，是不是也是觉得风险很大或者不是主业？

苏立清： 华为的策略是聚焦，通信系统是主业，进入新的领域，历来都是非常慎重的。后来总体上看，手机缺失导致了系统配套出问题，然后才决定逐步进入手机业务领域的。刚好我们有测试UE团队，在手机技术上有一定的积累，于是上下配合，顺水推舟进入了手机领域。

从我个人心路来看，前面不是提到了2001年我从数通岗位上下来，当时很郁闷，然后读到“上善若水”，认识到水往低处流，往下走就有力量，于是我跟着新的团队一点点又成长起来了。心中无杂念，脚踏实地更有力量，更能够看到业务的真相。

我在担任北研所所长的同时，兼任手机业务部首席质量官及手机北京分部部长。2006年公司要跟赛门铁克成立合资公司，选择我来组建存储及网络安全产品线，作为合资公司的前身，一年后到合资公司华赛负责研发。

田 涛：组建华赛，你就去成都了？

苏立清：是的，我去了成都。又过了五年，华赛的业务，包括存储产品和安全产品，公司又把它买回来了，我也就回到了公司，安排到公司的流程IT部。

田 涛：你在华赛一直干了五年？

苏立清：要从组建的时候算，2006年到2012年，六年，也是一个新产业。

田 涛：那时候你就把家也搬到那边了吗？

苏立清：只有我一个人在成都，因为那时候小孩在北京上学，当时家人在北京。

田 涛：去华赛你觉得对你有什么影响？

苏立清：对我个人影响大了，开拓了国际视野，锻炼很大。华赛是一个优秀的团队，打造了在企业IT的核心产品，构建了有竞争力的世界领先的存储产品和网络安全产品，培养了企业产品的队伍，也为云计算领域做了积累。

田 涛：在华赛也有很多故事吧？

苏立清：是的，有很多故事。在华赛的几年，把一个产业做到从无到有，除了构建有竞争力的产品，也培养了大批懂 IT 的专家。作为研发主管，我在产品质量管理上花了很多功夫，在这里分享两个故事。

一个故事是，当时产品刚上市不久，问题不少，好在华为的客户服务意识很好，出了问题总能及时解决。当时有一个大客户，使用的华为存储阵列产品出了问题，客户很着急，我们派专家去现场解决，我们的专家服务态度非常好，加上专业技能也很强，问题最后得到了妥善解决。当时我们派的是对口专业的两位员工，刚好其中一位员工的腿摔坏了，每天拄着拐杖到客户现场解决问题。问题解决后，客户讲，“你们员工轻伤不下火线，这种敬业精神和专业的服务能力打动了我们”。

这个故事表明我们确实有以客户为中心的服务意识。不过第二个故事就来了，表明光有服务意识是不够的，还要靠高质量、过硬的产品才行。

田　涛：这是什么故事？

苏立清：第二个故事是，当时产品问题很多，一线服务的压力很大，有一次会议，两位服务主管找到我，几乎是把我逼到墙角，他们对我讲，产品问题非常严重，研发必须要高度重视并予以解决。这个事对我触动非常大，面向客户的服务和支持是重要的，更关键的是产品的质量必须要做好，对研发来说，这才是真正的以客户为中心。

以此为契机，我召开质量研讨会、质量大会，开展了一系列质量活动，提升研发质量意识，并深层次构建产品质量能力。我们在成都构建了非常强大的兼容性测试实验室，还有一系列专业实验室。在质量管理上，我总结出产品质量管理七条纲要，坚定不移地落实产品质量要求，我们的产品质量逐步有了根本性的提升。

田 涛：你2012年从华赛回来就直接去流程IT部了？

苏立清：对。

田 涛：你在流程IT待了几年？

苏立清：在流程IT是从2012年到2018年，一共是六七年。收获也很大，在数字化转型、信息化平台的建设这些方面做了很多事。2018年因为我管的信息技术工程部的一部分，数据中心相关的业务与华为云整合，我就调到华为云了，即对公司内部提供服务，也对外部的客户提供服务。

田 涛：数字化转型你去的时候，它已经开始了吗？

苏立清：是的，变革公司一直持续在做，通过变革和信息化建设提升了公司运作的效率。

田 涛：在流程IT这边你的感受是啥？

苏立清：我觉得对企业的数字化、变革都有了新的认识，华为的变革从1998年做IPD开始，到现在企业数字化阶段，我们的积累是非常深厚的，提升了公司运作效率的同时，也积累了企业数字化转型的方法论，我们的经验对其他企业也有启发作用。数字化转型越来越重要了，大家都认识到了，整个业界也都认识到了。

田 涛：中间曾经有一段时间，公司说建设IT要用“欧美砖”。

苏立清：“欧美砖修长城”，这是我们在跟老板汇报的时候，老板提出来的。老板提出来用欧美砖修长城，就是要尽量利用业界成熟的技术，老板反对什么东西都自己去开发，我们的目的不是开发这套IT系统，而是利用先进的产品与技术快速提升我们的工作效率、运作效率，基于这个目的提出用欧美砖修长城。就是尽量利用成熟的东西，欧美砖是一个象征意义，如果公司内部的产品符合欧美砖的能力也是可以的，所以我们也使用公司自己的存储、服务器和云计算，就是因为它符合我们的要求，只要达到业界同样的水平就行。

田 涛： 用欧美砖花的钱是不是比我们自己研发要贵？

苏立清： 也不是，你拿成熟的东西反而不一定贵，因为不用从基础开发做起，而是买了它的一个使用权，如果要自己开发，得从头做很多。但是我们自己可能会做一点“黏合剂”的东西，这是老板也同意的。这里的黏合剂是指 IT 平台和架构，以及必要的定制化开发。

田 涛： 任总对内部 IT 还有一些什么样的指导性的指示？

苏立清： 那很多。最重要的是任总要求数字化转型及变革的目标“要多打粮食、增加土地肥力”，核心思想是为业务创造价值，不能为技术而技术。同时“要致富先修路”，IT 要适当超前投资，不要成为业务发展的瓶颈，要把信息高速公路修好，以提升公司的业务效率。

田 涛： 公司做数字化转型的由来，能否介绍一下？

苏立清： 信息化随着云计算、人工智能、大数据等新技术发展也发生着深刻改变，其实刚开始，信息化对业务流程只是一个支撑的角色。大概是 2012 年，在公司的大梅沙工作会议上，决策说 IT 不再是一个纯粹的支撑部门，而是生产力部门，这意味着 IT 深入参与业务，可以作为一种生产力，和业务共同发展，而不是仅仅作为支撑。基于此，技术与业务深入融合，双轮驱动，提升业务的效率、用户的体验以及商业模式的创新。这个过程中，在 IT 技术架构上也发生了非常大的变化。通过将云计算、人工智能、大数据分析等数字技术运用到各个业务领域，包括研发、生产、供应、交付等，提升业务效率。比如说研发云的建设使用，大幅提升研发作业效率，研发作业时间缩短了 60%；在数字化生产方面，通过研发与制造的建模仿真数字孪生的应用，产品研发和试制周期缩短了 20% 等；通过数字化供应链变革，物流效率提升了 40%，同时通过移动化办公 WeLink 的推行，随时随地办公，大幅度提升了员工的效率及满意度，特别是这两年的疫情，我们的移动办公平台为公司全球业务的正常开展发挥了关键作用。随着时间的推进和转型的深入，华为作为一家科技型制造企业，自身的数字化转型经验和方法也可以为各行各业的众多企业提供借鉴和参考。

田 涛：员工们能感受到的正是这些。

苏立清：员工除了需要满足功能需求外，体验也非常重要。早期 IT 系统重视功能，弱化体验，导致员工使用体验不好。通过多年持续不断地改进，用户体验开始变好了。原来心声社区对 IT 有很多批判的声音，现在表扬的声音开始多了。当然没有止境，还需要持续不断去改进。

田 涛：作为 IT 基础设施，华为的数据中心是不是在东莞?

苏立清：华为主数据中心在东莞。我分享一下这个数据中心启用迁移的故事。原来公司主数据中心是在公司的深圳坂田基地，它的使用生命周期到了，我们在东莞规划了新的企业主数据中心。在规划建设完成后，我们制定了周密的数据中心迁移方案和实施计划。但是遇到一个很大的挑战，数据中心承载公司所有业务，有大量的数据，实现平滑迁移是非常有挑战的，同时，主数据中心的应用与数据迁移，是要中断业务的。我们的专家团队制定了非常有挑战的目标，是 4 小时完成迁移。但即便我们 4 小时的迁移时间窗已经很短了，但选择在什么时间切换，要考虑的不仅仅是对公司内部的影响，更为重要的考虑是对华为客户的支持影响降到最小。正常看，春节放假对中国客户影响小，但欧洲等海外主管有意见，因为海外是圣诞节放假。所以我们直接和业务部门协调一直搞不定，我就申请向公司最高的决策组织 EMT 汇报，任总和管理团队很支持，让我们选择合适的迁移时间，还给予我们很多的鼓励。当然，这次迁移我们的团队也非常给力，最终的结果是，一次性 2 个小时 46 分钟迁移完成！没有数据丢失和数据不一致，迁移非常成功，这在业界也是非常领先的。

参与数据中心迁移的除了 IT 专家，还有业务验证人员，涉及人员高达 2 000 多个，大家协同作战。这是非常复杂的系统工程，和作战一样。我们的指挥室就叫 War Room（作战室）。我们当时指挥是有两个部分，一个是我们管理层，在一个会议室；一个是迁移指挥专家团队，在另外一个会议室，他们直接指挥作战，有问题再让我们决策，我们不能干扰他们。跟打仗是一样的，很紧张，每分钟都很重要。数据中心 15 年一个生命周期，主数据中心迁移这样的事哪会那么容易遇到，我们非常成功把它迁移过去。在职业生涯中经历过这些事，我觉得每一步都是不容易的，但做成后很有成就感。

田 涛：这是 2016 年的时候吧？

苏立清：是。

田 涛：看了你们在《华为人》报上写的一篇文章，写得热血澎湃。

苏立清：是的，激情燃烧的岁月，至今对参与人员的努力工作也非常感激。公司哪个岗位我觉得都要做好，华为真的是一家每个人都在追求卓越的公司。

田 涛：我看了《华为人》报上有一篇你的文章，应该是当时你在流程 IT 那个岗位上写的。

苏立清：是哪篇文章？

田 涛：就那篇《荔枝“伤”，硕果丰》。

苏立清：这个故事我可以讲一下，我刚到流程 IT 的时候，2012 年初，当时业务对 IT 有非常大的期望，IT 如何支持好业务，面临了不少的问题。那个时候批判我们 IT 的声音很多，诟病很大，上下都不太满意，员工士气不振。反观 IT 这些员工，工作是非常努力的，服务意识也很好，但客户不满意，IT 系统稳定性等方面也有很多问题。

怎么激发员工的士气呢？带着这些问题，有个星期天我跟夫人去毗邻深圳和东莞的大屏障森林公园徒步，这个公园环境很好，那地方有很多的竹林，当时走到一个小山上，看到一大片的荔枝树。我发现一个问题，这些荔枝树的主干树皮被割得一道一道的，旁边还有几个工人，我就过去问一个像是领头的人，我说你们是想把这些树弄死还是怎么样？按照我的想法，这种割皮不把树割死了嘛。他告诉我说，这个叫环割，如果荔枝树不进行环割，第二年就不结荔枝。我很吃惊，这给我一个重要的启发，这棵树在这种极端的折磨情况下，生存面临了重大的风险，它这个时候就会做最重要的事，生物最重要的事肯定是传宗接代，就是结果实，所以它就要把能量集中去结果，而不只是长繁茂的枝叶。给我的启发是，一个组织或一个人就像这棵树一样，在困难、受挫折、受磨难的时候，会爆发出内在的、更加强大的动力，只有果实才能证明树的价值。我们团队也一样，客户的压力要作为内在的动力，核心是要为用户创造价值。我们自己的团队要反思，虽然大家很努力、很辛苦，但是客户没有感受到价值。

我当时组织了一个部门全体员工加上合作伙伴的会议，分享了荔枝树的故事，统一思想。我们这个团队即使被批评得很多，被炮火轰击，伤痕累累，那我们反而要有更大的干劲，要像荔枝树一样，把挫折变为动力，结出更多的果实，让业务部门认可。通过这个全员大会，大家统一认识，士气提高了，起到了非常明显的效果，大家不再把自己看成弱势部门，被批评反而激发了部门强大的内生动力。所以这些年 IT 越来越得到认可，其实还是与人的内在有关，内心自信，敢做事了，而且做出了结果。

我在部门设立了一个精神激励，叫荔枝树奖，制作了荔枝树奖章，颁发给贡献突出的人员，把这种精神传承下去。我们需要传承一种文化，就是大家要在遇到困难、挫折的情况下敢于战斗，战斗其实也不是最终的目的，最终的目的要结出果实，要实现我们组织的自我价值。

田 涛：原来荔枝树奖是这么来的，看来荔枝树对你的职业发展有很大的启发。

苏立清：其实说到树，我在华为的经历和三棵树有关。

第一棵树，是我还没来华为的时候，当时想要出国，因为出国办护照，从原单位离职了，记得我那天刚办完离职，走出位于北京的单位大院，一出大门有棵树，很茂盛，看到那棵树忽然有所感悟，都说“树挪死，人挪活”，我当时心里就是咯噔一下，觉得有什么事情，就赶紧打美国长途。那边的人大吃一惊，他说一个月前公司就已经倒闭了，所有人都开始找工作，把你这事儿给忘了。我只好出去找工作，刚好华为北研所刚成立，我面试进了华为，开启了华为的职业生涯。这是第一棵树。这棵树是我在华为的起点，体现出退无可退，就只能义无反顾向前了，我对华为也非常感恩，努力工作也是完全发自内心的。

第二棵树其实也很重要，是激励我和我那个手机团队的，当时我是千方百计想做手机，脑子里天天想着这个事儿，但是这么难的事能不能做成，我也在心里直打鼓。在北京我有一天去郊区的一座山，山上基本都是石头，我看到山上长着一棵树，那棵树的树根是扎在石头里的。我就很诧异，石头里怎么能长出树来呢？后来发现这棵树真是从石头里长出来的，而且很多石头山上的树都是这样生长的，就给我很大的感悟。我觉得树能够在石头里生长，它得需要多大的意志力，按道理，树本来生长在土里的，这棵树有可能是鸟把种子带过来，然后放那儿很长时间，甚至一年两年，来点土、来点雨，小苗出来了扎一点根，一点点扎下去，得多么困难。我们做一个新产业，可能也很困难，但是能有这棵树这么困难吗？所以我就激励大家说，我们做手机，虽然做得晚，也要敢于去干，其实也是激励我本人的。

第三棵树就是我前面讲的荔枝树的故事。

来华为二十多年，我感觉几个关键时刻都跟这三棵树有关，是贯穿着工作和生活的一条主线。

田 涛：能谈谈你对华为文化的认识吗？

苏立清：我原来写过一个教材，叫《项目经理的十项修炼》，专门给我们团队讲。当时是看斯诺的《西行漫记》里有这样一段，苏联的一个军事观察员在总结红军反围剿的时候，思考为什么红军胜利，国民党失败？他说很奇怪，当时国民党装备强大，而红军装备很差，但红军胜利了，为什么呢？他说国民党部队打仗的时候，指挥官说“兄弟们给我上”，而共产党指挥员说“同志们跟我来”。“给我上”和“跟我来”，后者恰恰是华为文化的一个精髓，华为文化就是干部要以身作则、冲锋在前，就像老板讲的要“让听得见炮声的人呼唤炮火”，我们的指挥员还是要亲临一线的，就是因为这样，华为从最初没有资金、没有技术、没有人，一家毫不起眼的公司，慢慢地做起来了。我后来总结以身作则很重要，与老板说的是一样的，就是听得见炮声的地方，指挥就在那儿。

田 涛：这是华为的一个基因。

苏立清：华为文化的传承，每个主管也要自己去践行，光靠员工悟，要慢一点，你给大家启发一下，就像我总结几棵树的故事，大家就能有所感悟，硬说教，大家反而容易产生逆反。

田 涛：你觉得公司从上到下都这样为客户，努力工作、奋斗，它是怎么形成的这种文化？

苏立清：我粗浅的理解是，企业文化既要有理论，更要有实践。正应了鲁迅的那句名言，“世界上本没有路，走的人多了，也便成了路”。其实文化也是，文化是走出来，再总结，再传承，文化的传承是做出来的，一层一层地干出来，然后有样学样，仅仅靠书不容易传承，还要靠言传身教来传承。

传承有多种形式，有些是通过流程传承下来，有些是通过书籍传承，有些通过老板的各种讲话和文件，有些是靠口口相传，有些是干部以身作则，这些都是在传承，缺一不可。光靠生硬的书本，可能会学错，因为它有现实的场景，事先并不知道是什么样的场景，这个场景下有用，换一个场景生搬硬套很可能就没用。就像田老师您有一次在课上说，华为有些制度不同时期看起来也是不一样的，甚至有些冲突的地方，公司不对了还是怎么了？其实是因为管理和公司的发展就像一个人开车一样，奔着大目标去，过程中有可能方向盘左一下右一下，但其实是对着目标没变。

所以文化传承我理解也是这样的，你光看一句话，不结合场景可能还不行，就是兵无常势常有势、水无常形常有形，要结合这种变化，所以是非常复杂，不是那么简单的。对一句话不要去僵化地理解，如果换个场景、换一个时间维度，这句话可能还不一定对，但是这部分你不经历其实很难去理解。

所以对文化的理解，你们这些采访也很重要，就是要一点点不断地去传承，因为我们说的东西可能过几年也过时了，新的会怎么样也不知道，但是核心不变，都是“以客户为中心，以奋斗者为本，长期艰苦奋斗，坚持自我批判”，具体做的时候适应不同的场景，进行适配。需要理解才行，不理解其实就不太容易真正地传承。

（结束）

访谈9

熊乐宁

访谈时间｜2020年11月3日

访谈地点｜深圳

被访谈人｜熊乐宁

访 谈 人｜田 涛

来了就不想走，机缘巧合下进了华为

田 涛：熊总，我们聊聊你的故事。

熊乐宁：我大学毕业后被分配到了国营企业，在南京的一家机械厂。当年一汽引进捷达家用小汽车生产线，我们厂中标了数控机床，我进厂后就直接去参与这个项目设计，大概一年多的时间吧，这个产品就做完了。

田 涛：你学什么专业的？

熊乐宁：我学物理和自动化，可能因为学物理吧，平时理性多一些，表现出来就是思维会“慢一些”。

1993 年 5 月，我离开南京来到广东，但进不了深圳，因为没有边防证，

---

* 熊乐宁，1993 年加入华为，现任供应链管理部总裁。

就在惠州一个做卫星电视接收机的公司里工作。我记得第一个月只工作了一个星期，就给我发了200多元工资，相当于原来工厂两个多月。我很感动，眼泪都流下来了。当时，在一个半月内，我和另一位同事一起为公司组建起了一条卫星电视接收机的生产线。因为建生产线要到深圳采购设备，所以我就来了深圳。

还记得第一次来深圳，去的是华强北，就觉得这个地方太好了。马路边是树，树外边是人行道，人行道外边又是一排树，树外面是草皮，草皮外面才是房子，这个地方太漂亮了！那个时候惠州连个商场都没有，全是士多店。我当时就有点动心了。

我第三次来深圳时，就买了张《深圳特区报》，看到中缝里有华为的招聘广告，就打电话问："你们还招人吗？"招聘人员说："招啊，你来吧！"

田 涛：当时有说招的是什么人吗？

熊乐宁：就说招理工科的人。1993年6月30日那天，我从上海宾馆出发，去找深意工业大厦。那个时候深南大道还没完全通车，我在路上被中巴车"卖"了好几次"猪仔"，怎么都找不着深意工业大厦。后来发现一片空旷的地方有一片非常宏伟的建筑群，我想这可能是深意工业大厦吧！走过去一问，人家说是亿利达。兜了几圈，最后好不容易才找到。深圳6月底的天气已经很热了，我坐着电梯到了大厦5楼，门一开，空调一吹，觉得太舒服了。我就想，一定要留在这儿。然后面试完，我真的就留下了，分配在数字机组做C&C08机硬件开发。

我是学自动控制的，以前就没接触过通信，压力很大。第一天上班，项目经理给我拿了一本北京邮电大学出版的《程控交换原理》，让我这几天就看这本书。过了几天，他过来问我："书看完了吗？""看完了。""看明白了没有？""没看明白。"他说，没看明白就对了，看明白才奇怪呢，然后给了我两块板子的设计任务，把之前别人做的基础图给我，让我去做这两块板子，同时给我指定了一位导师。

田 涛：那时候你多大？

熊乐宁：1993 年我 24 岁。很有意思的是，当时给我配了一个 386 的电脑。我在大学里学的是大型机和小型机，从来没玩过 PC 机（个人计算机）。原来南京工厂里有一个计算机室，有两台 286，但门是锁着的，我从来就没摸过。所以当时我连计算机开机都不会，DOS 系统也不会，ORCAD（用计算机辅助设计，画电路原理图的工具）也没有用过。以前工厂里都是用制图板画图，然后去晒图，但是华为当时就已经很先进，用计算机辅助设计了。我跑到华强北去买书，买 DOS 系统、ORCAD 相关的书，对着书开始学习，那半年我压力特别大，边学习边做设计。我的导师叫姚爱国，人挺好，技术能力也很强，有不懂的地方我就去找他。

我们现在经常说垫子文化就是午睡文化，垫子是睡觉用的，这没错，但是当年垫子不光是午睡，晚上加班在办公室睡觉也用得上。什么意思呢？当年一个办公室用铁皮柜大致隔成两部分，前面 2/3 是办公区摆放办公桌，后面 1/3 就是每个人一个垫子，用垫子拼接起来的大通铺。在数字机开发关键的系统联调时期，大家吃住都在办公室，饿了就吃饼干，晚上有消夜，枸杞炖甲鱼都有，大肉包子是免费的，随便吃，困了就去办公室后面的垫子区睡觉。有的时候我们晚上等联调，不知道几点钟轮到自己，就在那后面一排边睡边等，轮到我的时候，别人过来踹我一脚：“到你了！”我就爬起来，抱着自己的板子去联调。那时候我经常听着模拟呼叫器“咚咚咚”的声音在办公室睡觉，最长有一个星期没回宿舍。第一是要不断联调，第二是不敢回去，因为那时候南山村抓“三无人员”，我们只有边防证，没有暂住证。有一次实在是憋不住了，我想回去换个衣服洗个澡，跑到村口就被抓住了。一般被抓的“三无人员”都要面朝墙，双手抱头蹲着，保安一看我是华为的工牌，戴个眼镜，是大学生，就让我站着，不用蹲着。我就跟他说，我住村长家，他不信，让我说出村长住哪一栋，我就说出来了。他一听，就让我走了，但把边防证没收了，让我第二天到派出所缴罚款、取证件。我就回去洗澡、换衣服，赶快跑回办公室。

田 涛： 真住村长家吗？

熊乐宁： 真住村长家，村长家出租的房子，村长他自己住1楼、2楼，我们住在4楼。一人一间就租出去了。

田 涛： 这半年没有什么考核吗？

熊乐宁： 得把板子调出来呀，要跟着主机软件的节奏走，保证能开局，不能说程控交换机就缺你那块板。那个时候没这么多考核。我一个半月就转正了，见习工资是1 000元，转正之后好像是1 600元。

田 涛： 涨薪幅度大吗？

熊乐宁： 涨薪幅度挺大的，1 000元到1 600元，然后一年之内就到了3 000元，我都记不得了，肯定是涨了至少两次，涨薪真的很有力度。

我记得我6月到公司，9月份就去徐州开实验局了，开完局再回来优化产品。开完局之后我就慢慢适应了，各方面的工作也开始跟上了。到了第二年夏天，我和姚爱国开始带着装机队的人去全国装机，因为他们不了解新产品，我们负责教会他们。那个时候要干的活可多了！我们要在地板上用冲击钻打孔，把机架固定，把线缆拉进来，卡完线之后再加载软件、把机器调通。客户有时候也帮帮忙，尤其是立机架的时候。那半年，我觉得是成长比较快的。

田 涛：从书上学，还有就是师傅教一点。

熊乐宁：对，刚开始跟大家联调的时候调不通，因为我没做过交换机、没做过通信，通信上有很多信令都不懂，刚开始几个月确实压力很大。

田 涛：那时候你觉得华为是一家什么样的公司？

熊乐宁：就是觉得年轻人多，沟通很简单，而且能学到比较多新的知识，工资也升得快。从来没想着会干这么久，但是就这么“跟着走”干下来了。我记得当时从南京出来的时候，我连毕业证书都没带，带的是复印件，衣服只有一件衬衣，晚上洗，第二天早上干了就穿上。那个时候年轻，随时准备走人，对很多东西都充满了信心，觉得在哪儿都无所谓。

中试给我上了第一课：系统性思维

田 涛：你是典型“之”字形成长的。

熊乐宁：今天是我在华为公司第 9 989 天，马上 1 万天了。研发 7 年、市场 14 年、再到供应链，可不就是个“之”字形嘛。我从中收获也非常大，因为通过研发、市场、供应链的循环，让我熟悉了公司的业务流程和各块业务，转变了我的思维模式和管理理念，第一个就是系统性思维。

1995 年年中，我已经在支撑市场部做数字机市场拓展了，准备转市场部。正是这个时候，为了快速提升产品质量、加快新产品的商用化进程，公司组建了中试部，我也就被公司从市场“抓”回去参与中试部建设工作，我原来所在的设计室整建制地划入新组建的中试部。刚开始大家都不知道什么叫中试，要干啥也不太清楚。郑树生真的是一个很牛的人，他跟我说：“小熊，你赶快写一份中试规程。”我问什么是中试规程，他说，让我们先讨论。最后我们理了大半天思路，边讨论边总结，花了一个多月时间，写出了华为公司第一份中试规程。

中研只是做成了一个样机，但这个技术成果要转变成可以量产的商品，要有一个过程。中试规程就是要讲清楚，产品（数字程控交换机）的商品化要从哪几个方面来准备。第一，功能测试怎么测？要保证功能和性能满足设计要求；第二，要做产品的可靠性测试和环境测试，比如老化试验、防雷试验、高低温环境及冲击试验等，论证产品的可靠性和环境兼容性；第三，要做批量生产认证、工艺设计和质量管理，保证质量稳定，同时，要准备生产所用的各种工装夹具，保证产品可以批量生产；第四，要准备各种各样的生产文档和生产资料，编制整个生产过程中的各种工艺指导书、操作指导书，保证生产部门能够制造。

田 涛：你们是几个人一起做的？

熊乐宁：我牵头，我们设计室一起讨论大纲、分头拟定再总成、评审通过。

田 涛：从不知道它是什么，到一步步把它做出来，最后形成一本厚厚的操作指导书？

熊乐宁：没有很厚，大概 20 多页。我记得那是当时中试部签发的第一个技术文档，就叫《C&C08(A) 中试规程》，花了一个月时间。当然，后来在实际的生产过程中不断优化和充实，形成了面向不同场景的好多份技术文档。

我先做 C&C08 产品开发，然后到中试部负责产品实验与测试，后来中试部说要对接产品研发计划做项目管理，同时还要面向市场推广做试制计划，要成立中试计划处，就把我从产品实验中心调到中试计划处，推动端到端项目管理和产品中试计划管理，中试部和中研对接形成了华为最初的研发管理体系。

我现在还清楚记得当年老板去美国考察了 IBM，把 IBM 的并行开发原理，也就是 IPD 的雏形带回来，把《PACE 理论》（产品周期优化法）这个书也发给中试部几本。我们也拿到了一本。当时我在中试计划处招了几位 MBA（工商管理硕士），大家正在研究项目管理，我们就对照书本、依葫芦画瓢在项目管理上试运行。PACE 理论应用到华为研发项目管理实践最早就是在中试部，当时中试部的领导认为从投资评审的角度来看项目管理是很好的尝试，增加了项目管理的量化维度。再后来公司立项，整个研发体系开始推行 IPD 流程变革，就是这样搞起来的。

在中试部，有一件事情让我刻骨铭心，一直到现在还在时时警醒我在管理上要系统性思维。当时中试部有一个 KPI（关键绩效指标）叫中试周期，我们认为，中试周期意味着产品商品化的周期，这个周期当然是越短越好，但是这个周期指标除了依赖中试自身的试验过程外，还有两个核心环节：第一，中研不能把不满足条件的产品转过来，必须具备各种条件才允许转中试；第二，中试完成的产品需要尽快转给生产部门。所以在日常业务管理过程中，我们既要对上游严格要求样机转中试的条件，又要在下游加快转生产流程。从短期来看，中试周期确实在缩短，但时间一长，发现出了问题，虽然中试周期缩短了，但中研为了准备转中试条件的时间增加了，快速转生产之后，某些功能 / 性能及可生产性等，可能因测试不充分，又造成了返工，里外里算下来，整个产品上市周期不仅没有缩短，反而拉长了。

我意识到，中试周期这种考核指标肯定不对。我们开始反思，然后把中试周期取消了，取而代之的是从端到端看商品化的时间，对着统一的上市目标，“帮扶结合”、主动去承接上下游的工作。这件事对我触动、影响非常大，到现在 20 多年过去了，很多事情我都不记得了，但是这件事我一直记得，时刻提醒我看待业务问题要多视角、系统化，主动做好产销研协同。

所以到供应链后这几年，我把供应链管理部（一层组织）基于自身业务设计的一些过程考核指标逐步取消了，比如计划准确率，等等。现在考核什么？就是对齐公司的目标，考核经营（收入、利润）、客户服务（满意度、供应周期、齐套率）以及成本和效率。第一，对着公司经营去考核收入；第二，对着客户服务，去考核客户满意度；第三，考核效率和成本。主体就这三样东西。当然还有一些其他的关键工作，但是大指标就这几项。这其实跟市场部、产品线是一致的，市场部管收入，我跟它一致，想办法怎么保证供应。我货供到了，你收入就确认了。我货没供到，你收入就确认不了。以前我们会说收入没确认，跟我没关系，那是市场部没做好，市场部反过来说是供货的问题，双方互相指责。现在我把自己的后路给断了，我也对公司经营负责。市场的经营指标是我的指标，市场的客户服务指标也是我的指标。客户满意度我跟市场一起背，供应的成本和效率我来背，这样就使我们从指标上解决了本位主义，使供应链组织跟市场组织和产品线对齐，大家肩并肩作战，成为 partner（伙伴）。

田涛：这个想法在公司里应该算走得比较前的。

熊乐宁：从前年开始，我的二层组织也开始改了。怎么改？第一，各二层组织 60%~70% 的指标直接承接一层的指标，但是给它留了 30%~40% 的空间，因为每个专业部门有自己专业的一些特性。我说我（一层组织）全部对齐公司，二层组织可以有自己的一块自留地（比如计划部门可以适当考核计划准确率），但是要简化，自留地要减少。如果公司的收入没上去，公司的客户满意度没上去，公司的成本和效率没上去，供应链哪怕绣出花来也没用。供应链不是要去绣花，而是要支撑公司经营，保障公司的客户满意度提升，保证公司的成本和效率优化。这样就让我们的团队有了更强的系统性思维和对全局负责、对目标负责的态度，“以终为始”。

14 年客户经理，客户导向和换位思考已经融入血液

田 涛：后来转去市场部了？

熊乐宁：我做了 14 年的客户经理。当初我去市场的时候，领导说我没有市场经验做不了代表也做不了行政助理，当时行政助理是办事处的二把手，我是从办事处的系统部主任开始做起。做系统部主任就要降级，我就问领导，我要降工资吗？他说半年之内暂时不降，半年后就根据当时的工作岗位来定。还好半年之后，我做代表了。

在办事处做系统部主任那半年多的工作经历对我后续的职业成长非常重要。我正要去办事处上岗的时候，我们网上主要的产品被友商搬迁了。

田 涛：那是哪一年？

熊乐宁：2001 年，我们这个省的市场出了问题，在网上的主要产品都被搬迁了。我一去就碰到这样的局面，要去梳理这个事。我们当时根本不知道出了什么事，见不到客户，打电话过去也不接。

客户不理我们，怎么办呢？我就只能书面汇报，每周给客户写信，信上总结本周的工作，以及下一周我干哪几件事，言简意赅，确保只有大半页 A4 纸。因为我不知道他看不看邮件，我就用纸件打印出来，签上我的名字，然后请门口的值班人员把信送进去，不指望领导从头到尾看，只指望他瞄一眼。

这样坚持了两个月，有一天，我正准备出差，突然在机场接到一位客户的电话。他说，领导把你写的信转给我们了，其中的一些工作要求我们来落实。我接电话后非常高兴。我们从技术培训开始，逐步组织安排、落实技术和业务交流。通过业务互动，理解客户建网思路、规划以及运营痛点，逐一识别问题、形成华为针对性的解决方案，并把这些解决方案细化、融入到客户要求的工作当中去，一点一点改进，通过这些点滴改进，客户

开始慢慢地接受我们。通过半年多扎扎实实的工作，我们终于赢得了客户信任，通过 XX 项目标志性的交付，业务开始正向循环。

我是 2 月份去一线的，9 月份开始主持代表处的工作，10 月份接任代表。

田 涛：你是怎么完成从研发到市场的转身？

熊乐宁：当时我刚刚做代表，一门心思往前冲，把很多项目冲在 2001 年做完了，到了 2002 年，水涨船高又此长彼消，目标更高，又碰到了电信分拆（分成南电信、北网通）、整个市场节奏延迟，各个客户群项目启动很慢很慢。代表处前三个季度销售完成情况比较差，我自己都听说公司准备找人替代我了。9 月份老板专门飞了趟成都，我陪着老板去见过 4 个运营商之后，老板跟我说："你不要着急，慢慢来。"我心里踏实了一些，到了四季度，市场终于启动，项目也接二连三起来了，那一年我们最终结果做得很不错，还把西藏的村通市场做起来了，做成了全球样板点，当年还组建了拉萨办事处。

我记得我曾经跟老板说，我很感谢公司，没有公司，我不可能从一个学生变成一个准职业经理人，没有公司的信任，没有公司给的机会，我不可能有今天。

2004 年 9 月 30 日，我拎着箱子准备回深圳过节，突然接到当时中国区领导电话，让我国庆后去北京报到，接替北京分部的工作。

记得当时我刚到北京的时候，有次一位系统部主管跟我说客户在某地开会，我是系统部的领导，要去现场利用会议间隙拜访客户。可是，客户会议期间很忌讳厂家打扰。我说这样不行，一定要创新，我们开始思考优化方案。刚好数通的展车拉去省里巡展，我们就找一个院子把展车放进去，同时在楼上找一个包间，打扫干净，针对性地做展板。这样就有展车，有展板。这个地方的选择也有讲究，离客户的会场不能太远，但也不能太近。太近了客户会觉得干扰他们开会，太远了客户过不来。客户白天开会，吃完饭晚上散个步，10 分钟左右刚好溜达到这个地方看一眼。结果那一次来了五六个领导，围绕展车展板互动交流效果也很好，所以我就受到鼓舞了。后来怎么搞？以后每次客户开会，我们会先根据客户战略分析当前客户面临的业务痛点、会议的主题方向等，然后提前精心做策划，找会议室布展。希望能做到客户白天开会讨论问题，晚上在华为的展厅里能受到启发、找到一些解决方案。所以客户就愿意来了，每次开会都知道华为有展厅。有一次我们没办展，客户还问你们这次怎么没办展。客户从 3G 向 4G 演进的四网协同方案就是在这个展厅里提出的，当时中国移动要建设 3G（TDS）网络，我们规划了四网协同的网络建设及演进方案（4G、3G、2G 加 WiFi），强调 3G（TDS）向 4G（LTE）演进，并多次进行解决方案展示。

以前我们业务量小、主设备更少，客户交流沟通的话题也比较少，但是通过以上专题展厅的方式，每个客户来展厅次数和时间慢慢多起来了，产品品牌接受度也慢慢提升起来了。

田 涛：我们得先知道客户需要什么，然后跟研发有个协同，才能给出一个比较好的解决方案吧？

熊乐宁：对，首先要分析客户的年报、季报等相关材料，洞察和理解客户战略，其次要能从战略和投资方向等识别业务痛点，了解会议大概的精神和方向。

田 涛：这个创新还挺好的，是受什么启发吗？

熊乐宁：第一，我切身感受到痛了。见客户寒暄几句不能给别人增值，客户又不好意思拒绝你，其实是在消耗客户关系。第二，刚好数通的展车到那个地方去，我突然就想到了这个点子，就开始做这件事，后来慢慢总结，不断优化，就越做越好。

田 涛：就是可以看实物，又可以看展板上的一些解决方案？

熊乐宁：对。我们办展的时候既有实物又有展板。后来陶总（陶景文）管全球行销的时候还专门总结，在全球推广这个做法，说我们这就是“客户导向”。

后来我们更往前走了一步。我们尝试推动华为跟客户之间组织与战略的协同对接，跟客户构建起联合创新机制，每半年围绕技术演进和产品发展等课题进行战略对标，在战略对标的基础上，我们发掘双方共同关注的网络、技术和运营等关键问题形成专题，联合策划针对性的解决方案研讨会议，这些专题会议，结合客户的经营实践，分享全球电信发展先进案例和经验，取得了非常好的互动和协同效应。

再说到供应链，供应链原来是个后端的功能流程，但是现在我们提出供应链要客户化转型，要求跟客户对接、协同，分析客户的痛点，比如说作业效率、产品上市时间（转资时长）、TCO（全流程成本）等。同时梳理供应链自身的能力。我们提出供应五要素，就是计划、订单、物流、配置设计、合同条款，五要素形成解决方案去解决客户的痛点，然后再打开双方的流程，进行流程打点和对接，做好客户协同，这样就使整个供应链开始面向客户了。供应链的流程就真正转变成了一个从供应商到客户的流程，这就是客户导向。为了完成这个转型，当时我们选派了供应链最优秀的干部到一线去，跟客户见面，跟代表处并肩作战。原来代表处供应链的主要工作就是合同签订之后打电话催货，现在要往售前走、做解决方案。供应链以前没干过这些事情，而且业务的边界本来就很模糊，必须要有专业能力很强的人去把局面撑开，先解决客户的问题、解决代表处的问题，然后再解决供应链自己的问题。

2018 年在浙大做招聘演讲的时候我说过一句话：什么叫以客户为中心？就是要急客户之所急、想客户之所想，用客户能接受的方式解决客户的问题。只有能帮客户解决问题，才能解决自己的问题，千万不要只想着解决自己的问题，门儿都没有。跟代表处之间协作也一样，跟代表处沟通，不能帮代表处解决问题，只想去解决自己的问题，也门儿都没有，所以一定要找到并建立起自身跟客户、代表处之间的业务逻辑关系。

田 涛：这个门道是一开始就摸到了吗？

熊乐宁：在开拓市场的过程当中练出来的。我当时为什么要离开机关去市场一线？就是我觉得自己太书生气了。其实我做市场之后依然很理性，很少这样拍胸脯表态、嗷嗷叫，但是我特别喜欢思考、喜欢读书。有很多问题暂时找不到线索，就通过读书去启发自己思考、寻找答案。

我在中国区工作了 10 年。每次系统部开季度例会的时候，我都要一个小时做大会总结，那个 PPT 是我自己写的，是我自己的思考，大家都愿意来认真听，他们觉得听到这个可以开阔思路。举个例子，有一次我去某个省出差。省里的业务主管跟我汇报工作，我就问他，他对口客户的业务痛点是什么？他说，痛点就是全业务能力不足。我说，所有的移动运营商都说自己全业务能力不足。你要回答全业务能力不足是 2G 网的能力不足，还是 3G 网的能力不足。如果是 3G 网的能力不足，是 3G 网的网络质量不好，还是 3G 网的网络覆盖不好？是网络质量不好，那我们就要去做网优，是网络覆盖不好，我们就要去做扩容。一个问题至少要问三个为什么，问到我们能采取动作的时候，问题才能结束。如果这个问题是你采取不了动作的，那么这个问题就没有用。比如说全业务能力不足，那你根本不知道自己能干啥，但是如果定位到客户3G网络的覆盖不好，那你就知道该去做扩容规划了。所以说，怎么样分析客户痛点，就是换位思考。换位思考不是那么简单的，分析客户痛点一定要分析到能采取动作的地方，不能采取动作的痛点分析是没有用的，那叫泛泛而谈。

回到您前面的问题，调到北京工作后就有人问我这个问题，让我讲讲自己怎么转型的？我说，其实总结自己这些年做客户经理的感受，没有什么窍门，就两条：第一条是换位思考，就是一定要站在客户的立场上去思考业务问题。但是换位思考说起来容易，做起来难，就像甄子丹演叶问一样的，他花两年的时间去了解叶问。那我们换位思考，就要了解客户的战略，了解客户业务的痛点，了解客户的决策模式和业务背景，才可能换位思考。第二个是执行力，就是想明白了还不够，还得有执行力去做解决方案，去推动解决方案落实。做到这两条，就能做一个优秀的客户经理。但是如果说还想做干部，那必须要有战略思维。我跟系统部的兄弟们经常讲的一句话叫“要有远光灯和聚光灯”。“远光灯”是看方向、看战略的，“聚光灯”是做手术、做项目的，就是你要上得了厅堂，下得了厨房。

所以我到供应链后，也跟兄弟们说，一个业务你先问自己三个为什么，问完之后再来讲解决方案是什么。不问清楚，自己不理解清楚，就会犯错误。我刚来供应链的时候，LTE 4G供应非常紧张，为了应对代表处的升级投诉，供应链各级主管都给自己留了个小“后门”（少量的供应能力），以便代表处投诉的时候能挤出一点货应应急。我就跟大家说要把这个“后门”给关了。不能到处给自己留个小门，一有紧急情况就从“后门”跑，要把压力变动力，要从计划和供应链运作的角度来主动思考如何解决供应短缺的问题。我当时说了一句话，“话糙理不糙”，跟现在公司战斗口号（没有退路就是胜利之路）的精神很相似：“你只有把自己逼上绝路才能找到出路！”只有让自己没有退路了，你才能真正去想办法解决这个问题。

那段时间遇到很多以前熟悉的客户领导，他们问我，熊总，现在供不了货怎么办？我就坚持跑一线，见客户、见供应商，我们一方面了解客户的实际需求和建设安装计划，另一方面也跟供应商对接，梳理好关键供应能力，做好计划集成，从供应商的发货计划到工厂的生产计划，再对接到客户的安装计划，甚至把计划排到天，帮助供应商提拉瓶颈物料的产出，并根据每天多少物料来决定发多少货、订多少辆车。总而言之，最终把这个事解决了，用现在的话来说，就是产销协同。

田 涛：这怎么去协调呢？其实能不能供上货，也不是你们能说了算的。

熊乐宁：这就是接下来我想说"之"字形的第三个收获——换位思考。其实前面在讲客户意识的时候就谈到了换位思考，换位思考是客户服务的首要素质。另一方面，"之"字形发展带来的好处就是我对供应链前后端的业务都比较了解，也知道每个部门担心什么、关心什么。所以换位思考用在这个地方，就是己所不欲、勿施于人。你承担不了的责任，别人也可能承担不了，多体谅一下。比如说采购跟供应商的沟通，你要多体谅一下，市场部的客户压力，你要多体谅一下，只有先严格要求自己，凡事都从自己找原因。我们做市场的时候有一句话叫"花花轿子众人抬"，放在华为，这个"轿子"就是客户满意。这个轿子是 8 人大轿，要过河必须 8 个人一起努力才行，只有一个人牛，过不去。

我们还首创了集团的生产调度会，每周一次，现在还在坚持。就是看这一周华为公司从供应商到客户的整个生产过程中、产销研协同的过程中所有的问题，包括需求、供应、产能、质量、版本切换等问题，相关部门一起分析问题，讨论分工并落实解决方案。生产调度会使整个公司的生产平稳、顺畅。在构建这种协同机制的过程中，部门之间的合作精神也就慢慢建立起来了。

田 涛：这种机制是哪一年开始的?

熊乐宁：2014 年。首先供应链要有客户化意识，要主动了解客户需求，要对客户服务负责，而不是对自己的 KPI 负责。尤其是作为这个会议的组织者，供应链是流程性部门，一定不能只站在自己的立场来考虑问题，要立足于公司经营，前边想想上游的困难，后面想想下游的问题，把大家拉通了一起去做好工作。

供应链管理部是流程性组织，跟其他的功能性组织不一样。功能性组织的目标是从坐标原点出发，只要做了工作就有成效，绩效就一定是大于零的，比如，生产出一个产品，采购到一个关键器件，研发出一个新产品，销售增加了 10 个亿等。但供应链管理部核心工作是保证供应畅通、供需平衡，全流程不出问题就是最高境界，所以这个流程性组织的最高目标就是回到坐标原点。因此，这种组织的员工成就感会远不如市场和研发，主管就要学会从全流程的角度去评价和激励员工。

跨文化的组合和互补，这样的团队合作才靠谱

田 涛：什么时候去的俄罗斯?

熊乐宁：2011 年初，公司调我去负责俄罗斯地区部。俄罗斯是华为第一个海外市场，当时整个客户群团队全是俄罗斯员工，全部讲俄语，地区部本地化率很高，但是有时跟公司的沟通效率较低，信息不对称，公司市场要求很难执行到位，为了强化公司“以客户为中心”的核心价值观，客户群组织以及商业模式、决策模式迫切需要优化。

田 涛：当时公司派您去，是怎么跟您沟通的?

熊乐宁：就是让我去接任。

田 涛： 当时要你去哪儿就去哪儿，你也没有考虑？

熊乐宁： 也没有考虑什么，说去就去了。去了以后，第一件事是鼓励和推动客户经理多见客户，多维度了解真实的客户需求和市场情况，组织各个客户群系统部开展客户战略洞察和痛点分析，在此基础上充分研讨制定战略并达成共识，通过项目的实战，完成对客户群主管和客户经理业务赋能培训；针对客户群系统部增设销售副部长岗位，选拔能讲俄语的中方外派干部上岗，加强客户群业务管理部和销售管理部建设。

这里我讲一个故事。我们跟一个客户谈项目，这个客户非常关注商务，不断要求降价，该系统部主管缺乏对客户的战略洞察和痛点分析，只有不停地降价。当时产品线总裁给我打电话，说我们商务已经亏损了，降无可降了，希望我能去跟客户直接沟通。约到的客户时间，恰恰是我要赶飞机回国参加公司会议的当天，留给我的只有一个多小时的时间。我一去，客户首先给我一个下马威——我进了会议室，所有人都坐在凳子上，屁股都不抬。我只好坐下来回顾双方合作的历史，对他们表示感谢，说我们在俄罗斯市场做得还不错，尤其是这个客户群对华为支持很大。我说，我刚到俄罗斯，初步了解到俄罗斯 3 个运营商在全国的 3G 基站不到十万个。我以前主要负责华为对口中国移动的业务，支撑中国移动每年几十万个基站的网络建设。客户对中国移动的业务战略很感兴趣。我就开始介绍华为与中国移动的战略合作，怎么做联合创新、联合运营，怎么做四网协同、节能减排等。客户很有代入感，开始详细询问我们怎么去做这些合作、联合创新带来了什么结果、联合运营有什么收益、战略合作从哪些方面开展工作。这样，慢慢就聊开了。我说，俄罗斯是华为公司的第一个海外市场，你们这个客户群是我们在俄罗斯的第一大客户，双方一直合作得很好，所以我们很重视跟你们的战略合作。今天跟大家一起交流的时间不足，可以再找时间详细交流。我想稳住项目，要是这个项目客户快速决策给别人，那我们不是没戏了吗？我也不知道这一次“空手套白狼”到底能不能谈成，因为我已经没有一分钱的商务授权了。

我离开的时候，客户一直把我从楼上送到楼下门口，说还要找时间接着交流，跟刚刚进来时完全不一样。

后来我又专门安排了一次跟客户的餐叙，交换行业发展动态信息，交流华为公司技术和产品进展。那个时候 iPhone 刚刚上市，客户特别崇拜乔布斯，喜欢苹果，我们就从交流 iPhone 的功能、智能终端的发展，一直谈到华为在智能终端方面的战略和投入情况。

田 涛： 能讲讲你是怎么带本地客户经理吗？

熊乐宁： 一方面就是把过往的故事讲给他们听，包括怎么洞察客户战略、分析客户痛点，怎么换位思考、怎么提高执行力等，希望他们能有一些进步。另一方面，就像上面这个案例一样，带着本地主管和客户经理，一起拜访客户、一起做项目分析等，通过身体力行，启发客户经理思考、改进。

当然也包括怎么让本地员工理解华为的价值导向。有一年，我们在俄罗斯经营比较困难，市场销售任务完成得不是太理想，当时，有一个非常重要的主管，是本地人，就来找我跟我说，Mr.Xiong（熊先生），你为什么压力这么大？你不需要压力这么大。我说，难道你们找到了新的市场机会吗？他说没有，他说我们虽然没有完成任务，但是，我们比我们的竞争对手已经好很多了，我们的市场份额远远超过他们！我听了之后，当时就跟他讲了一个故事，因为莫斯科苹果林子特别多，就讲了一个摘苹果的故事。我说第一年，主管给了你一个行李箱，让你去采一箱子的苹果，然后你到森林里，发现苹果大丰收，地上到处都是，都不用上树，在地上捡，就能把一箱子装满了，顺带你还多拿了四个，左边裤子口袋两个，右边裤子口袋两个。回来之后主管表扬你，做得非常好，给你评价是优秀，因为你超额完成了任务，多拿了四个苹果回来。第二年，主管给了你一辆卡车，你把车开到苹果林里头，发现今年苹果林有病虫害，很多苹果树都死了，唯一一棵剩下的苹果树，下面还有很多卡车司机，然后你上去拳打脚踢，把别人都赶走了，你把那苹果树上的苹果全摘了，也只够把卡车的地板给铺满，然后你很高兴地把车开回去，跟主管说，我把苹果都采回来了，这回我可以打优秀了吧。主管说你没完成任务。你觉得很委屈，应该怎么办？主管说，应该看看旁边还有没有其他的苹果林，如果没有苹果林，那看看旁边有没有梨树林、桃树林？总之看看有没有其他水果，如果没有，那就看看地里有没有土豆、有没有红薯？旁边灌木丛中有没有草莓、有没有南瓜？总之，让你出去打粮食，你要想方设法把你这个车装满。然后你说把这车装满，就可以是优秀了吗？我说，也不是，只能是良好。那怎么样才能是优秀呢？作为优秀的销售主管，在完成销售任务的同时，应该结合环境变化思考市场趋势和未来的规划。比如，针对有病虫害的苹果林做什么样的整治，同时要思考今后还要种什么样的水果，是继续种苹果树，还是种别的果树。对市场进行规划和培育，为来年甚至更远的未来做好准备，这才是优秀的销售主管。

田 涛：那刚才那个项目，最后拿下了吗？

熊乐宁：项目最后拿下了。

田 涛：听说你在俄罗斯的时候还生了一场大病。

熊乐宁：我很少跟别人说。病愈之后就想加强身体锻炼，开始走路上班，从宿舍到办公室刚好 5 公里，要爬一座山，我就约了几位住在一起的员工成立了一个民间组织叫“走吧”，大家每天一起走到办公室。最多的时候有十几个人一起走，给公司省了一辆中巴，还节能减排。俄罗斯的冬天，膝盖深的雪，我们都走过去，冬天天亮得很晚，我们走到办公室吃完早餐，天还没有完全亮，还没到上班时间。后来我离开俄罗斯，万总（万飚）过去接任，“走吧”还在继续坚持。

田 涛：你坚持走了多久？

熊乐宁：我一直坚持了将近两年，冬天零下38℃我都坚持，慢慢就养成了走路的习惯。回国后，我刚开始住百草园，每天就在培训中心里走5公里，后来体检说我的心脏力量不够，我就开始把5公里走变成5公里跑，慢慢开始跑步。

现在想想，我在俄罗斯工作的两年多其实是我职业生涯比较艰难的时期，但是却很值得回味。我经常劝别人，如果有机会还是去海外工作一段时间，因为在海外工作、生活跟去旅游完全不一样，旅游其实就是走马观花，没有深入去体验这个国家和文化。现在回忆起来，我还是觉得这是很好的一段经历。虽然我在俄罗斯待的时间不算长，只待了两年多。

田 涛：那你觉得在那个阶段做得最好的或者说留下最有价值的东西是什么？

熊乐宁：其一，梳理和调整了商业模式、决策模式，解决问题和隐患；其二，客户意识培养，加强客户经理赋能培训；其三，通过系统化的市场需求洞察、客户战略分析，体系化落实DSTE（从战略到执行）流程；其四，干部队伍调整，尤其是客户群组织。俄罗斯市场开拓初期形成的工作文化和工作方式，支撑了市场成长，但是如果要持续做大做强、长期经营，无论是针对客户战略的理解，还是针对市场运作的理解，都需要做调整优化，要达成战略共识，组织阵型要建设系统化的作战体系，充实干部、重新排兵布阵，包括适当要增加中方外派员工充实到客户群组织，带动公司核心价值观真正落地，使整个客户服务队伍重新流动、激活起来。这些工作结合市场拓展同步开展，相辅相成，取得了较好的成效，2012 年地区部市场创历史新高。

田 涛：当时人员结构应该是比较板结的吧？

熊乐宁：本地员工工作时间很长，讲俄语的一些中方员工工作时间更长。所以我们开始做三个方面的改进：一是招聘俄罗斯本地大学毕业生，保证本地新鲜血液输入；二是在国内招聘小语种讲俄语的中国大学生做充实和互补；三是从公司寻找有俄语背景的员工，从全球申请一些有大 T 工作经验的骨干。通过这些措施调整队伍结构，开始组织多元化新陈代谢。但是在我任内，这件事没完全做完，后面万总接着做。我离开的时候跟万总说：第一，我完成了组织调整和商业、决策模式梳理，市场正本清源；第二，调整作战队形，完成了部分干部调整，关键岗位上从全球调入了具备相应经验的干部；第三，强化了员工战略思维、客户洞察和客户服务意识，在那个调整困难期，市场守住了，持续发展。

田 涛：靠什么守住了这个市场？

熊乐宁：要善于做队伍的组合和互补，也就是“之”字形发展的第四个方面：团队合作。我刚去的时候，有主管跟我投诉说，某个系统部的部长，太懒了，天天像个大爷一样的不干活，这一年前面的项目全丢了。于是我就对口这个系统部，我把这位主管请过来，发现他最大的特点是跟客户沟通的能力很强，但是战略意识欠缺，缺乏项目操盘的能力。我的做法就是在后续项目运作的过程中，我把控项目运作的节奏，他带领他的团队执行具体的策略，慢慢地项目的感觉就起来了。打完这个项目后，这个主管就找到信心了，我就开始给他配助手，配置了销售副部长和解决方案副部长，我给他们做 sponsor（赞助人），把控项目整体节奏。到第二年，他所在的系统部打成了地区部第一大系统部，销售收入和利润最高。所以，作为一个主管，怎么用人、怎么组合队伍，是很关键的。这个队伍里，每个人都不见得是最优秀的，但是这个队伍可以是最优秀的。

说到这一点，公司有一次开人力资源大会，讨论到这个问题，我当时写了一个发言稿，我认为这个世界上没有完人，但是有完美的团队，就是你怎么用张三的优点去弥补李四的缺点，用李四的优点去弥补王二的缺点，用王二的优点再去弥补张三的缺点，你就发现这三个人优点全呈现出来了，缺点全被抑制住了，这就是个最优秀的团队。

田 涛：这个真的很难，所以说伯乐不常有。

熊乐宁：老板常说的叫“排兵布阵，请客吃饭”。我做市场的时候，对选人感受很深。有一次，我从北京回来到深圳开会，开完会我请销售管理的同事一起吃饭，发现有个小伙子的眼睛特别亮，在谈话的过程中眼睛是放光的。我问这是谁？他们说这个人叫什么，是从哪个办事处末位淘汰回来的。我说可以让他去做客户经理，就把他调到北京去。实践证明他做得非常好。他觉得你给他机会了，他一定要证明自己，工作完全不一样。还有一个故事，有一个代表处缺系统部主任，我就让代表处推荐合适的人选。代表处推荐的候选人 2 年前曾经因为在其他代表处丢了项目受过降职处理，但现在他能重新打出来，得到新代表处的推荐，这个人“死”过一次，更珍惜生。我觉得没问题，就用他了，结果证明也用对人了。所以，不见得都要有成功的经验，其实有失败的经历也是很好的，当然不能总是失败，要善于从失败中总结，去争取更大的胜利。

田 涛：如果都是很优秀的人组在一起，那未必是一个最完美的团队，是吗？

熊乐宁：就像物理学上“矢量”的概念一样，如果说我们不能解决队伍里每个人的诉求、形成一致的方向，最优秀的人组合在一起可能不见得是优秀的团队。所以老板经常说压强原则，只有通过压强才能形成一致的方向。我平时管理要求很严格。我当时跟兄弟们说，我要求你做到的事情，我自己首先做到！“其身正，不令而行”，我自己是这么干的，你们也必须这么干。这也是为什么大家觉得我要求很“狠”，但还是愉快，因为领导自己就是这么干的，而且这么干能产生好的业绩。

田涛：你说的“狠”是说要求特别严格，一定要达到某个目标吗？

熊乐宁：我是个完美主义者，从战略到执行要求都相当高，前面不是说了嘛，既要上得了厅堂，又要下得了厨房。现在回想一下，当年对兄弟们很“狠”，但是兄弟们在一起还是很开心。我自己感觉既有成就感又做得比较开心，氛围很简单。

供应链的开放进取之路，炊事班打成了突击队

田涛：当时你转到供应链是什么样的契机？

熊乐宁：我不太清楚，据说公司在地区部总裁里找合适的继任人选，说我曾经管过计划，然后就把我调回来了。

田涛：调回来了又要跨一个领域。

熊乐宁：说句实话，我当时有几件事情没想到的：第一，我没想到，在市场工作 14 年后，还会调我到供应链来。第二，更没有想到，这一来就工作了这么长的时间，而且自己现在对供应链业务有了更加深刻的理解，包括推动供应链的数字化转型也比较成功，我个人实现了又一次转型。

田 涛：新官上任大刀阔斧。

熊乐宁：2014 年我开始组建供应链管理部，因为自己从市场回来的，自己懂市场、懂客户，所以首先带着供应链开始做客户化转型、专业化建设，当时确实是雷厉风行的，搞得如火如荼。

供应链组织规模虽然不大，但是业务流程从供应商到客户牵涉的部门很多，专业性强、专业差异大、专业族较多，而且供应链业务跟 IT 平台强耦合，需要业务 /IT 统一规划、建设。因此，供应链管理需要开放、对接客户，做好客户化，但业务运作更需要静水潜流。

我们这几年逐步整理供应链的工作文化：开放、专业、务实、激情。其实这个文化也是业务不断实践、不断理解、不断提炼的过程。由于对组织、对业务的认知在不断变深刻的过程中，不可避免地出现了各式各样的问题，也暴露了我管理不成熟、业务不熟练的问题，有些事情对我触动很大，市场文化跟供应链文化差异很大，在市场一线你拿下这个项目就拿下了，市场份额上去了就上去了，评价很简单，完全可以用战功来说话。但前面讲过供应链是一个流程性组织，目标是全流程协同不出问题，工作成就感较低，量化相对比较困难。另外，在一线，队伍是自己一手打造的，所有人的专业背景、学习背景，甚至职业生涯很长一段时间都是相似的，很容易达成一致。但是供应链员工的用工模式、专业背景差异较大，有老同志也有新同志，每个人的关注点都不一样，如果操之过急或者用单一方式去做工作，确实容易影响到组织绩效和员工感知，产生争议也是难免的。其次，如何结合业务变革思考 IT 平台和工具建设，在这个方面，开始两年自己确实理解不深、考虑不够。

现在回过头想，我首先要感谢公司的宽容，老板不断锤炼我，还继续给我机会让我干下去，让我在这个地方不断完善，让我在烈火锻炼中不断成长和成熟。所以我真是感动、感激。我已经做完一个任期，进入第二个任期了，更没有想到现在炊事班打成了突击队，还能有幸带领队伍守上甘岭。

田 涛：你刚来供应链的时候，这边处于什么样的阶段？

熊乐宁：我接手的时候第一个状况就是 LTE 供不上货，全国一片紧张，到处在投诉，已经好几个月了，公司没人对此负责，我刚从市场回来，深刻理解客户的焦虑和一线的困难，有一次我们跟中国区开会，我就主动站起来负责这个事情。

田 涛：那时候正式任命了吗？

熊乐宁：任命供应链副总裁，我主动请缨要管这个事，我实在是被以前的老客户催得没办法了，也对一线同事们的困难感同身受。从那个时候开始，我也不管有没有授权，就开始捋这件事情，通过生产调度会运作，计划管理细化到天级，实现客户安装计划、供应商到货计划、华为生产计划的集成运作，通过 KSP（关键供应节点）的管理提升供应商的产能，制造根据计划集成做好产能规划，产品线按照计划集成做好版本的衔接，同时，针对国内外不同的需求落实差异化的处理方案并严格执行，经过两个多月的艰苦工作，供需四面冒火的问题得到了控制，首先解决了海外的供应问题，这样就可以全力以赴，聚焦解决中国区的问题，最终大概花了半年时间全面解决了 LTE 的供应问题。

从另外一方面来说，我接手的时候，供应链工作作风比较内敛，是“缩”在市场后面的。因为市场经常投诉，所以变得很害怕投诉，出了问题先解释说不是我的责任。我接手之后首先带领计划部对接市场做 LTE 的供应保障，鼓励大家出了问题先别追究谁的责任，先把问题解决了，回头再来梳理流程责任。有的时候，市场人员投诉也是没办法，客户逼他，我们要想办法帮他解决问题。问题解决了，客户满意了，再来看这个流程和计划预测存在哪些需要优化的地方，沟通起来就会简单有效。我后来加强了国家供应链组织建设，从机关外派主管到一线去，都是跟他们说先去解决问题再优化业务，如果不解决问题，那优化业务的机会都没有。还是那句话——你只有通过解决别人的问题，才能解决自己的问题，你只有给别人带来价值，你才能实现自己的价值。

田 涛：这时就有了一个意识的转变，我先扑上去解决问题，而不是先缩在那里，说不是我的错。

熊乐宁：对，这是我接手供应链的第二个特点。第三个特点就是当时供应链因为很害怕投诉，就在自己的一亩三分地里不断去打磨。我当时形象地打了个比方，“铁杵磨成针”。我说，千万不能再去做“铁杵磨成针”的事情，第一耗费时间太长，第二即使磨出来也只有一根针，现在都是工业化时代了，用数控机床分分钟几万根针就出来了。我们要去研究怎么样能把业务用更科学、更现代化的方法做成，怎么样强调协作意识，做好系统工程。我当时跟他们提出来的就是开展“产销研”集成设计，在集成设计的基础上跟客户协同，从前端项目 ML（管理线索）/MO（管理机会点）就开始对接客户项目流程做供应链协同，一直到开票确认收入后结束，我们总结了项目供应五要素，设计了业务协同的六个方案包。其中有一个核心工作，就是要通过集成设计，保证交易对象和计划对象、生产对象、囤货对象建立起映射关系，实现对象对齐、语言对齐，对不齐就是鸡同鸭讲。

田 涛：之前也有集成计划，它没有跟这些对接上吗？

熊乐宁：没有数字化的基础，要做计划集成确实很难。同时，我们强调以客户为中心，但是满足需求的前提是资源的有效准备，只有实现产销对象对齐，资源才能提前集结，才能做到“所囤即所需、所需即所囤”，我们不能打无准备的仗。

田 涛：以前就只有你拿不下的单，没有供不上的货。

熊乐宁：说得好，就是这个道理。我们资源准备是按照预测来准备的，但是订单交付是按照客户合同来履行的，预测至少是三个月以前的东西，而合同签订是今天的东西，如果说配置对不齐，我准备的资源就不是你签单所需的物资，一定出问题，所以一定要产销研集成设计，要实现产销对象对齐，这是我接手供应链时的第三个局面。

第四个局面就是当时供应链欠缺面向中长期的战略思维，所以我们成立了供应链的战略部，在徐总（徐直军）推动下，在 2012 实验室设立了集成供应链实验室，专门研究供应链的战略和前沿技术，这样就使得供应链有了“大脑”，而不再是那个仅仅打电话催货的部门。我们以前做订单管理要三个角色：一线的合同管理员是催货的，供应中心还有个合同统筹，资源中心的计划部还有资源调度，都是为订单服务的。现在 IOC（智能运营中心）数字化运营之后，只在供应中心有订单统筹管理人员，调度没有了，代表处的合同管理员转型做项目供应经理，供应经理做供应解决方案、跟客户协同，提前去引导配置、计划协同。供应链管理有个理念叫敏捷响应客户需求，但我当时提出来，敏捷不是响应出来的，敏捷是设计出来的。以前我们就是在合同签订之后才开始响应，这个时候根本就响应不了，为什么呢？合同签订之后，所有的业务需求都已经固化了，怎么可能敏捷响应，一定是有延迟的。所以敏捷是设计出来的，设计包括两块，第一块是前面的产销研集成设计，产品要模块化设计好、交易对象要设计好；第二块是合同要设计好，就是在合同谈判的过程中，要把合同谈好，要使所有合同交付的不确定性都在合同签订之前沟通清楚，然后剩下的少量不确定性，在沟通的过程中提前传递到后端去准备资源，这样合同一签订，所有的需求基本上都明确了，就不会出问题了，当然这有些理想化，但是我们需要朝着这个方向不断努力。这就使整个供应链变得更具备系统性思维和战略思维。通过刚才说到的产销研集成设计、客户协同，供应链就不再是一个天天打电话催货的部门，而是真正有专业能力的部门。以前专业能力发挥不出来，你说你有专业能力，天天在催货，所有的部门都在催货，但现在只有供应中心在做客户订单履行管理，而且是基于专业能力和算法做智能运营。

田 涛：以前更像是一个后勤保障，现在更像是……

熊乐宁：我前面提到供应链要客户化转型，就是要做三个转身：第一个转身，从被动服务向主动服务转身。以前就是合同签订之后签的是什么，我就给你响应什么，反正我就按照自己的 KPI 来，但现在因为要对公司的经营目标负责，对客户满意度负责，就必须主动往前走，了解客户需求规律，了解和参与合同评审，揭示风险，围绕供应五要素做好供应解决方案、提前准备资源，这其实就是主动服务。第二个转身是，从一个交付的要素向营销要素和竞争要素转身。以前供应只是交付的一个环节，现在供应能力一旦发挥出来，供应能力、物流路径、清关路径以及货期、交付周期都变成竞争的要素和营销要素了，能提升客户体验、支撑市场多拿单。第三个转身是从供应保障转身为价值创造。供应不单是做保障的，是能支撑代表处多打单的，其一，通过产销协同可以提升服务水平、改善客户感知和沟通，提高客户的满意度，其二，货期的竞争力、成本的竞争力能支撑市场多拿单。

从 2014 年做 LTE 供应保障开始，我就开始思考如何通过跟客户协同形成供应链对接，我们首先选择中国移动开展供应链协同试点，一是我对中国移动客户比较熟悉，我们双方有联合创新机制，另外，中国移动对经营和管理也非常重视，我们从扫码收货、订单对接等简单场景提高作业效率入手，逐步深入到供应对象与配置设计，在江苏、四川等省公司大力支持和推动下，我们逐步打造了前面提到的供应链协同六个方案包，逐步在中国移动各个省公司运营对接，既支撑了客户的快速建网和经营，也改善了我们的供应效率和服务水平。后来我们把供应链客户协调项目组连同这六个方案包整建制地转移到公司交易流变革项目组，支撑项目组端到端拉通设计，取得了圆满的成效。

有一年我去泰国拜访客户，客户经理提前跟我说，客户很忙，你过去后打个招呼就行了。他把供应链当成一个发货的部门，觉得客户跟我们没有什么可谈的。但这位客户就是管理供应链的，计划、订单和采购等业务是我们共同的关注点，我们一起探讨了 CAPEX（资本支出）/OPEX（运营支出）的问题，探讨了供应链协同和流程对接，比如订单电子对接、计划对象管理和计划协同等，同时，我还分享了华为公司与其他客户供应链协同的案例，通过协同，大幅缩短投资转资产的周期，使投资快速转换成生产工具，不仅节约了成本，更扩大了收入，投资收益大大提升；同时在预算受限的时期，节省的投资可以去做热点覆盖和新业务拓展。那一天，客户经理跟我说只能聊半个小时，但我们实际聊了一个半小时，聊完之后客户主动说要来中国，除了跟公司谈技术发展、网络建设等主题外，还要谈供应链对接和高效供应链的协同。

这几年，我感觉整个团队在成长，包括我自己对业务的理解也在提高。我喜欢思考，没事就思考，通过思考反思业务，总结经验，找到方向。

田涛：所以供应链这几年变化很大。

熊乐宁：变化确实很大。这些年供应链更加客户化，更加开放合作，更加具有产销研集成的思维方式。过去我从研发到市场、从国内到海外，在“之”字形发展的过程中，培养了我的客户导向、系统性思维、换位思考和团队合作意识，从而在供应链管理的过程中，逐步将这些要求带给了供应链团队，也逐步改变了供应链的思维方式。在这个过程中，我觉得自己也成功转型成一个供应链专家了。

当然，供应链还有一个最大的变化就是数字化转型。所以，我觉得，“之”字形发展还有一层“开放进取”的意思，专业上要追求卓越。

我调到供应链工作后，推动供应链管理部对接行业，参加了供应链领域一些业界顶级协会和高峰论坛，我们也跟业界顶级的专家建立了咨询的通道，包括多所顶级高校里最牛的供应链领域专家，建立起了定期的沟通机制。我们在全球吸引了很多高端人才，包括数学家、科学家，行业标杆企业的供应链架构师、物流总监，航空公司的航线规划专家等，这些人才的到来加强了专家队伍的建设，慢慢构建起非常强的专业能力。我们也建立了集成供应链实验室，挂在2012实验室下面，专门洞察和研究供应链领域的行业发展和前沿的技术，使整个供应链的组织更加开放，跟行业对标。

大家都在谈供应链“数字孪生”，我们走访了很多咨询公司，也跟很多教授沟通，发现大家对数字孪生都停留在概念阶段，没有明确的实施细则和成功案例。这些年来我们结合实际业务，通过算法建模和场景设计，在大量数据仿真和模拟的基础上逐步实现了业务治理模式重构，我们开始有了“数字孪生”应用的雏形，我不敢说已经很成功，但是至少有了应用实例，优化了业务、解决了问题。我认为我们在数字化转型的实践上是做得非常好的。今年工信部组织全国数字化供应链国家标准拟定，我们的专家作为主要拟定方，参与了标准的制定，并分享了我们的实践，得到了行业的认可，达成了很多共识。所以我们在数字化方面应该是走在业界的前面了。我不敢说是最牛的，但是一定是走在前面的。

前年您去看的那一套供应资源调度智能运营系统，当时只是个雏形，但现在已经形成了业务架构和实战能力。好在有了这套东西，否则这两年我们会非常困难，因为很多业务用以前的方式去做，很难找到一个相对最优解。这两天我也一直在思考，炊事班打成了突击队，在业务上有哪几个比较大的变化。

第一个大的变化是资源的调度场景非常复杂，计划集成的复杂度指数级提升。因为每一个器件有多种供应来源、要用在不同的产品版本上，有些还不能通用，所以这种情况下，我们形象地打比方，相当于做一件百衲衣。以前有一个成语叫集腋成裘，我们现在就在干这个活，要把一块貂皮、一块牛皮，甚至还有一块别的皮凑起来，还要物尽其用、天衣无缝，实现供应能力最大、冗余最小，还要保证产品质量。这种情况下计划集成的维度和深度都指数级提升，所以复杂度也是指数级提升。

根据计划集成和计划模拟的结果，我们要去做几个方面的工作：

首先是识别主攻方向。通过计划集成、仿真模拟，我们就会知道，要达成这样的供应能力，哪些物料是最关键的，要优先解决哪几个物料的供应问题。同时，还要通过计划仿真模拟，找到最重要紧急的产品版本优先满足，有序管理产品版本计划。

所以，通过计划模拟的结果可以给研发和采购指出主攻方向。一方面，我们要把这些物料、版本齐套，形成供应能力；另一方面，通过这些计划分析结果来协同大家的工作。这不光是一个资源调度的角色，还是一个工作调度的角色，幕后运筹，把大家组织好。

此外，我们还要做计划推演，比如说一个关键物料要分到华为公司七八个产品线里，不同的产品线还要进一步细分到不同的产品上，怎样才能实现资源的最优化分配、找到最优解呢？

我们原来的做法是靠人工经验拍脑袋，现在计划集成场景如此复杂，变量指数级急剧增加，拍脑袋也拍不出结果来了，就得有科学手段。这两年我们陆陆续续找了20多个数学家，通过求解器构建了一整套计划模拟的算法，实现了计划多变量、多维度的双向仿真模拟。比如针对某个关键的瓶颈物料，我们可以设置不同的计划分配方案参数，快速推演出不同方案下的供应能力以及产生的库存冗余。如果某个产品供应能力太低，又或者物料冗余太多，就反向对计划分配方案做调整，从输出再倒回到输入。通过反复推演模拟，就能找到一个相对最优解。

不仅针对单一产品做推演模拟，我们还需要在多个产品线之间做跨产品的推演，因此完成一次公司全产品的计划集成往往需要数十轮的推演。我们现在可以做到，单一产品仿真模拟分钟级就能算出相对最优解，跨产品模拟再加上计划分析师调优，一天内可以算出结果。这样我们就能快速协同研发、采购等业务环节做下一步的工作，这套算法还是很给力的！

田 涛：这个需求来自哪里？就是说谁让你搞这个？

熊乐宁：我们自己。因为每出现一个新情况，产品线会问我“我们有多少供应能力”，公司也会问我“这个产品到底能供多少”。

田 涛：也就是说，市场的、采购的、研发的都要你们传递信息？

熊乐宁：都需要我们给出计划模拟的结论。有多大的供应能力，有多少冗余？增加供应能力、消耗冗余还要什么条件？产品新老版本应该怎么衔接？这都是计划模拟的结果。

这套求解器和算法大大提高了我们分析反应的速度。我们的科学家在关键时候用自己的专业能力帮助业务解决问题，否则我们再多人冲上去也没用，这种工作不是靠堆人的，是靠“脑子”去演算的。

田 涛：别的公司有没有？

熊乐宁：我相信现在没有任何一家公司有我们这么复杂的场景。

田 涛：有用这种模拟求解器的吗？

熊乐宁：第一，求解器肯定有，但是这么复杂的场景设计和算法模型，我不知道其他企业有没有这个东西；第二，我认为他们即使有，也不会这么复杂。我们这几年招来了行业顶级的科学家，终于把这块能力建起来了。

还有，计划模拟也要和市场的策略对齐。市场的策略涉及几个方面：第一，产品选择，哪些产品和版本要取舍？这个取舍是根据关键供应资源来确定的，支撑产品线决策。第二，市场选择，要根据产品的供应能力做好项目选择。

田 涛：反过来实际也指导了市场的决策？

熊乐宁：对，第三个是订单履行要跟供应流量结合起来，所以我们叫三层平衡。第一层平衡是产品的选择策略和关键供应资源的能力平衡，第二层是市场选择的策略和产品的供应能力平衡，第三层是订单履行和流量管控的策略平衡。

另外，前面说过，供应链做资源准备是按照预测来的，但是订单履行是按照签单来的。预测至少在三个月之前，签单却是当下。供应能力是根据配置模拟出来的，如果签单不用这个配置，供应能力就乱了。产销协同最核心的就是解决配置对齐的问题。所谓配置对齐，就是大家用同样的语言。销售的对象就是计划的对象，就是囤货的对象，这样就拉齐了。当然，最好的办法是建立产品的 SKU（最小存货单元），做模块化设计，通过模块化组合实现差异化的客户需求，类似于搭积木，这就是产销研集成设计。

刚才说的基础是模拟仿真的算法能力，在此基础上识别主攻方向，做好产销研协同。这是业务变化比较大的三点。这都必须要有算法，如果没有算法、没有业务模型，根本就玩不转。ISC+变革给我们打造了一个很好的“数字化”底座，我们在其上做算法建模和场景分析，建IOC，这一年边打边建，确实变化挺大的。

另外，老板以前经常批评我：“供应链的可视跟电商比，差远了，你们要改进。”老板说的是有道理的，我想了半天，我们跟电商比确实体验不是那么好。但是我们如何建设我们的业务可视？我们和电商的业务差异在哪里？我分析了很久，发现电商在整个交易的过程中，交易对象没变，可视对象也没变，所以业务很清晰，比如说一本书就是一本书，从头到尾都是一本书。但华为公司买进来的东西是一个个零部件、原材料，然后做成了板子，再做成了整机。在运输的时候，变成了集装箱，最后到了国家，就变成了台套，变成了站点。在这个链条上，我们的业务对象发生了很大的变化。我们要基于对象的变化去做业务可视，要细分业务场景。

田 涛：进入到不同环节，它的外观至少不一样。

熊乐宁：对，其实就是可视的对象不一样，比如说原材料进来到工厂的这一段，我要可视的是元器件等物料、运物料的车在哪里；产品做出来后，在干线运输的时候，我要知道的是这个集装箱、这个批次的货物在哪架飞机或者哪条船上；到了国家，我要知道这一台机器、这一套设备在哪个仓库的什么位置、在哪个站点上。

田 涛：现在咱们都能看到这些动态的流动？

熊乐宁：我后来把它切成了三段：第一段是资源中心——管的是原材料到

货，包括 LSP（物流服务伙伴）、运输工具等，通过 GPS（全球定位系统）、北斗技术的应用，还有电子围栏、数码锁等，这一段的可视实现了。司机来运货的时候，根本不知道自己走哪条线路，装完货后车上有 GPS 的卡，他就按照我们设计的线路走，只要偏离线路就告警，违规停车也告警，这样杜绝了几个问题：一是保证车上货物的安全；二是万一司机夹带走私，就会影响华为的海关资质，所以一定要让司机随机走线路，而且不能违规停车。还有，箱子上有数码锁、电子围栏，只有到了海关抽检时才能开锁，否则开锁就会报警。所以整个过程，我们能清楚地知道有多少车在香港装货、多少车在路上跑、多少车正在清关、多少车已经清关进来了，这一段可视解决了。

第二段就是产成品干线运输。我们向第三方购买了船公司、航空公司、铁运的数据，把发货的批次和集装箱关联在一起，把集装箱和船、飞机等关联在一起。飞机信息一小时刷新一次，船的信息四小时刷新一次，我们现在就能知道，某个时间点华为公司的货在全球多少架飞机上、多少条船上、多少趟列车上、多少辆汽车上，清清楚楚。而且点开具体的某条船，我们还知道船上是什么东西，是哪个客户的，现在在什么位置。我们还能模拟台风和船的运行轨迹，跟承运商和货代协同，提前切换运输路径和港口，这些东西我们都实现了。

我们要基于不同的可视对象，来解决可视问题。今年疫情还带来一个问题，就是欧洲直飞的航班很多没有了，如直飞意大利、西班牙的航班，而且航空公司的航班天天在变。我们很紧张，因为物流进不去供应链就断了，形势比较恶劣。所以，我们干了什么事？我们把全球航空公司的航线运能动态地刷新进我们的系统。这样一来，我们就可以模拟供需情况，通过运筹学找到一个最优解，我们称之为“天网”。我们还在构建一个“地网”，包括卡车和轮船。有了这种供需模拟，我们就能在任何环境下找到一个最优路径。比如什么时候中转最少、什么时候货期最短、什么时候成本最低，把这些变量放进去，自动就算出来了。以前靠人根本算不出来。比如说要去西班牙，现在过不去了怎么办？通过推演之后，我们就会发现香港飞法兰克福、飞阿姆斯特丹的干线是通的，虽然资源少了，但有资源，所以就设计出“空铁联运”和“空卡联运”方案。通过干线的航空资源，把货先送到离目的地最近的一个航空节点上，然后再设计铁路和卡车运输的路线。

可视不是为了可视，是为了去做业务的解决方案，找到最优解。在欧洲疫情封城这么严重的情况下，物流没有任何问题，而且物流成本率还优化了，在今年疫情影响下，跟去年比我们物流费用还大幅降低！

田 涛：是什么原因?

熊乐宁：因为有算法的支持，有行业生态的第三方数据，有了科学决策，找到了更优解。以前可能是按照惯性、按照人工的方式去判断。

田 涛：是不是像最佳距离?

熊乐宁：对，如果这一单比较急就考虑货期，要省成本就要减少转运中转，看端到端的成本，把这些变量全部打进去，算出最优解。

我再给您讲个故事，我们的欧洲供应中心在匈牙利，原来意大利的物流路径是用卡车从米兰，直接穿亚平宁半岛到罗马去，但是疫情发生后，米兰一封城，卡车就下不去了。为了保障供应，我们用卡车从匈牙利工厂把货送到亚得里亚海的东岸码头上，装上船，意大利的司机在西岸码头那边接。这算是算法加人工想出来的招吧？

关于可视这个事情，我认为：第一，我们可视的对象跟电商不一样，是一段一段变化的，可视只能基于业务场景来做；第二，我不但要自己可视，合作伙伴也要可视，在这个基础上我做推演、业务模拟、业务路线设计。合作伙伴可视是让他们跟我们的系统对接、数据对接，再买一些第三方公开的数据，如航空资源的数据，这样就连接了生态的数据和能力，让我们可以找到最优的解决方案。数字化转型给我们带来一个非常大的观念变化就是“连接大于拥有”，过去老板说让我们供应中心要把在海上漂的货物纳入供应能力排产，现在不仅海上漂的，供应商正在送过来的原材料，甚至正在生产的货物，全球所有的运输资源都纳入了供需模拟的算法排产，这是数字化带来的生态共生和共赢。

在去年那么复杂的情况下，我们供应的周期和服务水平还在改善。基于IOC，我们对业务的判断越来越准确，对业务的指挥越来越有效，所以能支撑战时这么复杂的场景。

田 涛：这个很了不得，供应链现在实现了全流程、多场景的可视化，而且是动态的可视化，打个比方，从产卵到虫，到变成茧的过程能全可视，这个大概是什么时间做到的？两年前是不是这样？

熊乐宁：其实去年还没完全做到，去年做到了我们自己的全程可视。您前年去看的时候，我们自己的业务实现大块可视，在此基础上去年分场景做得更细致了。今年我们做了天网和地网，把第三方的航空资源、海运资源接入系统，就使我们能做非常好的解决方案模拟，这是去年没有完全做起来的。

今年在疫情的逼迫下，我们把这个功能也实现了。2月份的时候我们快疯了，所有的航空资源涨价，涨了3~5倍，甚至5倍价格都找不到资源，海运资源也在下降，铁运稍微好一点，很多地方陆运因为封城，卡车进不去。所以基于这么复杂的一个场景，我们觉得再这样靠人工拍脑袋根本搞不定了，所以就想基于IOC来看到底怎么来运营这张物流网络？开始思考这些问题，这才有了天网、地网的规划建设。

在这种情况下，我们的物流成本还能下降，有几个原因：第一，因为地区部重视供应问题了，大家的要货计划做得更准确，空运的比例大幅减少，提前基于计划把货送到就近的节点，空运就减少了；第二，基于上面天网搭建的数据能力做物流网络模拟，能实现空铁联运和空卡联运，不是非得找飞机直接送达，可以通过多种方式组合迂回到目的地去，这是基于可视的基础，加上算法、业务建模做起来的。在这个过程中，底层是公司的平台能力，包括 2012 实验室的能力和合作伙伴的能力，以及 ISC+ 构建的能力，我们自己做的就是场景设计和算法调优。老板说，千万不要什么东西都自己做，我说没有，就是业务场景设计自己做，还有一个算法模型调优，就做这两件事。这两件事对我们来说是数字化转型最核心的事情。

从供应商到客户的价值创造过程，要有市场能力、研发能力，包括计划管理、资源调度、订单交易、专业制造等能力，但最终得有一张供应网络来承载这些业务，实现从供应商到客户的交付。华为的供应网络涉及上万家供应商、几千个工厂、十几个供应节点和 170 多个国家和地区的几百万个站点，是一张极其复杂的网络。以前，我们追求的是效率最高、成本最优，但是没考虑韧性。从去年开始，我们开始重新思考这张网。怎么使这张网是有韧性的，能抵抗各种冲击？所以当时我们提了几个方向：

第一，我们希望所有的节点、所有的路径都要有备份，而且合作资源还要有备份。我们有 170 多个国家和地区节点，大的节点就有 140 多个，还不包括中转节点；路径有海运、空运的路径，如果要做备份，至少就得翻一倍。

做完备份后，我们就开始分析，这么大的一张供应网络的核心节点是哪里？我们大概输入了十几个参数，包括社会环境、物流能力……找到关键节点。针对这些关键节点，我们一个一个节点做分析，做备份设计。

第二个境界想追求什么呢？就是某个点受到“伤害”了，这张网络还能自愈、自优、自适应。我们在全球有 4 个供应中心，在 170 多个国家和地区有业务，这张网怎么样能解耦呢？解耦的目的是使各种风险影响局限在某个或某几个点上，充其量就这一个点或几个点受影响，整个系统能继续稳定运营。解耦之后，这张网络互相之间的影响降低。我们通过全球多供应商供应、多工厂生产、多节点订单履行，最后分国家交付的措施来实现网络解耦——资源中心的“推”、供应中心的“拉”，再加代表处的交付管理。这张网络解耦后，供应效率大幅提升，同时网络中的任何一个点受到冲击都只是在局部上，不会伤及整个系统。

这有三层逻辑：第一层逻辑，要细分节点上的业务场景，针对不同的业务场景把业务解耦，就可以按业务场景来备份，有些业务可以通过下沉或上升节点处理；第二层逻辑是把这个点平移，比如说甲节点的业务平移到乙节点去，这就叫节点平移；还有一种是平移也平移不了，怎么办？我们可以通过模式的优化，取消这个点。所以，这就构成了业务解耦、节点平移、模式优化的三层业务切换方式。我们构建了一套算法，评估什么时候把节点上的某个业务下沉，什么时候把这个节点上的某个业务平移，什么时候要决策调整业务模式，去支撑整个供应网络的平衡管理，朝着自愈、自优和自适应的方向演进。

这就是我们去年以来几个大的变化点，这些变化和构建起来的网络能力，帮助我们经受住了这两年多来全球疫情的考验。

田 涛： 某种程度上，这是由华为自己创造出来的，因为西方的大公司可能不会遭遇类似这种情况。

熊乐宁： 我们的场景设计是最复杂的。底层的逻辑包括像算法，其实都是通用的，但是把算法用到这些业务场景里，是我们的创造。

田 涛：我相信全球没有一个全球化大企业，需要考虑到“我的一个点可能有风险”“我可能这个点要平移”等。

熊乐宁：一个点我把它切成几块，一块一块地备份，这是一种方式；还有，就是这个点的业务直接平移到另外一个节点运营；再有，就是通过业务重构，取消这个节点，不要这个点。有这几种逻辑。

田 涛：其实，我说的“打胜仗”系列，第一本书叫《打胜仗的思想》，讲的就是蜘蛛网与海星。供应链现在既是蜘蛛网又是海星，两者结合起来了。海星就是你把它这一块头砍掉了，在另外的地方又长出来了。

熊乐宁：其实我们就是在前年跟您沟通的叫“自适应供应链”的基础上，把它落下来了。所谓“自适应供应链”，概念太大，但是落到业务上，怎么自愈？就像我们人体组织一样，每一块组织怎么自愈？然后，机体怎么自优？最后，整个人怎么自适应？

田 涛：而且某个地方受打击，不影响整个的体系运行。很精彩！

爱跑步，爱读书

熊乐宁：感谢田老师的问题与启发，我今天其实就是结合“之”字形发展，谈谈自己这二十几年成长的经验、教训和感悟，一个是客户导向，一个是系统性思维。客户导向主要是怎么对齐客户，对最终结果负责；系统性思维则是要从全流程端到端的视角思考和管理业务。第三是换位思考，还有团队合作。很多项目的变革、业务模式转型没有换位思考和合作意识是不行的，像生产调度会。最后一点是开放进取，就是我们怎么样跟行业对接，怎么样构建我们的专业能力。公司强调干部的“之”字形发展，我觉得这无论对公司还是对个人，帮助都是非常大的，尤其是个人。我觉得我自己是受益者，虽然每次转型的过程都非常痛苦，但是一旦转过去就是一个脱胎换骨的过程。我自己感觉这二十多年走下来有两个体会，一个是精神上要有使命感、内驱力，激情、智慧、执着、快乐，另一个是在实际业务管理方面要具备时代精神、价值导向，要大道至简。

田 涛： 但听你的描述，感觉都还蛮从容地度过。

熊乐宁： 其实每一次转折都至少有一个比较难的半年到一年的适应期。我到公司做研发，电脑不会开、软件不会用、通信知识不理解，那半年最难。后来做市场的前半年，不知道出了什么问题，不知道怎么撬动市场，现在回头想想真是挺难的。到了供应链，去年面临那样复杂和不确定的情况，没有方法、缺乏工具，“恐慌式”求解激发出巨大的组织潜能，现在回头想想反倒没有觉得很难。

感谢公司的包容给了机会和时间让我能去调整自己，另外自己扛压还能扛得过去。确实也有郁闷的时候，但我一直记得有一位跑友跟我说的一句话：“如果你觉得郁闷，你就去跑 10 公里，如果 10 公里之后你还郁闷，就再跑 10 公里。”我星期天刚绕着松山湖跑了一圈，21 公里。这两年我腿受伤，一年多没跑步，所以还没找到当年跑步的感觉，当年跑步的时候，我有一种感觉，就是在跟自己对话，会忘记自己在跑步，那种节奏感很强，跑完之后不会觉得太累。而且我跑步有个习惯，我习惯把手机放在臂包上，在免提状态下听书。我跑步的时候精神不是很集中，书里的内容有的时候听到了，有的时候没听到，但是只要听到了，对某一段感兴趣，我就会去买实体书来读。有一次跑步，听到书里说曾国藩“结硬寨、打呆仗”，我就跟供应链的兄弟们讲，要先解决代表处的问题，再来解决供应链的问题，必须结硬寨打呆仗，没有窍门，只能硬打，踏踏实实把每一件事情做好做扎实。

田 涛：所以跑步的时候也没闲着。

熊乐宁：感觉很好，跑步就是跟自己对话，跟自己的身体对话。我调节自己情绪的时候也是这样，泡泡茶、听听音乐、看看书。

田 涛：好的，熊总，谢谢你今天的时间。

熊乐宁：谢谢您。

（结束）

访谈*10*

查钧

（第二次访谈）

访谈时间｜2021年11月05日

访谈地点｜深圳/北京

被访谈人｜查　钧

访 谈 人｜田　涛

田 涛： 查总，今天我们再交流交流你从网络产品线离开以后，你所主导部门的一些故事和现在你的一些思考。

查 钧： 上次聊的是我在产品线的工作，现在谈谈面向未来，我们对创新变革的一些思考和实践。

田 涛： 我觉得这个访谈很有意思，像个十字架似的，纵向的是过去的历史和面向未来的思考，横向的是当下的一些做法。你可以先给我们概括地讲一讲，然后在这个过程中针对你的讲述，我再提问题。

查 钧： 2016 年 6 月份，公司安排我负责中央研究院，主要是研究创新这一块的工作。这些年公司各方面发生了很大的变化。首先，过去是以追赶、确定性为主，经过 30 年的追赶逐步走到了业界的前面，后续要自己学会

---

* 查钧，1997 年加入华为，现任 2012 实验室主任、中央研究院总裁。

引领，自己面向未来的不确定性，对产业、对技术发展方向的思考，与对跟业务匹配的组织、人才、氛围的要求是不一样的。其次就是公司的业务过去是以运营商为主，To B，后来有了 To C 的，扩充了很多新的业务，业务的特点、管理的模式也不一样了。另外，2019 年以后美国多次打压，公司面临着生存的压力与发展的挑战，我们在创新的驱动力方面，以及很多做法上也要改变。今天我想主要谈谈面向未来的一些思考，应该在哪些方面做一些变革和改变，怎么应对未来形势的变化。

田 涛：美国的打压，你个人认为是一种驱动力，还是一种负面的东西呢？

查 钧：美国打压开始时，我们有些手忙脚乱，但稳住阵脚以后，大家就越来越有信心，也看到了很多机会。我举个例子，过去在指导思想上，我们的策略是站在别人的肩膀上快速成长，但是美国打压以后就逼迫我们要"扎到根"和"捅破天"，建立供应的连续性和技术的自主可控。客观地讲，如果没有美国的打压的话，我们很难有这样的决心，也不会有这样的机遇。我们现在搞会战，在任总的指导下，已经调集公司的全球科学家、专家回国参战，拉开了架势，同时我们也把业务中的挑战难题，向全社会公开发布，这些难题兼具科学价值和商业价值，卷入了很多高校老师、学生参加，踊跃揭榜。这次会战可能会把一个危机变成一个机遇。没有退路就是胜利之路，我们现在基本上就是处于这种状态，在这种情况下我们赢的可能性就会大为增加，如果我们有太多的退路的话，不管在思想上、决心上、做法上，还是在队伍的士气等很多方面，可能就体现不出这样强大的战斗力，所以我认为这是一个机会。

当然我们公司其他领域也在做类似的改变，包括鸿蒙操作系统，都是在这种形势下被迫走出去的。当你走出去，深入下去的时候就发现过去的系统有很多的问题，比如说手机的安卓操作系统是单机版的，如果安卓和 GMS Core 给我们用的话，我们可能就没有动力去做自己的鸿蒙和 HMS Core，但是做了以后就发现我们可以做一个分布式的、更好交互体验的、面向万物互联世界的全新操作系统，这就找到了机会，这些都是被逼出来的。

技术体系能力的构建也是一样的。以前我们擅长数学，材料基本不碰或者说不做深入研究，我们以前说技术纵深，指的主要是数学，例如无线的编解码、光的算法、媒体的编解码、网络的控制等都是跟数学相关的，其实我们在物理、化学要素方面是没有扎到根的。2020 年，我们设立了 7 个材料实验室，如果说我们过去更多的是知其然，那么现在我们有了更多的知其所以然的能力，和底层材料、制备工艺等自主可控的能力。面对应用上的一些挑战问题，从根子上寻找解决的方法、去创新。虽然被制裁，但技术上的认知更深刻了，更有底气了。我们一定能够活下来，而且会更加强大。

计算领域，既有当前现实中被打压的问题，也有长期如何超越摩尔定律的问题。传统计算是以硅半导体材料为基础，电荷迁移的开关效应为机理，现在面临着芯片工艺进一步提升的困难。当我们去尝试将其他的物理效应、材料机理用于计算的时候，发现在很多方面带来了计算效能巨大的飞跃，从计算效能角度看，通用计算并不“通用”，未来将是多样性算力异构的计算。例如，我们利用光的反射、干涉、散射等物理现象进行计算，在序列比对、光依辛机、蓄水池计算方面就非常擅长。当然我们还有存算一体、类脑计算、专用的量子计算加速器等，发挥各自优势。随着我们有了对材料的认识，对物理效应的应用，学习机理的优化，我们在计算模型和架构的创新方面更多地超越了原来的数学范畴。

田 涛：我的理解，正是因为美国极限的制裁，导致公司要在研发上有重大的战略转型。全球范围内还有没有过这样一家公司，比如说像华为，被逼得要从一个硬件领先的公司进入软件的突破，要从数学的优势步入材料科学、神经科学或者说物理、化学，等等。你觉得世界上过去这么多年有没有过这样的一家公司？

查钧：还没有见过。企业肯定还是以最终的商业成功为目标的，如果它能够不受限制地获得它需要的技术和元器件，能够保持领先，就没有动力自己花很长的时间、很多的投入去做基础性的研究和风险性很大的事情，因为那更多的是大学和国家层面的事情，或者说其他公司分工协作可以提供，完全没有必要都自己去做，这是非常正常的商业思维。过去，我们利用全球的先进技术做到了世界领先，这几年国内进步很快，但在某些方面与国际领先水平有差距，尤其是基础工业平台，在这样的环境下，我们就没有退路，只能自己去构建自主可控的能力，带动全产业链的进步。生活充满了艰难困苦，但是苦难也是一种财富，它磨砺了你，为了活下来，你就得拼死一搏，潜能就被充分激发。只要活下来，你就是王者。

我举“太平洋会战”的两个例子。“太平洋会战”是存储产品的会战，希望用三年的时间做到世界领先。业界的公司做存储就是做存储的，不像我们公司这么一个“大杂烩”，这个“大杂烩”指的是我们人才是五大洲四大洋的，专业是四面八方的，知识是包罗万象的，应用领域是极其广泛的。我们公司最大的一个挑战是如何把30多年来积累的人才和知识利用好，发挥出价值。如果能够发挥出来，这样一个“大杂烩”的公司，就是巨大的优势。以降成本为例，存储产品偏硬件，降成本一般就是降存储颗粒的成本，降一些硬件的成本，而我们不做存储颗粒，那怎么降成本？就从数学理论上来进行突破，比如说我们用纠删码来备份，提升存储的可靠性，我们只用4个单元就可以备份100个存储单元，保障业务需要的可靠性，算力、功耗、带宽、实时性完全满足业务需要，传统的备份方案是我们的方案成本的好几倍，这就是数学的力量。

同样，我们的网络技术能力在存储会战里面也得到了一个新的提升，因为过去主要是互联网的应用，更多的是大带宽、低时延的需求，在工业工控场所，最多再加一个确定性的时延。但是我们在存储领域分布式应用就发现，对数据包要有严格的时序要求，也就是保序、定序、一致性的要求，通过解决实际场景的挑战问题，反过来就能促进我们在通信协议方面不断地发明和创新。

华为公司是个“大杂烩”，要降成本，我们通过数学理论大幅地降成本；要解决一致性的问题，我们发明新的网络协议来解决根子上的问题；要解决系统可靠性问题，我们就在操作系统这个层面上把故障给隔离了，从根子上保障系统安全性。

举了几个存储会战的例子，说明什么？我们这些年在技术上持续的纵深投资有了很多的积累，这个积累包括知识的积累和人才的积累。我们跟别人就可以不是同一种方法来竞争了，层次也不一样了，我们要有能力利用好我们的“大杂烩”的优势。现在我们有对材料的深入研究、数学理论的应用突破、操作系统底层的能力，还有网络、光、无线等跨界的能力，我们把这些技术都用上的时候，就有可能从根本上进行突破颠覆。所以，未来如何利用好这么宽广的技术积累和众多的人才积累对我们而言是巨大挑战！

田涛：我理解你刚才讲的这个例子，就是利用了我们已有的这种能力，比如说网络的能力、计算的能力、操作系统的能力，还有材料科学这方面的能力，这些是对我们既有能力的一种系统整合，是不是这个意思？

查钧：对。技术要为商业服务，最终是要通过商业来变现的。以前对技术变现的方式是就事论事。现在发现，也可以通过跨界应用，改变其他产业的竞争力来变现，我们的数学也可以通过用在降低海量产品的成本上来变现。

网络技术可以通过提升存储对新业务的满足能力以及规模组网实现变现。

田 涛：那我们存储的技术、产品跟 EMC（易安信）比，处于什么样的一个地位？

查 钧：技术上我们现在进步很快，很多创新应用还没有落到版本上，体现到市场上还需要一段时间，现在我们存储的市场份额在国内是第一，国外增速也比较快，明年开始海外会有较大的进展。存储产品线总裁告诉我，现在只要客户给我们测试的机会，我们就有较大把握测试第一，获得项目。

田 涛：也就是说我们在存储的技术跟产品上已经是领先的，而且也是成熟的，但是现在还没有更大规模的全球化的市场推广，是这个意思吗？

查 钧：对，我们最近进步很快，正走在领先的路上，但要变成市场上的份额还要一段时间。

田 涛：我想问一个跟文化、组织相关的话题。以硬件为主的公司，它的文化跟软件见长的公司显然有很大的不同的，比如说 IBM、英特尔的文化，跟谷歌的文化就有很大的不同。华为过去是一个硬件领先的公司，在文化上强调全体奋斗、集团作战等，现在要跨入一个软件引领的时期，那么既有的文化怎么改变，怎么支撑这种从硬件到软件的转型？

查 钧：硬件过去是靠卖产品来变现，强调可靠性；软件未来更多的是靠生态、靠服务变现模式，它提供的是一种服务。其次，开发的模式也不一样。硬件迭代的速度比较慢，不管是无线基站、光传输还是路由器，我们的产品运行在国家干线上，对可靠性、安全性要求非常高，过去我们从 IBM 学到的那个重量级的 IPD 流程是非常实用的，但需要敏捷化的改良。软件要持续迭代，CloudNative 云原生、自动化运维、分布式协同、模块化升级、无感知迁移、服务化变现，等等，我认为这些能力跟硬件和嵌入式软件有根本的不同，我们应该加快吸引这方面有经验的人才。软件要改变产品变现的思维，要打造好生态黏性，要做好开发流程变革、软件文化氛围的改变。

田 涛：我跟清华大学的教授交流，他讲到一个观点：硬件的应用开发更强调理论的结构性、组织的结构能力，但是软件更多像水一样，更开放、更包容、更容错。华为怎么从比较强调结构性的能力，到要变成一个更开放、更包容、更容错、更敏捷、更小团体的？

查 钧：是的。软件的服务化思维、云原生的理念、分布式架构、自动化运维等很关键，需要观念更新、流程变革、氛围改变、敏捷持续迭代，硬件方面架构性的思维、质量管理、组织能力积累和专家经验很重要。软件迭代速度非常快，架构要稳定，因此坚实的、可扩展的、可演进的架构要求很高，软件的算法取决于程序员的创新，需要开放包容、百花齐放，敏捷迭代、试错容错，创新氛围也不一样。硬件产品的团队规模比较大，IPD 瀑布式开发，重量级团队，质量是设计出来的。软件产品需要敏捷迭代，不追求一次性把事情做对，更小规模 Pizza 团队，理念不一样，过去的成功不能成为未来可靠的向导。业务随需而变，管理要回归业务本质，不断改变自己。

田 涛：你在这个位置上已经 5 年了，而且你现在组织“三丫坡会战”，这 5 年来你感觉到转型成功了吗？华为在这一块的成就怎么样？

查 钧：“三丫坡会战”主要是聚集华为内外部的科学家、专家解决欧拉系基础软件的难题，提升平台竞争力，扫除前进的技术障碍，推进生态建设与繁荣。软件变革公司另外有个项目组，正在进行中，这几年改变很大。

关于面向未来的研究创新的变革，我主要跟您谈谈以下几个方面。

一是创新的驱动力问题。我们公司前30年和后30年是一个分水岭，一是业务结构的变化，过去是To B，现在是To B加To C，还有云的业务；二是过去以追赶为主，业务相对确定，现在面向未来，充满不确定性，没有人在前面给我们带路了，所以我们也要有自己探索和引领的能力；三就是过去的30年是全球化的时代，所以我们不管是技术也好，灯塔也好，基础工业平台也好，基本不受影响，鼓励站在别人的肩膀上快速成长。但是这两年中美贸易摩擦、科技摩擦，我们连续遭受美国的多次打压。在这样的环境下，求生存，谋发展，业务的连续性、解决卡脖子的问题要优先，其次是未来领先的问题，也很重要，否则活下来但却不领先，意义何在？体现在创新驱动力上，就是在过去的客户需求和技术双轮驱动基础上，要增加更多的内涵：技术要扎到根，才能解决卡脖子问题；基础研究，与高校一起点燃自己的灯塔；敢于捅破天，打破发展的天花板。客户需求牵引相对比较是中期或者近期的，但是我们如果想引领无人区的发展的话，我们就要面向更长期的未来去思考20年后的世界和人类社会是什么样的？制约行业发展的世界级挑战问题是啥？通过未来愿景来牵引，攀登珠峰，沿途下蛋，可能比只定位在半山腰，反而更能解决生存的问题和业务的挑战。

第二个我讲一下企业的研究创新模式。基础研究分两种，一种是以自由的探索、个人的兴趣来驱动的，这个适合高校、科研院所去做；企业还是要定位应用驱动的基础研究为主，不排除企业里允许有些个人兴趣的自由探索，但不是企业的主流。不要以为解决当下业务的挑战问题就很简单，不是这样子的。这几年的会战，我发现要解决我们公司业务中的挑战问题，需要理论突破、技术扎根、跨界融合、系统创新等。业界有些公司把研究和创新分得很开，把公司的研究院变成自由探索的地方，距离业务很远，就是业务面临生死压力的时候，研究人员没有太大的压力和感知度。当然你说这对人类社会有没有价值？是有价值的，但是公司会死掉。我认为在企业还是要谈企业的事情，企业的研究院还是要为企业的成功、企业的生存和发展做贡献，这是它的使命，企业成功了，产业强大了，纳税也多了，履行企业的社会责任，这就是对社会的贡献，我们要做自己擅长的事情。研究是把钱变成知识，创新是利用积累的知识、能力去创造性地解决业务中的难题，是一个知识变成钱的过程。钱变成知识，知识变成钱，循环往复，螺旋上升。如果一个企业的研究院只是把钱变成知识，然后把这个知识束之高阁，茶壶里的饺子没有倒出来，没有商业变现的良好机制的话，企业的产品在市场上没有竞争力，企业就会死掉，企业投资技术的目的是什么？不仅仅是为了获得知识，要为企业活下来做贡献。很多企业就把这个问题搞混淆了。

我们公司中央研究院的运作，研究与创新这两者是没有割裂的。研究方面，我们是跟高校资助合作，联合研究为主，知识的创造主体是高校，通过合作，牵引研究方向，构筑我们核心技术的能力，沉淀在我们的 86 个基础技术实验室上面，长期积累、持续提升。这些实验室沉淀了知识，培养了人才，有了技术的能力，部分专家就要深入公司业务的现场，到 5G，到数据中心，到煤矿，到太平洋会战、三丫坡会战等现场发现挑战的问题，解决问题，为公司业务的竞争力做贡献，这就实现了知识变成业务竞争力，最终变成钱的循环。我们公司最大的浪费是啥？是人才的浪费和知识的浪费，公司几十年在人才和技术上的持续投资，这么多的技术，这么多的专家，如果不能在公司的商业竞争力上做出贡献的话，就是巨大的浪费。所以企业的研究创新模式，我认为是排在第一位的大事情。

我们最大的问题就是怎么有效利用好人才和知识的积累，这是一个机制性的问题。我们要打造一种机制和平台，从根本上提升人才和知识利用的效率。上次我见一位武汉高校的老师，他说现在电池行业全球 90% 的电池材料、80% 的电池都是中国供应的，其实美国高校有很多好的电池技术，但是电池产业规模有限，所以美国希望去推广成果转化，去找到它应用的场景，使英雄有用武之地。那中国是怎么干的？那位老师说他有一个技术，有一天有三个公司同时上门拜访他说，老师，能不能把你这个技术转化给我们？你看这两个就不一样，一个是，拥有知识的人到市场上去找谁要这个技术，这就是成果转化；还有一个，老师说三个公司同一天上门来找技术，以前都不认识他们。这两个机制就完全不一样。前者是单线串行的，从基础研究到技术创新到产业，是个推的过程；中国是市场产业牵引的模式，这是一种拉动的模式，这种模式所体现出来的效率、执行力就完全是不一样的。我给你举太平洋会战的例子，我们的专家平时做基础研究，攀登珠峰，积累了很强的能力。他们直接参战，解决挑战问题，不是等产品线来求助，也不用去推成果转化，他如果解决不了问题就会到高校跟老师碰撞讨论，向很多合作伙伴发布难题，也就是专家本人把这个问题当成他自己的问题，把解决问题当成他自己的责任，变被动为主动。

我们现在就是用模式改变、开放平台来盘活人才和知识的高效利用。责任角色发生改变了，解决问题的积极性也不一样，效果也不一样，关键是掌握程度最高、最理解技术的人主动创新会爆发出巨大的能量。短链条创新，高效盘活知识资产，激发人才的创新活力。这是一个巨大的机制的改变。

田涛：是不是意味着中央研究院的研发，包括基础研究、偏于研究的创新，它的定位主要还是来自问题导向？

查钧：我们作为企业，主要是问题导向的基础研究。我们有一个叫“创新先锋”的活动目前做得不错，把基础研究和技术创新有效地结合起来。不是为了创新而创新，而是在解决业务难题过程中，创造性被激发，这几年的“创新先锋”，都非常有原创性和技术含量，很多在国际上都是非常领先的。最近，我看了好几篇文章也说机制问题，以前基础研究和应用研究、技术创新隔离了，桥归桥、路归路，但是现在更多的人认为这两者之间如果能够有效结合起来，会相辅相成、相互促进，形成正循环。美国的 DARPA（Defense Advanced Research Projects Agency，美国国防部高级研究计划局）是问题导向的，这种模式很成功。

田涛：我理解你现在的中央研究院，在某些方面其实有点类似于五角大楼的 DARPA，就是问题导向，左边是找大学的顶级科学家，右边是美国的军工企业，DARPA 就起了这样一个桥梁作用，所以我看 DARPA 整个团队从早期到现在一直就是三五百人这样一个规模，但是他们两边协调得很好。

查钧：连接高校的知识、智慧和工业界的问题，这个方面的机制我们是一样的，但是我们还有它不具备的，因为 DARPA 投资不养人，最多是项目经理。

田涛：你这儿显然不仅仅是 DARPA 那样的一个一个项目组。

查钧：因为 DARPA 是个政府机构，它的技术能力沉淀在社会上的各个大学、各个科研院所，这些科研院所和大学能力的成长就是它的国家能力的成长。企业有点不一样，我们自己还要培养自己的能力，但是我们不能太狭隘地只用自己的人，我们应该有更开阔的视野，要天下人才为我所用。但是我这儿必须也要有一些自己的人，否则就会空心化，要有能力自己研究，提升与高校联合研究的能力，以及消化吸收合作的技术成果；同时要有能力提出问题，把工业界的难题抽象、翻译成科学家能够听得懂的语言，弥补学术界与产业界的巨大鸿沟，语言不通，就没法粘接世界的智慧，提出好问题也是一种能力。

田 涛：我想问的就是这个，你现在团队里头肯定也有一些顶尖的做基础研究的人，那他们的角色更多的像一个科技外交家，还是更多地自己去带着团队做研究？

查 钧：自己要做研究，不是外交家，是科学家、技术专家。一类是偏基础研究，我们称为科学家。还有一些善于解决产品的问题、工程的问题，是技术专家。还有另外一类人，他既有很好的科学素养，水平很高，同时又能够拿起"手术刀"去解决产品的问题。

老板说得很形象，就是"教授教授，越教越瘦"，另外是"杀猪杀猪，越杀越胖"，就是一类是瘦子（科学家），一类是胖子（技术专家），还有另外一类既瘦又胖。我们研究院三类人都有，很多是既瘦又胖，所以才能够把基础研究、应用研究与技术创新、工程创新连接起来，创新才不停留于创意，创新才有门槛。

田 涛：你这个讲得很形象，也就是说你这儿瘦子是少数人，又瘦又胖的人居多，也有一些胖子。

查 钧：对，在我们这里，橄榄形，中间层比较大，两边稍微小一点。

田 涛：这个讲得很形象，也很精彩。

查 钧：这个又瘦又胖的分类，实际上是我们公司的一个实践总结。两者结合起来以后，发现已有的挑战问题能够促进基础研究的进步，基础研究也能加快解决应用挑战的问题，相互之间有一定的结合，反而能够相互促进，是个正循环的过程。又瘦又胖的人的价值也是很重要的，非常需要这类人。

田 涛：你觉得在基础研究这个层面，中国跟欧美的不同在哪里？

查 钧：前些年欧美，尤其是美国更多的是开创性多一点，中国是跟随型为主的。即使到现在，我认为中国提出概念、提出问题的偏少，国外提出问题、定义问题的能力很强。但是从解决问题的角度，中国人的能力也不差了，现在国外的很多大学里面搞研究的华裔面孔是很多的，国际论文作者，像人工智能，有一半是华人华裔了。近些年，国内很多高校吸引人才的力度很大，有很多人学有所成回来了，国内高校的水平一下子就提升了很多。国内的科研经费在增加，实验的科研设施在改善，吸引人才的力度在加大，很多城市都有吸引人才的计划，越是开放经济发达的地区，吸引人才也越积极，高校水平提升也越快。我明显感觉是这样的，外国学校还是领先，但是没有以前那么领先了，差距在缩小，中国高校的水平在快速提升，不少方面也在超越。

田 涛：前一段我跟新加坡电信的高管层有一个视频交流，我讲完了以后的提问环节，他们有一个高管就说看到任总讲要大量吸引“高鼻子”来华为，敞开胸怀吸引全球一流的科学家、技术专家到中国、到华为来，但是怎么能留得住他们？

查 钧：我觉得还是要靠事业来留人，我们要提供人才施展才能的大平台。首先，我们这里能够跟全球的高校老师喝咖啡、参加学术研讨会、开展技术交流，跟在高校是一样的，没有任何限制，唯一的不同是科研经费几乎是每年都花不完的。其次，华为有一个优势，就是能够把学术跟工业界进行有效的连接，提供世界级的挑战问题，同时在工业界的场景和数据的验证闭环。人才很快能够做出贡献，成长也很快，这是我们认为把人才保留下来的一个很重要的原因，喜欢学术研究的，没有问题，我们这里非常自由，和高校一样；需要理论联系实际的，也没有问题，我们可以提供场景与数据，产业化落地更是独特的优势。我们有一位“创新先锋”，他是从瑞典计算机科学研究所（现归入瑞典国家研究院）回来的，他利用过去积累的理论知识，很快解决了存储领域的一个重大难题。对于这样的科学家，完全可以信任他，关键是要给他找到感兴趣的课题，人尽其才，激发出巨大的潜能，发挥他的特长，让英雄有用武之地。

田 涛：要让这些科学家或者顶尖专家拿着“手术刀”去参加会战，怎么对他们进行考核？

查 钧：还在探索，有两个方面。首先是发明“手术刀”，就是一个很大的贡献了，但是他又拿着“手术刀”去解决应用的问题（即“杀猪”），有商业的贡献，只是贡献怎么衡量的问题。我们现在有一个人工智能专家，他发明了加法网络，加法网络就是把很多乘法运算转化成加法，理论推导是完备的。CPU 或 NPU（嵌入式神经网络处理器）里面对于乘法计算是非常复杂的，如果变成加法就很简单，计算复杂度就会大幅下降，这样的话就可以把芯片的功耗给降下来，也不需要非常先进的工艺。首先他发明了这个东西，已经很好了，现在他自己又主动请缨，担任算法应用部的部长，去组织解决无线产品的问题、芯片功耗的问题、穿戴式智能的问题等。他说做这个事情不会影响他的科研工作，因为他“杀猪”的时候也会发现“手术刀”在很多场景下是不适应的，他也要改进他的“手术刀”，这样就反过来促进加法网络不断地改进和完善。这就是我们说的既瘦又胖这一类人才，我们不会把胖和瘦完全隔离。在很多工作中去解决实际业务的挑战问题，反过来会对基础研究提出更高的要求，需要理论突破，以及根子上的创新，反而能促进基础研究水平的提升。我们已经发现存在不少这样的场景。

田 涛：就是属于那种既能瘦又能胖，拿着“手术刀”还能把“猪”“杀”掉。假使他拿着“手术刀”去“杀猪”的时候没成功，怎么评价这样的人？

查 钧： 你这个假设现实中可能性是很小的，为什么？因为他发明这个“手术刀”的时候本身也是问题牵引的。越基础的、根技术加持的“手术刀”，越具备解决一系列应用问题的泛化能力。

田 涛： 万一不成功的话怎么考核他？

查 钧： 万一不成功现在是这样的，我们的政策是鼓励为主、不处罚，鼓励大家踊跃揭标难题，同一个难题，有很多人揭标，解决问题的路线方案都是不一样的。因为我们发现只要有处罚这个规定，你嘴上说我鼓励你挑战、鼓励你敢想敢干、鼓励你试错，就都是空话。既然我们是鼓励挑战，就要宽容。我们现在内部不但没有处罚，也没有失败的说法，只是说没有成功，验证了此路不通，也是贡献，因为他没有“杀猪”成功的话，也可能发现了“手术刀”的问题，回过头来继续改进“手术刀”也是有价值的。

田 涛： 任总经常讲到俄罗斯数学所的那个俄罗斯科学家，我也在莫斯科采访过他，这个人似乎是有七八年在公司没有任何贡献，但最后在 3G 的核心计算上有了重大贡献。今天的华为还能不能有这样的人的存在？

查 钧： 基础研究不能说都要立马追求回报，都要立马追求回报，那实际上你的思想上还没有真正认识基础科研的投资规律。基础科研是啥呢？它需要很长的时间，有很高的失败率，但是一旦成功它的价值就非常大，比如说俄罗斯专家安德烈，他只要把算法搞定了，硬件统一了，他的贡献是非常非常大的。成功率太高，就是保守。追求立马的回报，就不要期望有突破性成果。

田 涛： 你在中央研究院 5 年了，在充满不确定的前沿研究上，有什么经验可以分享的？

查钧：我们面向未来的前沿研究和不确定性业务的时候，不能急功近利，同时也是有规律可以总结的。因为越是前沿的、越是颠覆性的，越存在不确定性，一旦突破，它的价值越是巨大的。大公司应该有一些自己的追求和投资理念。但是我们也不是很傻地一开始就大量地投资，而是“先开一枪，再开一炮，目标清晰后，敢于范弗里特弹药量”，这是一个逐步探索、逐步消减不确定性、逐步收敛、逐步加强投资的一个过程，是不确定性的业务投资规律的总结。

田涛：那实际上现在就涉及一个问题，就是怎么考核？你这儿有一部分是属于不确定性的前沿研究，有一部分是来自产品线的顶级问题导向的研究，这两种研究事实上都有很高的失败率，全世界都一样，那投入产出怎么考核？

查钧：我这边没有这方面的定量考核，在研究创新上有没有进步，是能够感觉到的，大颗粒的创新成果在产品上应用以后，对竞争力的提升有什么贡献，我们正在建立反馈机制，不是一种定量的考核，一旦定量就会急功近利，违背了研究创新规律。没有 KPI，反而能够放得开，只要放得开，敢想敢干，一般都不会差。

田涛：过去华为研发更多的是工程层面的，而且成功也是得益于向 IBM 学习 IPD 的那一套，所以对投入产出比是有一个比较清晰的框架的。我们再说具体一点，上什么项目、预算谁来定？

查钧：预算是我们申报的，体现对未来的看法，公司评审批准，业务主官都要有对所管理业务的战略洞察能力。研究创新的预算体现战略驱动。当然新业务公司有一些也是战略投入，与当期营收没有关系。我们这边研究创新的投资都是集团投资，体现公司战略。

田 涛： 天才少年这两年已经进入了不少了，我一个 30 年的老朋友前天跟我讲，他的孩子也是作为少年天才被吸引到华为的，他的孩子待了有多半年一年了，似乎还比较适应，因为有一个很能说明问题的是什么呢，他的父亲现在成了半个华为研究专家了，成天在研究华为，显然至少到目前为止，这个孩子在华为的发展应该是不错的，因为反过来他能够感染到他的老爸。那我们其他的少年天才，他们现在稳定性好不好？

查 钧： 天才少年的稳定性都是很好的，贡献也很大。稳定性有两个因素，一个是我们给他提供了发挥聪明才智的舞台，快速成长；另外，公司给天才少年的待遇也比较高，这也是一个客观的因素。天才少年在部门里面，也是受到主管和各个方面的重视，因为他是天才少年，所以说在工作安排等方面，怎么样发挥好他的作用，各个部门肯定不是随便安排，还是很慎重的。

田 涛： 他们现在作用发挥得怎么样？

查 钧： 我们这边都发挥得非常好，因为我们高水平、开放自由的科研环境，能够发挥他的特长，同时还有机会参加会战，能够解决公司的技术难题。相对来说我们对天才少年倾注的精力会多一点，工作的安排、环境的保障、困难的协调肯定是关注多一些，确保他们发挥价值。

田 涛： 我的问题就这么多了，我也在你的朋友圈里面，每次你发的一些内容我都在认真学习，我从你那里学到了很多东西。

查 钧： 我们现在比较开放，大家来围观都没问题。老板把三丫坡会战每次咖啡会纪要都是一字不落地贴到网上，接受全体员工的评论，包括各种批评、骂的声音，骂得对的地方我们还要列入改进计划。

田涛：我就感觉到是一种很开放的、很活跃的气氛，所以我感触很深。听说你们对外与高校老师的合作也很开放，不仅仅是成果转化了。

查钧：跟高校的合作上面，这两年有很大的转变，过去的合作是把高校老师的成果给转化过来、吸收过来，但是这两年我们提到，我们要主动去牵引老师研究的方向。以前高校老师是有了成果以后心里有底了，再跟华为签合作协议。但是这样的话，我获得的东西都是去年或者前年的了。一般的问题我们自己都能解决，现在我们与高校的合作，对领先性是有更高的要求。现在很多是我们出题给老师，牵引老师要在这个方向上来展开研究，也就是他接这个题目的时候，实际上他心里是没有底的。但正是因为没有底，他一旦做出来了才有可能是真正地领先世界的，否则就是两三年之前的成果了。所以，我们的合作管理就改变了，只要老师在这个方向努力了，我们的钱照付，过程就是交付，这样老师就能放下思想包袱跟我们签合作协议，接受资助，牵引研究方向，牵引先进性。

田涛：非常好，这个不是那种完全契约式的结果导向，你刚才讲的过程就是结果这个观点很精彩。

查钧：下面说说人才培养的问题。我们希望合作不光是出结果，还要出人才。我们发现跟高校老师做联合实验室的时候，很多学生就已经介入了，天天跟我们在一起做科研。既有来自老师的学术方面的指导，也有来自华为的产业问题牵引和产业化指导。过程中，我们对学生的水平还有贡献各方面是非常清楚的。优秀的人才如果到学校当老师，可以继续跟我们合作。如果你想就业，那就欢迎到华为来，基本上就不需要面试了，人才识别很准。我们现在通过一系列来自业务挑战的项目，牵引老师做前沿的、先进的研究，提升了学校研究的水平，也培养了人才。我们与学校签订长期合作的协议，建立联合实验室，老师就可以安心做一些真正的前沿研究和长期的科研工作。跟华为合作的经费可以很大比例分给老师、学生，这样就在工资之上增加了一块，帮助大学吸引到国外的优秀人才。通过这种方式，国家投基本的工资待遇，我们投合作费用，通过合作我们受益了，人才回来了都是学校的，这方面也是做了一些贡献。

田 涛：你作为一个研发的高级管理者，本身也是个专家，跟任总打了这么多年交道，从研发角度讲，你怎么评价任总？比如说他对技术的感知、对用人，等等。

查 钧：我觉得第一个任总在技术上属于“理工男”，曾经参加 1978 年全国科学大会的，在那个时代属于“科研前沿”。所以我们的业务汇报和技术语言，任总完全听得懂，有很好的感知，而且能够给予一些恰当的指导，体现对业务和技术的内在规律的哲思，对我们启发很大。

第二个就是在人才重视上。现在公司的天才少年政策、高级人才定薪科等都是老板推动的，也影响了全社会对人才、对知识的重视。有一次我跟某高校老师交流，老师跟我说他有几个学生本来硕士毕业，希望参加工作的，看到你们老板搞天才少年计划后，很多优秀的学生后来就纷纷留校继续读博士了。

第三个就是呼吁对基础研究的重视。2020 年，老板与华东及北京多所高校的老师、学生座谈，呼吁对基础研究的重视，点燃自己的灯塔。老板多次讲话中提到土耳其的 Arikan 教授在 5G polar 码上的贡献，俄罗斯的安德烈在无线算法上的贡献，让大家看到了数学解决产业界问题的巨大贡献。过去数学领域的研究投资是很少的，近几年国家在这方面投入增加了很多。华为也加强了国内的投入，和国内的多所大学、科研院所建立联合实验室，很多老师都说这还得感谢任总的呼吁。

田 涛： 你觉得他的技术洞察力怎么样？

查 钧： 技术洞察力非常强。尤其是对国际局势、技术趋势的判断和理解，在美国打压我们之前，提前差不多10年的时间，就推动战略投资备胎，没有他的高瞻远瞩，华为在这一轮打压之下可能就倒下了。任总对具体技术细节不一定很了解，但是会从大方向和哲思的角度来指导你，思维模式上来影响你，经常用信手拈来的精彩故事开导你，让人记忆深刻。我们发现有时候我们汇报工作的时候，他突然说别的问题，很多人疑惑这两者是啥关系，实际上背后有深刻的逻辑关系。相当于下棋时他已经想了后面三步五步了，这方面对我们的影响是很大的。他以前跟我说，没事要读一些历史、哲学方面的书，在复杂的环境里面需要系统性的思考，以史为鉴，从模式、机制、哲学、人性方面去洞察，它就不是一个技术问题了。

田 涛： 很精彩。谢谢你。

（结束）